DAVID ATTENBOROUGH
MIT JONNIE HUGHES

Ein Leben
auf unserem
Planeten

DAVID ATTENBOROUGH
MIT JONNIE HUGHES

Ein Leben
auf unserem
Planeten

Die Zukunftsvision
des berühmtesten
Naturfilmers
der Welt

Aus dem Englischen
von Alexandra Hölscher

BLESSING

Originaltitel: A Life on Our Planet. My Witness Statement
and A Vision for the Future
Originalverlag: Witness Books, Penguin Random House Group London

Die Autoren danken dem WWF für sein Engagement im Tier- und Naturschutz sowie
für seine wissenschaftlichen Arbeiten, deren Ergebnisse in dieses Buch eingeflossen sind.

Klimaneutral
Druckprodukt
ClimatePartner.com/14044-1912-1001

MIX
Papier aus verantwor-
tungsvollen Quellen
FSC® C014496
FSC
www.fsc.org

Penguin Random House Verlagsgruppe FSC® N001967

2. Auflage 2020
Copyright © 2020 David Attenborough Productions Ltd 2020
Copyright © 2020 der deutschen Übersetzung by Karl Blessing Verlag,
München, in der Penguin Random House Verlagsgruppe GmbH,
Neumarkter Str. 28, 81673 München
Bildredaktion: Annette Baur
Umschlaggestaltung: DAS ILLUSTRAT, München, unter Verwendung eines Fotos
von bundit jonwises/Shutterstock und eines Portraitfotos David Attenborough
von Sarah Dunn/BBC
Herstellung: Ursula Maenner
Satz: Leingärtner, Nabburg
Druck und Einband: GGP Media GmbH, Pößneck
Printed in Germany ISBN 978-3-89667-691-7

www.blessing-verlag.de

Inhalt

FAZIT

Unsere größte Chance 243

Unser größter Fehler

Prypjat in der Ukraine ist anders als alle Orte, an denen ich jemals gewesen bin. Es ist ein Ort äußerster Verzweiflung.

Oberflächlich betrachtet, wirkt Prypjat wie eine hübsche Kleinstadt mit Alleen, Hotels, einem zentralen Platz, einem Krankenhaus, Parks mit Fahrgeschäften, einer Hauptpoststelle, einem Bahnhof. Es gibt mehrere Schulen und Schwimmbäder, Cafés und Bars, ein Restaurant am Fluss, Geschäfte und Friseure, ein Theater und ein Kino, ein Tanzlokal, Turnhallen und ein Fußballstadion mit einer Leichtathletikanlage. Diese Stadt bietet sämtliche Annehmlichkeiten, die von uns Menschen geschaffen wurden, um uns ein zufriedenes und komfortables Leben zu ermöglichen – alle Elemente unserer Lebensweise finden sich hier wieder.

Um das Kultur- und Geschäftszentrum herum breiten sich die Wohnanlagen aus: 160 Hochhäuser, die entlang wohldurchdachter Straßenzüge geradezu strategisch positioniert wurden. Jede Wohnung hat einen eigenen Balkon. Jedes Hochhaus hat eine eigene Waschküche, die höchsten Hochhäuser sind zwanziggeschossig und werden jeweils von einem riesigen schmiedeeisernen Hammer-und-Sichel-Emblem gekrönt, dem Symbol der Stadtgründer.

Die Sowjets bauten Prypjat in den von einem Bauboom geprägten 1970er-Jahren. Es war als perfektes Zuhause für fast 50 000 Menschen konzipiert, ein modernistisches Utopia, in dem die besten Ingenieure und Wissenschaftlerinnen des ehemaligen Ostblocks mit ihren jungen Familien untergebracht waren. In Amateurfilmaufnahmen aus den frühen 1980er-Jahren sehen wir, wie sie lächelnd Kinderwagen über die weiten Boulevards schieben, Ballettunterricht nehmen, in einem Hallenbad von olympischen Ausmaßen schwimmen und in Booten auf dem Fluss herumpaddeln.

Heute aber lebt niemand mehr in Prypjat. Bröckelnde Mauern, zerbrochene Fensterscheiben und schief in den Angeln hängende Türen prägen das Stadtbild. Ich muss aufpassen, wo ich hintrete, als ich durch die dunklen, leeren Gebäude gehe. In den Friseurgeschäften liegen, umgeben von verstaubten Lockenwicklern und zerbrochenen Spiegeln, umgekippte Stühle. Im Supermarkt hängen neonfarbene Schläuche von der Decke. Der Parkettboden im Rathaus ist aufgerissen, die Dielen liegen entlang des prachtvollen marmornen Treppenaufgangs verteilt. Schulhefte, auf deren vergilbten Seiten ordentliche, mit blauer Tinte geschriebene kyrillische Schriftzeichen zu erkennen sind, sind in den Klassenzimmern über den Boden verstreut. Aus den Schwimmbecken wurde das Wasser abgelassen. In den Wohnungen sind die Sofakissen auf den Boden gerutscht. Die Betten sind modrig. Die Stadt ist wie erstarrt – als hätte jemand auf eine Pausentaste gedrückt. Wenn etwas von einem Windstoß erfasst wird, zucke ich vor Schreck zusammen.

Ich trete von einer Wohnung in die nächste und finde es immer beunruhigender, dass ich nirgends Menschen begegne. Deren

Abwesenheit ist verräterisch und sagt die Wahrheit über diesen Ort. Ich habe schon andere Geisterstädte besichtigt – Pompeji, Angkor Wat und Machu Picchu –, aber im Unterschied zu diesen ist Prypjat eine so gewöhnliche Stadt, dass die Menschenleere um so schockierender auffällt. Bauwerke und Gegebenheiten wirken derart vertraut, dass sofort klar wird, die Aufgabe der Stadt kann nicht dem Zahn der Zeit geschuldet sein.

Prypjat ist ein Ort äußerster Verzweiflung, weil alles – von den Anschlagtafeln, die keiner mehr anschaut, über die ausrangierten Rechenschieber im Klassenraum für Naturwissenschaften bis hin zum halb zertrümmerten Klavier im Café – als Mahnmal für das Vermögen der Menschheit steht, alles zu verlieren, was sie zum Leben braucht und was ihr lieb und teuer ist. Der Mensch ist das einzige Wesen auf Erden, das genug Macht hat, Welten erst zu erschaffen und sie dann zu zerstören.

Am 26. April 1986 explodierte Reaktor Nr. 4 des nahe gelegenen Vladimir Ilyich Lenin Atomkraftwerks, das heute allen besser bekannt ist als »Tschernobyl«. Die Explosion war das Ergebnis schlechter Planung und menschlichen Versagens. Die Bauart des Tschernobyl-Reaktors wies Schwächen auf. Das Betriebspersonal war sich dessen nicht bewusst und hielt sich außerdem nicht an die Vorschriften. Dass Tschernobyl explodierte, ist auf Fehler zurückzuführen – der menschlichsten aller Erklärungen überhaupt.

Vierhundertmal so viele radioaktive Substanzen, wie von den Bomben auf Hiroshima und Nagasaki ausgingen, verteilten sich aufgrund starker Winde über weite Teile Europas. Sie fielen als Regentropfen und Schneeflocken vom Himmel, drangen ins

Erdreich, gelangten in die Wasserstraßen vieler Länder und fanden letztendlich ihren Weg in die Nahrungskette. Wie viele Menschen infolge der Katastrophe vorzeitig den Tod fanden, ist immer noch umstritten, aber Schätzungen gehen von Hunderttausenden aus. Tschernobyl wird von vielen als teuerste Umweltkatastrophe in der Geschichte der Menschheit bezeichnet.

Leider ist das nicht ganz richtig. Seit etwa Anfang des letzten Jahrhunderts nimmt überall, auf der ganzen Welt, wenn auch oft kaum wahrnehmbar, ein Verhängnis seinen Lauf, das ebenfalls die Folge schlechter Planung und menschlichen Versagens ist. Diesmal handelt es nicht um einen Unfall, sondern vielmehr um mangelnde Umsicht und Nicht-Wissen, die sich in all unseren Handlungen widerspiegeln. Es begann nicht mit einer Explosion, sondern ganz still und unbemerkt und ist das Ergebnis vielfältiger, globaler und komplexer Zusammenhänge. Die Auswirkungen sind nicht mit einem einzelnen Gerät messbar. Es bedurfte vielmehr Hunderter Studien weltweit, um sie aufzuzeigen und nachzuweisen. Die Folgen werden um ein Vielfaches weitreichender sein als die Kontamination von Erdböden und Wasserwegen einiger unglücklicher Länder – und könnten letzten Endes sogar zu Destabilisierung und Kollaps all dessen führen, was wir zum Leben benötigen.

Das ist die wahre Tragödie unserer heutigen Zeit: der schwindelerregende Rückgang der Biodiversität unseres Planeten. Denn damit Leben auf diesem Planeten voll und ganz gedeihen kann, braucht es eine unermesslich große Biodiversität. Nur wenn Milliarden verschiedener, ganz individueller Organismen den größtmöglichen Vorteil aus jeder Ressource und jeder Gelegenheit ziehen, die ihnen begegnen, und wenn das Leben von Millionen verschiedener Arten sich so miteinander verknüpft ist, dass sie einander gegenseitig erhalten, kann unser Planet richtig funktionieren. Je größer die Biodiversität, umso sicherer ist sämtliches Leben auf Erden, auch das unsere. Dennoch sorgen wir Menschen mit unserer gegenwärtigen Lebensweise dafür, dass die biologische Vielfalt abnimmt.

Wir haben uns alle schuldig gemacht, obgleich wir mit einem gewissen Recht auf mildernde Umstände plädieren können: Wir haben erst im Laufe der letzten Jahrzehnte begriffen, dass jeder Einzelne und jede Einzelne von uns in eine menschliche Welt geboren wurde, die schon per se nicht nachhaltig war. Aber nun, da es uns bekannt ist, müssen wir eine Entscheidung treffen. Wir können weiterhin ein glückliches Leben führen, unsere Kinder großziehen, unseren rechtschaffenen Tätigkeiten in der modernen Gesellschaft, die wir aufgebaut haben, nachgehen und uns dafür entscheiden, die Katastrophe, die vor unserer Türschwelle lauert, zu ignorieren. Oder wir können uns ändern.

Eine Entscheidung, die alles andere als einfach ist. Schließlich ist es nur menschlich, an dem festzuhalten, was wir kennen, und das, was wir nicht kennen, zu ignorieren oder zu fürchten. Jeden Morgen, wenn die Einwohner von Prypjat die Vorhänge in ihren Wohnungen aufzogen, erblickten sie das riesige Atomkraftwerk, das eines Tages ihre Leben zerstören würde. Der Großteil der Bewohner war dort angestellt, die anderen waren finanziell auf diejenigen angewiesen, die dort arbeiteten. Vielen war sicherlich bewusst, wie gefährlich es war, so nah am Kraftwerk zu leben, dennoch bezweifle ich, dass sie es deswegen hätten abschalten wollen. Tschernobyl hatte ihnen ein hohes Gut beschert – ein komfortables Leben.

Wir alle sind jetzt Bewohner von Prypjat. Wir leben ein komfortables Leben im Schatten einer Katastrophe, die wir selbst hervorgerufen haben. Diese Katastrophe wird durch genau jene Dinge verursacht, die uns erlauben, diese Art von komfortablem Leben zu führen. Und es ist ganz natürlich, damit weiterzumachen, bis es einen überzeugenden Grund gibt, damit aufzuhören, sowie einen sehr guten Plan für eine Alternative. Darum habe ich dieses Buch geschrieben.

Die Natur schwindet. Beweise dafür sehen wir auf der ganzen Welt. Es findet schon mein ganzes Leben lang statt. Ich habe es mit eigenen Augen gesehen. Wir steuern auf unsere Zerstörung zu.

Allerdings bleibt uns noch etwas Zeit, den Reaktor abzuschalten. Und es gibt sehr wohl eine gute Alternative.

Dieses Buch erzählt die Geschichte, wie es zu all dem kam, zu unserem größten Fehler, und wie wir ihn, wenn wir jetzt handeln, wiedergutmachen können.

ERSTER TEIL

Ein Zeugen-
bericht

Als ich diese Zeilen schreibe, bin ich 94 Jahre alt. Ich blicke auf ein außergewöhnliches Leben zurück. Erst jetzt kann ich wertschätzen, wie außergewöhnlich es war und immer noch ist. Ich hatte das große Glück, mein Leben damit verbringen zu können, auf unserem Planeten wilde Gegenden zu erkunden und Filme über die Lebewesen zu drehen, die dort leben. Auf diese Weise habe ich den gesamten Globus bereist. Ich habe mit meinen eigenen Augen das Leben in all seinen Facetten und mit all seinen Wundern erfahren dürfen, und ich wurde Zeuge einiger außerordentlicher Schauspiele und höchst ergreifender Dramen.

Als kleiner Junge träumte ich, wie so viele Jungen, davon, an ferne, wilde Orte zu reisen, die Natur in ihrem ursprünglichen Zustand zu erleben und Tiere zu entdecken, die der Wissenschaft noch nicht bekannt sind. Heute kann ich es kaum glauben, dass es mir gelungen ist, den Großteil meines Lebens genau damit zu verbringen.

1937

Weltbevölkerung: 2,3 Milliarden[1]
Kohlenstoff in der Atmosphäre: 280 ppm[2]
Verbliebene Wildnis: 66 Prozent[3]

Als ich elf Jahre alt war, lebte ich in Leicester in Zentralengland. Damals war es nicht ungewöhnlich, dass ein Junge meines Alters den ganzen Tag mit dem Fahrrad und in der Natur unterwegs war und erst abends nach Hause kam. Genau so wuchs ich auf. Jedes Kind geht auf Entdeckungsreise. Es ist schon eine Entdeckungsreise, wenn man einen Stein hochhebt und nach den Tieren darunter schaut. Ich hatte nichts anderes im Sinn, als immer wieder aufs Neue voller Faszination das Geschehen in der Natur um mich herum zu beobachten.

Mein älterer Bruder Richard sah die Dinge aus einer anderen Perspektive. Leicester hatte eine Gruppe von Laiendarstellern, die auf quasi professionellem Niveau Theaterstücke auf die Bühne brachten, und obwohl er mich hin und wieder dazu überreden konnte, mich ihm anzuschließen und als Statist ein paar Zeilen zu sprechen, war ich doch nicht richtig mit dem Herzen dabei.

21

Stattdessen stieg ich, sobald es warm genug war, aufs Fahrrad und fuhr in die östliche Gegend unserer Grafschaft, wo es Gestein voller wunderschöner und faszinierender Fossilien gab. Dinosaurierknochen waren dort nicht zu finden. Der honigfarbene Kalkstein hatte sich als Schlamm auf dem Boden eines früheren Meeres abgesetzt, niemand würde also davon ausgehen, die Überreste an Land lebender Monster zu finden. Stattdessen entdeckte ich die Schalen von Meerestieren: Ammoniten, manche über fünfzehn Zentimeter im Durchmesser, deren Gehäuse wie die der Posthornschnecken gewunden waren; andere waren haselnussgroß, und in ihrem Inneren befanden sich winzige Calcitgefüge, die als Halt für die Kiemen, mit denen die Lebewesen geatmet hatten, fungiert hatten. Und ich konnte mir nichts Spannenderes vorstellen, als einen Gesteinsbrocken, der aussah, als könne er einen solchen Schatz bergen, aufzuheben, ihm einen geschickten Schlag mit dem Hammer zu verpassen und dann dabei zuzuschauen, wie er auseinanderfiel und diese wunderbaren Schalen freigab, die in der Sonne funkelten. Und ich ergötzte mich an dem Gedanken, der erste Mensch zu sein, dem dieser Anblick vergönnt wurde.

Von klein auf war für mich nichts wichtiger, als Wissen zu erlangen, das zu einem Verständnis führte, wie die Natur funktionierte. Von Menschen ersonnene Gesetze interessierten mich nicht, wohl aber die Naturgesetze, die das Leben von Tieren und Pflanzen regelten. Ich hatte auch nichts für die Geschichte der Könige und Königinnen übrig, nicht mal für die Vielzahl an Sprachen, die sich in den verschiedenen menschlichen Kulturen entwickelt hatten, wohl aber für die Grundprinzipien, nach denen die Welt aufgebaut war, lange bevor der Mensch darin auftauchte. Warum gab es so viele verschiedenartige Ammoniten? Was unterschied den einen vom anderen? Seine Lebensweise? Hatte er in einer anderen Gegend gelebt? Bald entdeckte ich, dass schon viele andere Menschen diese Art von Fragen gestellt und auch Antworten gefunden hatten; und dass diese Antworten, wenn man sie miteinander verglich und kombinierte, die wunderbarste aller Geschichten erzählten – die Geschichte des Lebens.

Die Geschichte der Entwicklung des Lebens auf unserer Erde ist eine Geschichte langsamer, dennoch kontinuierlicher Veränderung. Jedes Lebewesen, dessen Überreste ich in den Gesteinsbrocken fand, hatte sein ganzes Leben damit verbracht, sich der Umwelt anzupassen. Diejenigen, denen es besser gelang, zu überleben und sich fortzupflanzen, gaben ihre Eigenschaften weiter. Die darin weniger erfolgreich waren, konnten das nicht. Im Laufe von Milliarden von Jahren veränderten sich die Lebensformen allmählich und wurden komplexer, höher spezialisiert. Und ihre lange Geschichte ließ sich aus jedem einzelnen Detail ableiten, das es in den Gesteinsbrocken zu entdecken gab. Die Kalksteine von Leicestershire bildeten nur einen winzigen Ausschnitt dieser Geschichte ab. Aber weitere Kapitel hielten die Exemplare bereit, die im Museum der Stadt ausgestellt waren.

Um darüber hinaus noch mehr zu entdecken, entschied ich mich, als die Zeit gekommen war, es mit einem Studium an der Universität zu versuchen. Dort lernte ich eine andere Wahrheit. Diese lange Geschichte allmählicher Veränderung hatte zu gewissen Zeitpunkten drastische Unterbrechungen erfahren. Alle paar Hundertmillionen Jahre fand, nachdem all diese Verbesserungen nach strengen Auswahlkriterien stattgefunden hatten, eine Katastrophe statt – ein Massenaussterben.

Aus verschiedenen Gründen gab es zu verschiedenen Zeitpunkten in der Geschichte der Erde tiefgehende, rasante, globale Veränderungen der Umwelt, an die sich so viele unterschiedliche Lebensformen so wunderbar angepasst hatten. Die lebenserhaltende Maschine der Erde war ins Stottern geraten, und die wundersame Ansammlung fragiler Verbindungen, die alles zusammengehalten hatte, kollabierte. Schlagartig verschwanden dann unzählige Tierarten, nur wenige überlebten. Die ganze Evolution war zunichtegemacht. Dieses mehrmalige monumentale Aussterben hatte unterschiedliche Grenzschichten in den Gesteinsbrocken geschaffen, die erkennbar waren, wenn die Forscher und Forscherinnen wussten, worauf zu achten war. Unter der Grenzschicht war eine große Vielfalt an Lebensformen erkennbar, darüber nur sehr wenige.

Fünf Massensterben gab es im Laufe der vier Milliarden Jahre währenden Erdgeschichte.[4] Jedes Mal ging die Natur zugrunde und hinterließ gerade mal genug Überlebende, um den Prozess noch mal neu anzukurbeln. Das letzte Massenaussterben wurde vermutlich durch den Einschlag eines Meteoriten ausgelöst, dessen Durchmesser zehn Kilometer betrug und dessen Aufprall auf der Erdoberfläche zwei Millionen Mal stärker war als die größte jemals getestete Wasserstoffbombe.[5] Er landete auf einer Selenitschicht, und nach Ansicht viele Forscher verteilte sich der auf diese Weise hoch in die Atmosphäre geschleuderte Schwefel als saurer Regen über den ganzen Globus, er war so sauer, dass er die Vegetation abtötete und das Plankton an der Wasseroberfläche der Ozeane verätzte. Die dadurch entstandene Staubwolke ließ so wenig Sonnenlicht durch, dass sie womöglich für einige Jahre ein geringeres Pflanzenwachstum verursachte.[6] Möglicherweise regneten Brandrelikte nach der Detonation zurück auf die Erdoberfläche und lösten in der gesamten westlichen Hemisphäre Feuerstürme aus. Die Brände belasteten die ohnehin bereits verunreinigte Luft zusätzlich mit Kohlendioxid und Rauch, was den Treibhauseffekt hervorrief und zu eine Erderwärmung führte. Und weil der Meteorit außerdem an der Küste landete, löste er gewaltige Tsunamis aus, die den gesamten Globus heimsuchten und nicht nur Küstenökosysteme zerstörten, sondern auch Meeressand über große Entfernungen landeinwärts beförderten.

Es war ein Ereignis, das den Lauf der Naturgeschichte ändern sollte: Drei Viertel aller Tierarten wurden ausgelöscht, einschließlich aller Landtierarten, die größer als unsere heutigen Haushunde waren. Es beendete die 175 Millionen Jahre während Herrschaft der Dinosaurier. Das Leben musste sich neu erfinden.

Vor 66 Millionen Jahren begann die Natur damit, eine neue Lebenswelt mit einer neuen Vielfalt an Tierarten zu erschaffen und diese immer weiter zu optimieren. Und eines der Produkte dieses Neustarts des Lebens war der Mensch.

*

Auch die Evolution der Menschheit ist in den Gesteinsbrocken festgehalten. Fossilien unserer nahen Vorfahren sind noch viel seltener als die von Ammoniten, weil sie sich erst vor rund zwei Millionen Jahren zum ersten Mal entwickelten. Und es gibt noch eine Schwierigkeit: Die Überreste an Land lebender Tiere befinden sich meistens nicht unter abgelagerten Sedimentschichten wie die von Meeresbewohnern, sondern werden durch die zerstörerische

Kraft der glühenden Sonne, durch Schlagregen und Frost zersetzt. Aber es gibt sie, und die wenigen Überreste unserer Vorfahren, die wir gefunden haben, weisen darauf hin, dass unsere eigene Entwicklung in Afrika ihren Anfang nahm. In der Zeit begannen unsere Gehirne so schnell zu wachsen, dass man dies als Vorzeichen unserer zukünftigen hauptsächlichen Wesensmerkmale ansehen könnte – der einzigartigen Fähigkeit, *Kulturen* zu entwickeln. Für Evolutionsbiologen beschreibt der Begriff »Kultur« die Information, die durch Lernen oder Nachahmung von einem Individuum zum nächsten weitergegeben werden kann. Das Nachahmen von Ideen oder Handlungen anderer erscheint uns als eine einfache Angelegenheit – jedoch nur, weil wir sie auf herausragende Weise beherrschen. Nur eine Handvoll anderer Arten zeigt Anzeichen von Kulturerwerb. Schimpansen und Große Tümmler sind zwei davon. Aber keine andere Spezies kommt auch nur annähernd an die Fähigkeit zur Ausbildung einer Kultur heran wie die unsere.

Kultur hat die Art unserer Entwicklung verändert. Mit Kultur hat sich unsere Spezies auf neue Weise an das Leben auf der Erde angepasst. Während das Überleben anderer Arten davon abhing, dass und wie sie sich über Generationen hinweg körperlich anpassten, waren wir in der Lage, eine Idee umzusetzen, mit der wir eine signifikante Änderung innerhalb einer Generation herbeiführen konnten. Zum Beispiel das Kunststück, Pflanzen zu finden, die auch während einer Dürre Wasser lieferten; das Fertigen eines Steinwerkzeugs, um damit ein totes Tier zu häuten und zu zerlegen, das Entzünden eines Feuers oder das Kochen von Essen konnte während der Dauer eines einzigen Lebens von einem Menschen an einen anderen weitergegeben werden. Das war eine neue Form der Vererbung, die unabhängig von den Genen stattfand, welche einem Individuum von den Eltern vererbt wurden. Wir entwickelten uns jetzt schneller. Die Gehirne unserer Vorfahren wuchsen in einem unglaublichen Tempo und gaben uns die Fähigkeit, zu lernen, zu erinnern und Ideen zu verbreiten. Aber schließlich verlangsamten sich die körperlichen Veränderungen, bis kaum noch welche stattfanden. Vor etwa 200 000 Jahren trat der anatomisch moderne Mensch, *Homo sapiens*, auf den Plan – ein Mensch wie du und ich. Seitdem haben wir uns auf der körperlichen Ebene nur noch sehr wenig verändert. Was sich allerdings auf spektakuläre Weise verändert hat, ist unsere Kultur.

Am Anfang des Bestehens unserer Art war unsere Kultur vornehmlich von unserem Lebensstil als Jäger und Sammler geprägt. In beiden Sparten waren wir außerordentlich gut. Wir statteten uns mit den materiellen Kennzeichen unserer Kultur aus, wie zum Beispiel Haken, um Fische zu fangen, und Messer, um Wild zu schlachten. Wir lernten, Feuer zu entfachen und zu kontrollieren, um damit zu kochen, und Steine zu benutzen, um Getreide zu mahlen. Aber trotz dieses Erfindungsreichtums war unser Leben nicht einfach. Die Umwelt, in der wir lebten, war rau und vor allem unvorhersehbar. Die Welt war insgesamt viel kälter als heute. Der Meeresspiegel lag viel niedriger. Süßwasser war nicht leicht zu finden, und weltweit gab es innerhalb relativ kurzer Zeitspannen immer wieder extreme Temperaturschwankungen. Körper und Gehirne unserer Vorfahren ähnelten zwar schon sehr unseren heutigen, aber unsere Umwelt war so unbeständig, dass es schwierig war zu überleben. Genetische Untersuchungen des modernen Menschen deuten darauf hin, dass diese klimatischen Bedingungen uns vor rund 70 000 Jahren Ereignissen aussetzten, die uns fast ausgerottet hätten. Unsere gesamte Spezies war womöglich auf nicht mehr als zwanzigtausend zeugungsfähige Erwachsene dezimiert worden. Um uns weiterhin entwickeln zu können, benötigten wir eine größere Stabilität. Der Rückzug der letzten Gletscher vor 11 700 Jahren bewirkte diese Stabilität.

*

Das Holozän – der Zeitabschnitt der Erdgeschichte, den wir als unsere Zeit ansehen – ist eine der stabilsten Phasen der langen Geschichte unseres Planeten. Über einen Zeitraum von zehntausend Jahren fiel oder stieg die weltweite Durchschnittstemperatur um nicht mehr als ein Grad Celsius.[7] Wir wissen nicht genau, wodurch diese Stabilität zustande kam, aber die Diversität der Lebensformen könnte dazu beigetragen haben.

Phytoplankton, mikroskopisch kleine Pflanzen, die nahe der Meeresoberfläche schweben, und ausgedehnte Wälder, die sich auf der Nordhalbkugel ausbreiteten, nahmen einen Großteil des Kohlenstoffdioxids auf und trugen auf diese Weise zu einer ausgeglichenen Menge an Treibhausgasen in der Atmosphäre bei. Gigantische Herden grasender Tiere sorgten dafür, dass Graslandschaften fruchtbar und ergiebig blieben, indem sie den Erdboden düngten und das Wachstum von Gras stimulierten, weil sie es abgrasten. Mangrovensümpfe und Korallenriffe entlang der Küste dienten als Unterschlupf für Jungfische, die, wenn sie herangereift waren, ins offene Wasser wechselten und die Ökosysteme der Meere bereicherten. Ein dichter Regenwaldgürtel rund um den Äquator nutzte die Energie der Sonne und fügte den globalen Luftströmungen Feuchtigkeit und Sauerstoff hinzu. Und riesige weiße Flächen aus Schnee und Eis ganz im Norden oder Süden der Erde reflektierten das Sonnenlicht zurück ins Weltall und kühlten auf diese Weise die gesamte Erde wie eine gigantische Klimaanlage.

Die prächtig gedeihende Biodiversität des Holozäns trug dazu bei, die globalen Lufttemperaturen der Erde moderat zu halten, und die damalige Lebenswelt passte sich an einen gemäßigten, zuverlässigen 12-Monats-Rhythmus an – die Jahreszeiten. In den Savannen wechselten sich Trocken- und Regenzeit mit großer Regelmäßigkeit ab. In Asien und Ozeanien wechselten die Winde jedes Jahr zur gleichen Zeit die Richtung und lieferten pünktlich den Monsun. In den nördlichen Regionen stiegen die Temperaturen im März über 15 °C lösten den Frühling aus, hielten sich bis Oktober auf sommerlichem Niveau, bis sie wieder sanken und den Herbst einläuteten.

Das Holozän war unser Garten Eden. Der Zyklus der Jahreszeiten war so zuverlässig, dass sich uns mannigfache Gelegenheiten für unsere Entwicklung boten, die wir auch ausnutzten. Fast zeitgleich mit der Stabilisierung der Umwelt hörten die im Nahen Osten lebenden Nomadengruppen damit auf, Pflanzen zu sammeln und Tiere zu jagen, um sich einem völlig neuen Lebensstil zu widmen: Sie begannen das Land urbar zu machen. Dass sie zu Ackerbau und Viehzucht übergingen, war keine freiwillige Entscheidung. Es war auch nicht geplant. Der Weg zur Sesshaftigkeit und zur Landwirtschaft war lang, planlos und zufällig, und es war mehr Glück im Spiel als Voraussicht.

Die Landflächen des Nahen Ostens boten vielfältige Voraussetzungen für derartige glückliche Zufälle. Die Gebiete liegen an einem Knotenpunkt zwischen drei Kontinenten – Afrika, Asien und Europa –, den Pflanzen- und Tierarten von allen drei Kontinenten seit Millionen von Jahren nicht nur passierten, sondern an dem sie sich auch ansiedelten. Berghänge und Flussebenen wurden von Pflanzen wie dem wilden Vorfahren unseres heutigen Weizens besiedelt, sowie von Gerste, Kichererbsen, Erbsen und Linsen – alles Arten, deren Hülsenfrüchte bzw. Korn so nährstoffreich waren, dass sie länger andauernde Dürrezeiten überleben konnten. Solche Nahrungsmittel müssen die Menschen jedes Jahr aufs Neue angezogen haben. Wenn sie in der Lage waren, mehr zu ernten, als sie sofort benötigten, dann legten sie sich zweifelsohne Vorräte an, wie andere Säugetiere oder Vögel es auch tun, damit sie im Winter, wenn Nahrungsmittel knapp waren, etwas zu essen hatten. Irgendwann gaben die Jäger und Sammler das Umherziehen auf und wurden sesshaft, da sie sich sicher sein konnten, dass ihre eingelagerte Ernte sie auch in Zeiten, in denen die Nahrungsbeschaffung schwieriger wurde, am Leben halten würde.

Wilde Rinder, Ziegen, Schafe und Schweine waren schon in dieser Region beheimatet. Ursprünglich stammten sie von wild lebenden Tierarten ab und müssen mit Beginn des Holozäns innerhalb von ein paar Tausend Jahren domestiziert worden sein. Auch hier wird es viele und zweifelsohne auch zufällige Zwischenschritte gegeben haben. Zunächst wählten die Jäger männliche Artgenossen aus und töteten sie, um die Weibchen zu schützen, die Junge aufzogen, um das Wachstum der Population zu begünstigen. Wissenschaftler und Wissenschaftlerinnen konnten dies anhand von Tierknochen nachweisen, die sie um antike Dörfer herum fanden und untersuchten. Außerdem verjagten die Menschen womöglich andere Raubtiere oder lebten über bestimmte Zeiträume, ohne Fleisch zu essen, um die Wildbestände konstant zu halten. Letztendlich fingen sie die Tiere nicht nur, sondern ließen sie über längere Zeiträume leben und begannen, sie zu züchten, wofür sie zwangsläufig die weniger aggressiven und toleranteren Exemplare der Herden selektierten.

Mit der Zeit wurden all diese Entwicklungen durch weitere Innovationen optimiert – durch den Bau von Getreidespeichern, das Hüten von Tieren, das Ausheben von Bewässerungsrinnen, Pflügen und Säen und das Hinzufügen von Dünger. So entstand die Landwirtschaft. Mit einer derart intelligenten und erfindungsreichen Spezies wie der unseren, in einem derart stabilen Klima wie dem des Holozäns, war der Beginn der Landwirtschaft fast unvermeidbar. Es lässt sich mit Sicherheit sagen, dass die Praxis der Landwirtschaft in mindestens elf voneinander unabhängigen Regionen auf der ganzen Welt aufkam. Kartoffeln, Mais, Reis und Zuckerrohr wurden in großen Mengen angebaut und geerntet, Tiere wie Esel, Hühner, Lamas und Bienen wurden domestiziert.

*

Ackerbau und Viehzucht veränderten die Beziehung zwischen Mensch und Natur. Wir zähmten, wenn auch zunächst nur in sehr geringem Maße, einen Teil der Wildnis um uns herum und kontrollierten unsere Umwelt in bescheidenem

Umfang. Wir bauten Mauern, um Pflanzen vor dem Wind zu schützen. Wir boten unseren Tieren Schutz vor der Sonne, indem wir Bäume pflanzten. Mit ihrem Mist düngten wir das Land, auf dem sie grasten. Wir stellten sicher, dass unser Getreide in Dürrezeiten gedieh, indem wir es mithilfe von Kanälen wässerten, die wir von Flüssen oder Seen abzweigend bauten. Wir entfernten die Pflanzen, die mit denen, die wir als nützlich erachteten, konkurrierten, und überzogen ganze Hänge mit denen, die wir bevorzugten.

Die Tiere und Pflanzen, die wir auf diese Weise selektierten, begannen auch, sich zu verändern. Da wir die grasenden Tiere schützten, mussten sie sich nicht mehr gegen Angriffe von Raubtieren zur Wehr setzen oder um die Weibchen kämpfen. Wir jäteten unsere angebauten Parzellen, damit unsere Speisepflanzen wachsen konnten, ohne mit Pflanzen anderer Arten konkurrieren zu müssen, und ausreichend mit Stickstoff, Wasser und Sonnenlicht versorgt wurden. Im Gegenzug produzierten sie größere Getreidekörner, Früchte und Knollen. Die Tiere wurden fügsamer, weil sie nicht mehr wachsam und aggressiv sein mussten, um sich zu verteidigen. Aus Steh- wurden Schlappohren, die Schwänze der Schweine ringelten sich, und die domestizierten Tiere behielten auch im Erwachsenenalter die kläffenden, muhenden und jammernden Laute ihrer Kinderstubenzeit bei – vielleicht weil sie auf verschiedenen Ebenen für immer jung blieben, denn sie wurden ja von uns, ihren Ersatzeltern, gefüttert und beschützt. Und auch wir veränderten uns von einer Spezies, die von der Natur geformt worden war, in eine, die die Fähigkeit hatte, andere Spezies zu formen, indem wir sie unseren eigenen Bedürfnissen anpassten.

Das Leben der Bauern war hart. Sie litten häufig unter Dürren und Hungersnöten. Aber irgendwann waren sie in der Lage, mehr zu erzeugen, als sie für ihre eigenen unmittelbaren Bedürfnisse benötigten. Im Vergleich zu ihren Nachbarn, die als Jäger und Sammler umherzogen, waren sie in der Lage, größere Familien aufzuziehen. Diese zusätzlichen Söhne und Töchter waren nicht nur nützlich, um sich um die Felder und das Vieh zu kümmern, sondern auch um ihre Familie dabei zu unterstützen, dass ihre Felder in ihrem Besitz blieben. Ackerbau und Viehzucht hatten zur Folge, dass Nutzland wertvoller wurde als unbewirtschaftetes Land, und die Bauern begannen, beständigere Schutzhütten zu bauen, um ihre Besitzansprüche zu verteidigen.

Die Grundstücke der verschiedenen Familien unterschieden sich naturgemäß in der Qualität des Erdbodens, in der Verfügbarkeit von Wasser und im Erscheinungsbild. Manche Ernten und Viehbestände machten sich also besser als andere. Nachdem die Familie ernährt war, konnten manche Bauern ihren Überschuss zum Tausch anbieten. So kamen Bauerngemeinschaften auf offenen Märkten zusammen, um ihre Waren untereinander zu tauschen – etwa Nahrungsmittel gegen andere Güter oder handwerkliche Fähigkeiten. Die Bauern benötigten Backsteine, Schnüre, Öl und Fisch. Sie hatten Bedarf an Erzeugnissen von Zimmerleuten, Maurern und Werkzeugmachern, die so zum ersten Mal Fähigkeiten gegen Nahrungsmittel eintauschen konnten, anstatt die Zeit dafür aufwenden zu müssen, selbst Feldfrüchte anzubauen oder Vieh zu halten. Als der Tauschhandel immer weiter zunahm, wurden in vielen fruchtbaren Flusstälern aus den Märkten erst Ortschaften und dann Städte. Immer neue Täler wurden besiedelt, und es gab immer Bauern, die auf der

Suche nach frischen Feldern weiterzogen. Benachbarte Stämme von Jägern und Sammlern, die mit den Bauernschaften Tauschhandel betrieben, fügten sich in die wachsenden Ortschaften ein, und die Kultur des Ackerbaus und der Viehzucht verbreitete sich in rasantem Tempo entlang der Flüsse bis in jedes Wassereinzugsgebiet.

Das war der Beginn der Zivilisation. Und mit jeder Generation, mit jeder technischen Innovation entwickelte sie sich schneller weiter. Wasserkraft, Dampfkraft und die Elektrifizierung wurden erfunden und immer weiter optimiert – bis wir es schließlich zu jenen Errungenschaften gebracht hatten, mit denen wir heute vertraut sind. Aber jeder Generation gelang es in diesen immer komplexer werdenden Gesellschaften nur deswegen, sich weiterzuentwickeln und Fortschritte zu erzielen, weil die natürliche Welt weiterhin stabil blieb und zuverlässig die Rohstoffe lieferte und Bedingungen erfüllte, die wir benötigten. Die wunderbare Biodiversität und die günstigen Umweltbedingungen des Holozäns, die sich wechselseitig bedingten, wurden für uns so wichtig wie noch nie.

1954

Weltbevölkerung: 2,7 Milliarden
Kohlenstoff in der Atmosphäre: 310 ppm
Verbliebene Wildnis: 64 Prozent

Nachdem ich an der Universität Cambridge Naturwissenschaften
studiert und meinen Wehrdienst in der Royal Navy absolviert
hatte, ging ich zum BBC Television Service, der zu jener Zeit
noch in den Kinderschuhen steckte. Der Fernsehsender, der 1936
weltweit als erster an den Start gegangen war, belegte zwei kleine
Studios im Alexandra Palace im Norden Londons. Als der Zweite
Weltkrieg ausbrach, stellte der Sender sein Programm vorüber-
gehend ein und nahm aber 1946 mit denselben Kameras in denselben Studios seine Arbeit wieder auf. Alle BBC-Programme
wurden live und in Schwarz-Weiß ausgestrahlt und konnten nur
in London und Birmingham gesehen werden. Meine Arbeit bestand darin, Sendungen zu Sachthemen aller Art zu produzieren,
aber als Anzahl und Auswahl der abendlichen Programme immer
größer wurden, begann ich, mich auf Naturkunde zu spezialisieren.

Zu Beginn zeigten wir Tiere, die aus dem Londoner Zoo in die
Studios gebracht wurden. Sie wurden auf einem Tisch platziert, auf

den eine Fußmatte gelegt worden war, und in der Regel von einem der Zoofachleute gehalten. Aber dadurch wirkten sie wie Absonderlichkeiten oder Kuriositäten. Ich sehnte mich danach, den Zuschauern zu zeigen, wie sie in ihrer natürlichen Umgebung aussahen, in der Wildnis, wo ihre unterschiedlichen Formen und Farben klarer erkennbar und eindrucksvoller waren, und schließlich hatte ich eine Idee ausgeklügelt, wie mir das gelingen könnte. Ich heckte mit Jack Lester, dem Kurator der Reptilien im Londoner Zoo, einen Plan aus. Er würde dem Zoodirektor vorschlagen, dass er – Jack – nach Sierra Leone in Westafrika reisen würde, eine Region, die er gut kannte, und dass ich und ein Kameramann ihn begleiten sollten, um ihn bei dem, was er machen würde, zu filmen. Nach jeder Filmsequenz, die Jack bei der Arbeit zeigte, würde er live im Studio auftreten, das Tier, das er gefangen hatte, zeigen und etwas zu seiner Spezies erzählen. Für den Zoo wäre das eine wunderbare Werbung, und die BBC hätte damit ein neues Format über Tiere im Programm. Wir nannten es *Zoo Quest*. 1954 reiste ich also nach Afrika in Begleitung von Jack und Charles Lagus, einem jungen Kameramann, der auf dem Himalaja gearbeitet hatte und die 16-MM-Leichtgewichtkamera besaß, die wir dringend benötigten.

Die erste Sendung wurde im Dezember 1954 ausgestrahlt. Unglücklicherweise wurde Jack am Tag nach der Ausstrahlung mit einer schlimmen Krankheit ins Krankenhaus eingeliefert (an der er später sogar sterben sollte). Er würde in der zweiten Sendung in der kommenden Woche nicht auftreten können. Der Einzige, der diesen Job übernehmen konnte, war ich. Man wies mich an, den Regieraum, von wo aus ich Anweisungen für die Live-Kameras gab, zu verlassen und mich stattdessen ins Studio zu stellen, wo ich die Pythons, Affen, seltenen Vögel und Chamäleons, die wir von

der Expedition mitgebracht hatten, präsentieren sollte. So begann meine Karriere vor der Kamera.

Die Serie wurde ein voller Erfolg, und ich begann, auf der ganzen Welt *Zoo-Quest*-Sendungen aufzunehmen: Guyana, Borneo, Neuguinea, Madagaskar, Paraguay. Überall traf ich auf Wildnis: glitzernde Küstengewässer, ausgedehnte Wälder, weite offene Graslandschaften. Jahr für Jahr erkundete ich diese Orte mit Kameras und nahm die Wunder der Natur auf. Die Menschen, die uns als Guides durch diese Dschungel und Wüsten führten, hatten Mühe nachzuvollziehen, wieso es für mich so schwierig war, Tiere ausfindig zu machen – Tiere, die für sie doch so sichtbar waren. Es dauerte eine ganze Weile, bis ich mir genug Wissen angeeignet hatte, um einigermaßen kompetent in der Wildnis leben und arbeiten zu können.

Die Sendungen erfreuten sich großer Beliebtheit. Noch nie zuvor hatten Menschen im Fernsehen einen Pangolin gesehen. Oder ein Faultier. Wir zeigten ihnen die größte Echse der Welt, den sogenannten Drachen, der auf Komodo, einer kleinen Insel in Zentralindonesien lebt, und filmten zum ersten Mal Paradiesvögel, die im Wald von Neuguinea ihren Balztanz vollführten.

Die 1950er-Jahre waren eine Zeit voller Optimismus. Die Erinnerung an den Zweiten Weltkrieg, der Europa in Schutt und Asche gelegt hatte, begann zu verblassen. Die ganze Welt wollte sich weiterdrehen. Es gab eine Hochphase technologischer Innovationen, die uns das Leben erleichterten. Es schien, als wenn nichts den Fortschritt aufhalten könnte. Die Zukunft versprach, aufregend zu werden und uns unsere Träume zu erfüllen.

Damals war sich noch niemand bewusst, dass es in der Natur Probleme gab.

1960

Weltbevölkerung: 3 Milliarden
Kohlenstoff in der Atmosphäre: 315 ppm
Verbliebene Wildnis: 62 Prozent

Wenn es eine bestimmte Art von Wildnis gibt, von der jeder
eine ganz klare Vorstellung hat, dann sind es die weiten Ebenen
Afrikas mit ihren Elefanten, Nashörnern, Giraffen und Löwen.
1960 reiste ich zum ersten Mal in die Savanne. Wenngleich ich
die wild lebenden Tiere, denen ich dort begegnete, ganz wunderbar fand, zog mich vor allem die schiere Weite der offenen
Landschaft an. Das Massai-Wort »Serengeti« bedeutet »endlose
Ebenen«. Eine treffende Beschreibung. An dem einen Tag stehst
du irgendwo in der Serengeti, und es ist nicht ein Tier zu sehen,
während dieselbe Stelle am nächsten Morgen von einer Million
Gnus, einer Viertelmillion Zebras und einer halben Million
Gazellen bevölkert ist. Ein paar Tage später sind sie wieder
verschwunden, hinterm Horizont, außer Sichtweite. Niemand
würde es dir verargen, wenn du diese Ebenen, die ohne Weiteres derart riesige Herden verschlucken können, für unendlich
hieltest.

43

Damals erschien es undenkbar, dass der Mensch, eine einzige Spezies, eines Tages für einen so gewaltigen Lebensraum wie die Wildnis zu einer Bedrohung werden könnte. Dennoch trieb genau diese Sorge den visionären Forscher Bernhard Grzimek um. Er war der Direktor des Frankfurter Zoos und hatte diesen nach dem Krieg aus den Trümmern der zerstörten Käfige und Bombenkrater wieder aufleben lassen. Ab den 1950er-Jahren war er ein bekanntes Gesicht im deutschen Fernsehen, wo er Filme über die Tierwelt Afrikas präsentierte. Sein berühmtester Film *Serengeti darf nicht sterben* gewann 1959 den Oscar für den besten Dokumentarfilm. Der Film zeigt ihn bei dem Unterfangen, die Wanderungen der Gnu-Herden zu erfassen. Er und sein Sohn Michael, ein erfahrener Pilot, folgten den Herden in einem kleinen Flugzeug bis über den Horizont hinaus. Sie zeichneten auf, welche Flüsse die Herden überquerten, durch welche Waldgebiete und über welche Landesgrenzen sie hinwegwanderten. Im Laufe ihrer Arbeit begannen die Grzimeks zu verstehen, wie das gesamte Ökosystem der Serengeti funktionierte. Es wurde erstaunlicherweise deutlich, dass die Graslandschaften genauso auf die Herbivoren angewiesen waren wie die Herbivoren auf die Graslandschaften: Ohne die Weidegänger gäbe es nicht so viel Gras. Die Graslandschaften hatten sich in ihrer Entwicklung daran angepasst, dass sie immer wieder von einer Million hungriger Mäuler abgefressen wurden. Wenn die Zähne der Gnus bodennah durch die Halme schnitten, griffen die Pflanzen auf Nährstoffreserven in ihren Wurzeln knapp unter der Erde zurück, um nachzuwachsen. Wenn die Hufe der Herden den Erdboden aufbrachen und die Pflanzen ihre Samen auswarfen, war die Grundlage für eine nächste Gras-Generation hergestellt. Wenn die Tiere weiterzogen, konnte das Gras, dank der Nährstoffe in den Dunghaufen, die sie zurückließen, nachwachsen. Was im Windschatten der Herden wie eine Schneise der Verwüstung aussah, war in Wahrheit eine wichtige Etappe im Lebenszyklus des Grases. Gäbe es zu wenig Weidegänger, verschwänden die Gräser im Schatten größerer Pflanzen, die ohne solche Herden dominieren würden.

Es war die Geschichte der Interdependenz, die in der damals neu entstehenden Wissenschaft der Ökologie entdeckt wurde. In der Zoologie, die im 19. Jahrhundert vornehmlich darin bestanden hatte, die verschiedenen Spezies auf der Erde zu benennen und zu klassifizieren, eröffneten sich nun neue Betätigungsfelder. Manche Forscher spezialisierten sich darauf, den Aufbau von Tierzellen, die für das bloße Auge unsichtbar waren, dank immer stärker auflösender Mikroskope und Röntgenaufnahmen zu untersuchen, was 1953 schließlich zur Entschlüsselung der DNA-Struktur führte, auf der im Wesentlichen die Vererbung beruht. In der Ökologie wiederum wurden unter anderem statistische Methoden und Messinstrumente entwickelt, um Tiergemeinschaften in der Wildnis zu erforschen. In den 1950er-Jahren begannen sie, das scheinbare Chaos der Welt da draußen zu verstehen, vor allem wie alle Lebensformen auf unendliche Weise miteinander verwoben sind und alles voneinander abhängt. Sie fanden heraus, dass Tiere und Pflanzen eine enge, manchmal geradezu symbiotische Beziehung zueinander pflegten, jedoch waren diese Ökosysteme, obwohl eng miteinander verflochten, nicht zwangsläufig stabil. Die kleinste Veränderung an der falschen Stelle konnte die ganze Gemeinschaft ins Wanken bringen.

Bernhard Grzimek wusste, dass diese Interdependenz auch auf ein so großes Ökosystem wie die Serengeti übertragbar sein musste. Auf seinen zahlreichen Forschungsflügen über die Serengeti fand er heraus, dass die Weite der Ebene das Ökosystem vor dem Kollaps bewahrte. Gäbe es diese immense Weite nicht, könnten die Herden keine großen Entfernungen zurücklegen und dadurch den verschiedenen Gebieten wilden Graslands die Ruhepause verschaffen, die sie zwischen den Angriffen benötigten. Die Tiere würden das Gras bis zu ihren Wurzeln abfressen und damit ihren eigenen Hungertod heraufbeschwören. Vielleicht würden Raubtiere eine Weile davon profitieren, dass ihre Opfer von Hunger geschwächt wären, aber auch sie würden mit der Zeit eingehen. Ohne diese weite Ebene würde das Ökosystem Serengeti aus dem Gleichgewicht geraten.

In dem Wissen, dass Tansania und Kenia kurz davor standen, ihre Unabhängigkeit auszurufen, und möglicherweise den Forderungen nachkommen würden, die Serengeti-Ebene zur landwirtschaftlichen Nutzung freizugeben, motivierte und stärkte Grzimek mit seinen Filmen und anderen Aktivitäten diejenigen, die darauf bedacht waren, die Graslandschaften zu schützen und der Natur weiterhin den erforderlichen Raum zu geben. Die zwei afrikanischen Staaten fällten aus eigenem Antrieb heraus visionäre Entscheidungen. Tansania verbot die Besiedlung des Abschnitts der Serengeti, der innerhalb der eigenen Landesgrenzen lag – eine Entscheidung, die zu heftigen Kontroversen führte. In Kenia wurden neue Reservate in dem Gebiet rund um den Mara River gegründet, um den Verlauf der großen Tier-Wanderung in der Serengeti vollständig zu erhalten.

Das war eine klare Ansage. Natur ist weit davon entfernt, grenzenlos zu sein. Die Wildnis ist endlich. Sie braucht Schutz. Und einige Jahre später sollte das allen bewusst werden.

1968

Weltbevölkerung: 3,5 Milliarden
Kohlenstoff in der Atmosphäre: 323 ppm
Verbliebene Wildnis: 59 Prozent

Auf meinen *Zoo-Quest*-Expeditionen hatte ich in den entlegensten Teilen der Welt Zeit mit Menschen verbracht, deren Leben sich sehr von meinem unterschied, und ich begann, mehr über sie und ihre Weltanschauungen zu lernen. Ich hielt es schließlich für eine gute Idee, unserem heimischen Publikum ihre Lebensweisen und Ansichten nahezubringen, und verlagerte also den Schwerpunkt meiner Dokumentationen auf Menschen und Kulturen fernab von Europa: in Südostasien, den Inseln im Westpazifik und in Australien. Ich fühlte mich diesen Menschen derart verbunden, dass ich beschloss, mich noch mehr mit ihren Glaubensvorstellungen und Lebensweisen zu beschäftigen. Die BBC erlaubte mir, meine Vollzeittätigkeit als Produzent aufzugeben, und ließ mich im Laufe der folgenden Jahre immer sechs von zwölf Monaten Sendungen drehen und über den gleichen Zeitraum Anthropologie an der London School of Economics studieren. Eine wunderbare Absprache – die leider nicht lang währte.

In den 1960er-Jahren wurde die BBC damit beauftragt, das Farbfernsehen in Großbritannien einzuführen, denn bis dahin hatte es nur Schwarz-Weiß-Fernsehen gegeben. Eine neue Sendergruppe namens BBC 2, die mit ihren Programmen auch stilistisch und thematisch Neuland betreten sollte, wurde damit betraut. Was genau das beinhaltete, stand noch nicht fest und würde in den Händen des zukünftigen Fernsehchefs liegen. Für jeden leidenschaftlichen Fernsehmacher ein Posten von unwiderstehlichem Reiz. Als mir der Job angeboten wurde, empfand ich es zumindest so. Daher gab ich 1965 mein Studium der Anthropologie auf und kehrte zur festen Belegschaft der BBC zurück – diesmal jedoch als geschäftsführender Direktor.

1968, vier Tage vor Weihnachten, stand ich im hinteren Bereich des internationalen Regieraums des BBC-Fernsehsenders und sah mir Bilder an, die von der Apollo-8-Mission an die Erde gesandt wurden. Wir wussten alle, dass Apollo 8 etwas Besonderes werden würde. Zum ersten Mal würde ein bemanntes Raumschiff die Erdumlaufbahn verlassen, zum Mond fliegen, ihn umkreisen, Bilder von seiner Rückseite machen, die noch kein Mensch gesehen hatte, und wieder zur Erde zurückkehren. Es sollte der Testflug für Präsident Kennedys Vorhaben werden, unbedingt bis zum Ende des Jahrzehnts auf dem Mond zu landen.

Obwohl der Fokus der Mission natürlich auf den Mond ausgerichtet war, waren es dann zur allgemeinen Überraschung die Bilder der Erde, die die Aufmerksamkeit der Astronauten und auch die unsere auf sich lenkten. Frank Borman, Jim Lovell und Bill Anders waren die ersten Menschen, die sich jemals weit genug von der Erde entfernt hatten, um unseren gesamten Planeten mit dem bloßen Auge erfassen zu können, und sie waren zutiefst davon beeindruckt. Nach dreieinhalb Stunden Flugzeit teilte Jim Lovell der NASA seine Gedanken mit: »Ich kann jetzt die ganze Erde im mittleren Fenster sehen.«[8] Sie waren völlig überwältigt. »Wunderschön«, entfuhr es ihnen immer wieder. Bill Anders griff schnell nach der Standbildkamera der Mission, und so wurde er der erste Mensch, der ein Foto von der gesamten Erde schoss. Es ist eine spektakuläre Aufnahme, die Welt steht auf dem Kopf, und Südamerika, das von der Dezembersonne bestrahlt wird, füllt den Rahmen fast aus. Und ja, dieses Foto blieb wie alle anderen, die auf dieser Mission geschossen wurden, unentwickelt in der Kamera, bis die Raumfahrer wieder auf der Erde gelandet waren. Das, worauf wir in den Fernsehstudios rund um den Globus warteten, war ein elektronischer Bildträger.

Während der Zeitpunkt der geplanten ersten Übertragung aus dem Raumschiff immer näher rückte, schalteten weltweit so viele Menschen ein wie noch nie zuvor bei einem Fernsehprogramm. Wundersamerweise bekamen wir ein Bild in guter Qualität aus dem Innern der Kapsel zu sehen. Nach dem Austausch von ein paar Nettigkeiten erklärte Frank Borman, dass Anders, der die Videokamera bediente, darauf wartete, dass sich das Raumschiff in die richtige Position drehte, um die Linse durch das Fenster auf die Erde richten zu können.

»Wir werden gleich die Aussicht vor uns haben, die wir euch ganz besonders gern zeigen möchten«, teilte er uns allen mit.

Und in dem Moment verschwand das Bild. Mission Control in Houston alarmierte die Crew, dass das Bild sich auflöste. Hilflos warteten wir alle. Nachdem sie einige Minuten lang an der Kamera herumgefummelt hatten, während sie live auf Sendung waren, teilte man uns mit, dass das Teleobjektiv nicht funktioniere.

Anders schraubte es ab und ersetzte es durch ein Weitwinkelobjektiv, aber wir hatten immer noch kein Bild. »Ist die Objektivabdeckung noch drauf?«, fragte Houston. »Nein«, antwortete Borman kurz angebunden, »das haben wir natürlich überprüft.« Auf einmal erschienen die ersten Bilder auf den Monitoren. Eine Scheibe war zu erkennen, aber durch den Weitwinkel wirkte sie ziemlich klein. Ein weitaus größeres Problem gab es allerdings mit der Belichtung. Die Erde war viel zu hell, wurde von der Sonne grell angestrahlt. »Wir sehen nur einen ziemlich hellen Fleck auf dem Bildschirm«, teilte Houston mit. »Wir können nicht wirklich erkennen, was ihr da gerade zu sehen bekommt.« »Das ist die Erde«, sagte Borman, und es klang fast wie eine Entschuldigung.

Da sie nicht in der Lage waren, die Bildqualität zu verbessern, bot die Mannschaft uns eine Führung durch das Innere des Raumschiffs an. Wir konnten den Astronauten dabei zusehen, wie sie in der Schwerelosigkeit ihr Mittagessen einnahmen. Jim Lovell wünschte seiner Mutter alles Gute zum Geburtstag. Dann endete die Übertragung. »Ich hoffe, wir können das andere Objektiv reparieren«, sagte Borman noch.

Wir mussten einen ganzen Tag auf den nächsten Versuch einer Liveübertragung warten. Am 23. Dezember schalteten weltweit schätzungsweise eine Milliarde Zuschauer ein – das größte Publikum in der Geschichte des Fernsehens. Borman begann mit einer stolzen Ankündigung: »Hallo, Houston, hier ist Apollo 8. Die Fernsehkamera ist jetzt direkt auf die Erde gerichtet.« Die Crew hatte keinen Bildsucher, deswegen konnten die Astronauten eigentlich nicht wissen, was auf dem Bildschirm zu sehen war. »Die Erde ist zumindest in einer Ecke schon ziemlich gut zu sehen«, antwortete Houston, doch dann machte die Erde einen schnellen Schlenker und verschwand. Wenigstens funktionierte jetzt das Teleobjektiv, aber es folgten quälende Minuten voller »ein bisschen mehr links, jetzt ein bisschen mehr rechts«, während die Crew blind arbeitend versuchte, das Objektiv auf die Erde auszurichten, und das Raumschiff in 290 000 Kilometern Entfernung unaufgeregt Kurs hielt.

Doch auch wenn die Erde kreuz und quer über den Fernsehbildschirm schlingerte, war es Fakt, dass ein Viertel der Menschheit sich gerade selbst zusah. Wir trauten uns kaum zu blinzeln. *Das* war die Erde, von der die gesamte Menschheit getragen wurde – mit Ausnahme der drei Männer im Raumschiff, die das Bild aufnahmen.

Mit diesem einen Bild, das die Menschheit an Weihnachten 1968 zu sehen bekam, gab uns das Fernsehen die Möglichkeit, etwas zu verstehen, das sich vielleicht noch nie zuvor jemand auf so lebendige Weise hatte vor Augen führen können und das vielleicht die wichtigste Wahrheit unserer Zeit war, nämlich wie klein, isoliert und verletzbar unser Planet ist. Er ist der einzige Ort, den wir haben, der einzige Ort, wo *Leben* existiert, zumindest soweit wir das beurteilen können. Die Erde ist auf einzigartige Weise kostbar.

Die Bilder von Apollo 8 veränderten die Denkweise der Weltbevölkerung. Um es mit den Worten von Bill Anders auszudrücken: »Wir flogen so weit, um den Mond zu erkunden, aber was wir wirklich entdeckten, war die Erde.« Wir hatten alle zur selben Zeit erkannt, dass unsere Heimat nicht unendlich ist – dass unsere Existenz Grenzen hat.

1971

Weltbevölkerung: 3,7 Milliarden
Kohlenstoff in der Atmosphäre: 326 ppm
Verbliebene Wildnis: 58 Prozent

Als ich 1965 die administrative Tätigkeit bei der BBC annahm, hatte ich zuvor darum gebeten, alle zwei oder drei Jahre für ein paar Wochen meinen Schreibtisch verlassen zu dürfen, um eine eigene Sendung zu machen. Ich argumentierte, dass ich auf diese Weise mit der sich stets weiterentwickelnden Technologie des Fernsehmachens vertraut bleiben würde. 1971 dachte ich über ein mögliches Thema nach.

Bis Anfang des 20. Jahrhunderts mussten Reisende aus Europa, die sich über ihren Kontinent hinauswagten, zu Fuß reisen. Wenn das vor ihnen liegende Land gänzlich unbekannt war, heuerten sie Träger an, um Essen, Zelte und weitere Ausrüstung mitzunehmen und sich fernab jeglicher Zivilisation selbst versorgen zu können. Im 20. Jahrhundert bereitete die Erfindung der Dampfmaschine dieser Art zu reisen jedoch ein Ende. Abenteurer waren jetzt in Land Rover und Jeeps, in Leichtflugzeugen und sogar Hubschraubern unterwegs. Ich wusste jedoch von einem Ort, an dem sich Forschungsreisende nur zu Fuß fortbewegen konnten und immer noch wunderbare Entdeckungen machten: New Guinea.

Das Landesinnere dieser gut 1600 Kilometer langen Insel nördlich von Australien besteht aus steilen, mit tropischem Regenwald bedeckten Gebirgszügen. In den 1970er-Jahren gab es dort immer noch Gegenden, in die noch nie Fremde vorgedrungen waren, und die einzige mögliche Art der Fortbewegung bestand darin, sich mit einer langen Reihe von Trägern aufzumachen. Über eine solche Expedition ließe sich bestimmt ein faszinierender Film drehen.

Zu der Zeit wurde Neuguineas östliche Hälfte von Australien verwaltet. Ich kontaktierte Freunde bei einem australischen Fernsehsender. Sie fanden heraus, dass ein Bergbauunternehmen eine Genehmigung beantragt hatte, um in einer dieser unbekannten Gegenden nach Mineralien zu suchen. Laut behördlicher Anordnung war das jedoch verboten, wenn nicht zuvor der Nachweis erbracht wurde, dass dort keine Menschen lebten. Luftbildaufnahmen hatten weder Hütten noch andere Gebäude erkennen lassen, aber es gab ein oder zwei winzige auffällige Stellen im dichten Wald, die auf von Menschen gemachte Lichtungen hindeuten konnten. Es gab nur eine Möglichkeit, herauszufinden, was es mit diesen Stellen auf sich hatte, und das war, eine Patrouille zu Fuß dorthin zu schicken. Und man erteilte mir und einem Kamerateam die Erlaubnis, diese Männer zu begleiten – wenn ich das denn wirklich wollte.

Mein Plan war einfach. Die der Region am nächsten gelegene europäische Niederlassung war ein kleiner Regierungsstützpunkt in Ambunti am Sepik, einem großen Fluss, der grob in die östliche Richtung, parallel zur Nordküste der Insel verläuft, bevor er in den Pazifik mündet. Laurie Bragge, der als Vertreter der Landesregierung die Expedition leiten würde, war dort stationiert und würde die Träger anheuern. Und wir würden ein Wasserflugzeug chartern, das neben seiner Basis auf dem Fluss landen würde, und uns ihm anschließen.

Diese Expedition sollte zur anstrengendsten Reise meines ganzen Lebens werden. Laurie war es gelungen, hundert Träger aufzutreiben, aber nicht mal die reichten aus, um das ganze Essen mitzunehmen, das wir benötigten. Wir würden nach etwa drei Wochen auf den Nachschub von Lebensmitteln angewiesen sein, der aus der Luft mit dem Fallschirm abgeworfen werden musste.

Außerdem führte die Route uns quer durchs Land. Jeden Morgen stapften wir kurz nach Sonnenaufgang los und bahnten uns einen Pfad durch den dichtesten Wald, den ich jemals gesehen hatte.

Wir schleppten uns mühsam schlammige Hänge hinauf, bis wir den höchsten Punkt des Kamms erreicht hatten, dann schlitterten wir auf der anderen Seite durch das triefnasse Gestrüpp wieder hinunter, um durch einen Bach zu waten, der sich durch das Tal schlängelte, und dann fingen wir wieder von vorn an, immer und immer wieder. Jeden Nachmittag schlugen wir um vier Uhr unser Lager auf und befestigten die Planen, um uns vor dem um Punkt fünf Uhr einsetzenden strömenden Regen zu schützen.

Nachdem wir dreieinhalb Wochen auf diese Weise hinter uns gebracht hatten, bemerkte einer unserer Träger menschliche Fußspuren am Rande der Lichtung, die wir uns freigeschlagen hatten. Jemand hatte sich am Vorabend ganz nah an unser Lager

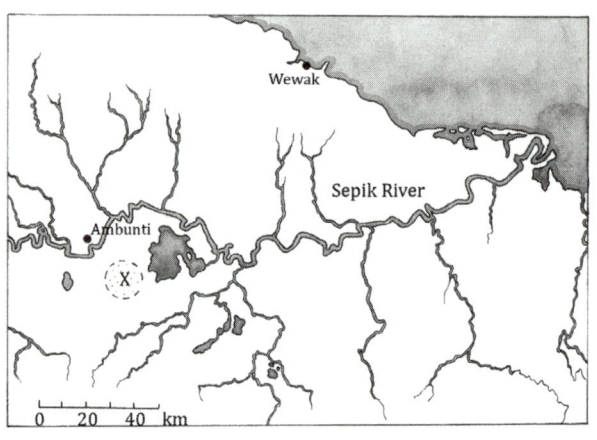

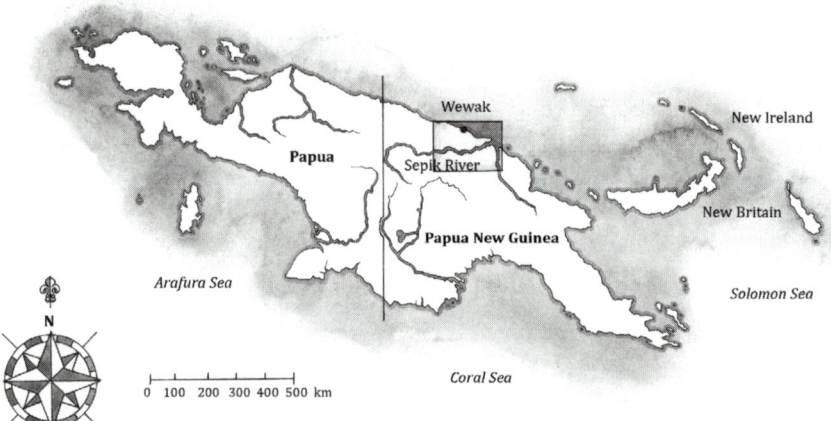

herangeschlichen und hatte uns beobachtet. Von da an folgten wir den Spuren. Jeden Abend hinterließen wir, nachdem wir unsere Zelte aufgestellt hatten, Geschenke: Salzbarren, Messer und Schachteln mit Glasperlen. Es wurde immer einer der Träger dazu abkommandiert, sich auf einen Baumstumpf zu setzen und alle paar Minuten zu rufen, dass wir Freunde seien und Geschenke brächten. Aber es war sehr unwahrscheinlich, dass die Menschen, deren Spuren wir folgten, ihn verstehen würden, wer auch immer sie waren, denn in Neuguinea gibt es über tausend verschiedene, untereinander nicht verständliche Sprachen. Sogar kleine Gruppen hatten ihre ganz eigene Sprache. Jede Nacht riefen wir in den Wald hinein. Jeden Morgen lagen die Geschenke noch da, wo wir sie hingelegt hatten.

Nach drei Wochen wurden unsere Vorräte allmählich knapp. Wir schlugen unser Lager auf, und die Träger verbrachten die folgenden zwei Tage damit, große Bäume zu fällen, um eine Lichtung anzulegen, auf der ein Helikopter neue Vorräte würde abwerfen können. Der Abwurf landete zielgenau und erfolgreich, und wir nahmen unseren Marsch wieder auf. Die Träger waren jetzt beruhigenderweise wieder schwer beladen, beschwerten sich aber nicht, denn es hatte zuvor nur noch halbe Rationen gegeben. Allmählich näherten wir uns bereits kartografiertem Land. Es schien so, als würden die Expedition und unser Film zu keinem befriedigenden Ergebnis kommen.

Eines Morgens erwachte ich unter meiner Plane und sah draußen, nur wenige Meter von mir entfernt, eine Gruppe kleingewachsener Männer stehen. Keiner von ihnen war größer als eineinhalb Meter. Sie waren nackt, trugen nur einen breiten Gürtel aus Baumrinde, in den sie vorne und hinten Blätter gestopft hatten. Einige von ihnen hatten Löcher in den Nasenflügeln, worin Schmuck steckte – Fledermauszähne, wie ich später erfuhr. Hugh, der Kameramann, der immer mit seiner Kamera griff- und einsatzbereit neben sich schlief, filmte sie bereits. Die Männer starrten uns mit weit geöffneten Augen an, als hätten sie noch nie so etwas wie uns gesehen. Ich tat es ihnen sicherlich gleich, denn ich hatte solche Menschen wie sie noch nie gesehen. Zu meinem Erstaunen war es gar nicht so schwierig, mit ihnen zu kommunizieren. Ich versuchte, ihnen mit Gesten zu verstehen zu geben, dass wir nicht mehr genug Nahrungsmittel hatten. Sie zeigten auf ihre Münder, nickten und öffnete ihre Netze, um uns Wurzeln zu zeigen, vielleicht waren es Taro-Wurzeln, die sie gesammelt hatten. Ich zeigte auf die Salzbarren, die wir mitgebracht hatten. Ein gängiges Zahlungsmittel in ganz Neuguinea. Sie nickten. Und so begannen wir unseren Tauschhandel. Dann fragte Laurie sie nach den Namen der nächstgelegenen Flüsse. Das war etwas schwieriger zu erklären, aber nach einer Weile verstanden sie, was er von ihnen wollte, und sie begannen, die Flüsse zu benennen. Wie viele kannten sie? Sie zählten, indem sie zunächst nacheinander ihre Finger berührten, dann bestimmte Stellen auf dem Unterarm antippten, dem Ellbogen, den Arm weiter hinauf, bis sie auf der Halsseite angekommen waren. Eigentlich war Laurie gar nicht so sehr daran interessiert, wie die Flüsse hießen oder wie viele es gab. In Wahrheit wollte er herausfinden, welche Gesten sie benutzten, um Zahlen anzuzeigen. Er kannte die Zählgesten anderer Gruppen in der Gegend, und die Art und Weise, wie diese kleingewachsenen Menschen zählten, könnte womöglich Aufschluss darüber geben, mit welchen anderen Gruppen sie Tauschhandel betrieben.

Nach etwa zehn Minuten begannen die Männer, mit den Armen zu winken und die Augen zu rollen, womit sie uns zu verstehen geben wollten, dass sie jetzt gehen würden. Wir winkten zurück und versuchten, sie mit Gesten dazu aufzufordern, am nächsten Tag mit mehr Essen zurückzukommen. Dann verließen sie uns.

Am Morgen darauf kehrten sie mit mehr Wurzeln zurück, als wir zu hoffen gewagt hatten. Wir fragten, ob wir vielleicht ihre Lager sehen und ob wir ihre Frauen und Kinder kennenlernen dürften. Nach einiger Verwirrung – oder vielleicht war es auch nach einigem Zögern – nickten sie und führten uns in den Wald. Wir folgten ihnen mit ein bisschen Abstand. Das Vorankommen war beschwerlich, die Vegetation ungemein dicht. Wir verloren sie aus den Augen, als wir den Stamm eines gigantischen Baumes umrundeten; auf der anderen Seite waren sie nicht mehr zu sehen. Sie waren verschwunden. Wir riefen nach ihnen. Aber es kam keine Antwort. Waren wir in einen Hinterhalt geraten? Wir hatten keine Ahnung. Nachdem wir einige Minuten nach ihnen gerufen hatten, kehrten wir zu unserem Lager zurück.

Ich hatte eine Vorstellung davon bekommen, wie die gesamte Menschheit einmal gelebt hatte – in kleinen Gruppen, die alles, was sie brauchten, in der sie umgebenden Natur fanden. Die Bodenschätze, die ihre Nahrung bildeten, erneuerten sich von selbst. Sie produzierten wenig oder gar keinen Müll. Sie lebten auf eine Weise nachhaltig und im Einklang mit ihrer Umgebung, die effektiv und unendlich fortgeführt werden konnte.

Einige Tage später war ich wieder zurück im 20. Jahrhundert und saß hinter meinem Schreibtisch im Fernsehsender.

1978

Weltbevölkerung: 4,3 Milliarden
Kohlenstoff in der Atmosphäre: 335 ppm
Verbliebene Wildnis: 55 Prozent

BBC 2 hatte den Weg für ein besonders ambitioniertes Format bereitet: Es handelte sich um eine Sendereihe mit dreizehn Folgen, die jeweils fünfzig Minuten oder eine Stunde dauern und jeweils ein großes und wichtiges Thema untersuchen sollten. Die erste Folge hatte auch den Zweck, die hohe Qualität des neuen Farbsystems, das die BBC jetzt nutzte, anhand der schönsten und berühmtesten Gemälde, Skulpturen und Gebäude vorzuführen, die in den letzten tausend Jahren in Europa entstanden waren. Diese Folge schrieb der Kunsthistoriker Sir Kenneth Clark, und er benötigte dafür drei Jahre. Als die Sendung ausgestrahlt wurde, fand sie in Großbritannien 2,5 Millionen Zuschauer. In den Vereinigten Staaten schauten sich doppelt so viele Menschen diese Sendung an. Die Kritiken waren hymnisch. Die Sendung war so erfolgreich, dass ich sofort eine Fortsetzung in Auftrag gab. Diese Folge befasste sich mit der Geschichte abendländischer Wissenschaften. Die folgende Sen-

dung würde die Zweihundertjahrfeier anlässlich der Gründung der Vereinigten Staaten zum Thema haben, weitere dieses Formats würden folgen. Ich wollte dieses Format aber auch dazu nutzen, die großartigste Geschichte überhaupt zu erzählen: die Geschichte des Lebens. Es sollte die informativste Sendereihe werden, die man sich nur denken konnte. Und ich sehnte mich danach, sie selbst zu realisieren.

Allerdings ließ sich das mit einer weiteren Tätigkeit nicht vereinbaren. Mittlerweile war ich acht Jahren war ich Leiter des Senders, und ich fand, jetzt sei es genug, und entschied mich, die BBC zu verlassen und meine Idee demjenigen anzubieten, der mein Nachfolger werden würde.

Und es klappte. Das Format wurde angenommen, und ich nannte es *Life on Earth*. Es dauerte eine ganze Weile, bis wir die Filmcrew beisammen hatten. Ich schrieb die Drehbücher für die dreizehn Episoden mehr oder weniger in einem durch.

Filmteams wurden angeheuert und aufgeteilt, um mindestens sechshundert verschiedene Tierarten in mindestens dreißig Ländern zu filmen. Ich würde zuweilen vor der Kamera in Erscheinung treten, um den Rahmen abzustecken, kompliziertes theoretisches Hintergrundwissen verständlich zu machen, neue Themen vorzustellen oder im einen Bild den Kontinent zu verlassen, um dann im nächsten zu erklären, dass wir auf einem neuen Kontinent angekommen waren, und dort mit der Geschichte fortzufahren. Gemeinsam mit einem Team würde ich unterschiedliche Drehorte besuchen. Wir würden zweieinhalb Millionen Kilometer unterwegs sein, um die gesamte Handlung abzudecken; ich selbst reiste zweimal um den Globus, und die sechs verschiedenen Kamerateams, die unermüdlich arbeiteten, waren über mehrere Monate hinweg unterwegs. Wir würden auch einige Sequenzen brauchen, die so schwierig waren, dass wir es lieber Kameramännern mit Spezialkenntnissen und -fähigkeiten überließen, diese ganz besonderen Wesen zu filmen: ozeanisches Plankton, Spinnen, Kolibris, Korallenfische, Fledermäuse und noch einige mehr.

Die Geschichte des Lebens zu erzählen war das größte Einzelprojekt, das ich jemals in Angriff genommen hatte, und es würde die nächsten drei Jahre meines Lebens ausfüllen. Was für eine aufregende Vorstellung.

Einer der Hauptbeiträge für die Folge zum Thema der Entwicklung von Affen und Menschenaffen sollte sich mit der Ausformung der opponierbaren Daumen befassen. Diese anatomische Besonderheit ermöglichte es uns Menschen, nach einem Ast zu fassen, aber auch ein Werkzeug handzuhaben oder irgendwann einen Stift zu halten: eine Fähigkeit, die wesentlich zum Aufstieg unser eigenen Spezies und unserer Kulturen beigetragen hat. Um das Thema zu veranschaulichen, hätten wir irgendeinen Affen oder Menschenaffen auswählen können, aber John Sparks, der Regisseur dieser Folge, war der Ansicht, dass wir mit Gorillas vor der Kamera den dramatischsten Effekt erzielen würden. Er hatte herausgefunden, dass eine ganz außergewöhnliche amerikanische Biologin namens Dian Fossey mit einer Gruppe seltener Berggorillas in dem zentralafrikanischen Staat Ruanda lebte und die Tiere derart an die Anwesenheit von Menschen gewöhnt hatte, dass sogar Fremde – vorausgesetzt, Mrs. Fossey begleitete sie – ihnen ganz nah kommen konnten. John kontaktierte die Biologin. Die Tiere, mit denen sie arbeitete, waren akut vom Aussterben bedroht. Die menschliche Bevölkerung von Ruanda wuchs explosionsartig, und die Bergwälder, in denen die Gorillas lebten, wurden von den Einheimischen abgeholzt, um Platz für Anbauflächen zu schaffen. Es waren nicht einmal mehr dreihundert Berggorillas übrig. Wenn man sie im Fernsehen zeigen könnte, würde die Welt vielleicht auf ihre Notlage aufmerksam werden. In diesem Sinne stimmte Dian Fossey unserem Besuch zu, und im Januar 1978 machten wir uns auf nach Ruanda.

Wir landeten in Ruhengeri, so nah wie möglich an Dians Camp, auf einer winzigen Start- und Landebahn. Vor uns lag noch ein stundenlanger Marsch die Flanke des Vulkans hinauf, um zu dem Hochgebirgswald zu gelangen, in dem Dian lebte. Ian Redmond, ein junger Wissenschaftler, der mit Dian zusammenarbeitete, begrüßte uns. Er überbrachte sehr schlechte Nachrichten: Ein junger männlicher Gorilla, den Dian seit seiner Geburt gekannt und den sie besonders gerngehabt hatte, war schrecklich verstümmelt aufgefunden worden. Wilderer hatten ihn erlegt. Sie hatten seinen Kopf und seine Hände abgetrennt, um sie an Händler zu verkaufen, die sie zu Souvenirs verarbeiten würden. Dian war verzweifelt. Überdies war sie an einer schweren Lungenentzündung erkrankt und nicht in der Lage, das Lager zu verlassen. Dennoch war sie fest entschlossen, uns zu helfen.

Der Aufstieg zum Lager war lang und beschwerlich. Als wir endlich ankamen, fanden wir Dian im Bett in ihrer Hütte vor, und sie hustete Blut. Sie war offensichtlich sehr krank, aber sie beharrte darauf, dass sie uns zu den Gorillas bringen könnte.

Am Tag darauf war sie immer noch sehr schwach, und letztendlich war es Ian, der uns in den Wald führte. Eine solche Landschaft hatte ich noch nie gesehen. Verkrüppelte, knorrige, in Nebel gehüllte Bäume überragten ein Dickicht aus gigantischen Selleriestauden und Brennnesseln, die bis an unsere Schultern reichten. Als wir erst mal die Gorillaspuren gefunden hatten, war es einfach, ihnen durch das dichte Gestrüpp zu folgen. Nach etwa einer Stunde hörten wir vor uns mehrfaches Knacken, und wir wussten, dass die Tiere nicht mehr weit entfernt sein konnten. Während wir vorsichtig weitergingen, stieß Ian eine Reihe laut grunzender Geräusche aus, um unsere Anwesenheit anzukündigen. Es war wichtig, die Gorillas nicht zu überraschen. Denn sonst würde das dominante Männchen uns möglicherweise angreifen. Wir kamen an eine Lichtung, und Ian bedeutete uns, stehen zu bleiben: Wir sollten uns ins freie Gelände setzen, damit die Gorillas uns gut sehen konnten. Sobald sie merkten, dass Ian bei uns war, hätten sie sehr wahrscheinlich keine Angst mehr.

Nachdem wir einige Minuten so verharrt hatten, gingen wir weiter und erreichten bald eine der Familiengruppen. Sie waren gerade am Fressen und rissen die Blätter gleich büschelweise von Bäumen und Sträuchern. Wir setzten uns hin und beobachteten sie fasziniert, bis sie sich schließlich aufrichteten und gemächlich wegschlenderten. Sie hätten uns akzeptiert, meinte Ian. Beim nächsten Mal würden wir sie filmen können.

Am folgenden Tag filmten wir, aus respektvoller Entfernung und wieder mit Ian als Guide, die Gorillas bei der Futtersuche. Sie beachteten uns kaum. Irgendwann schlug John vor, dass ich direkt in die Kamera sprechen und in Worte fassen sollte, wie es sich anfühlte, direkt neben den großen Menschenaffen zu sitzen. Wir gingen langsam auf eine Gruppe zu, die am Fressen war, und ich näherte mich ihnen vorsichtig, bis ich mich so positioniert hatte, dass sie hoffentlich im Hintergrund zu sehen wären. Ich schaute in die Kamera und sprach.

»Ein Blick in die Augen eines Gorillas ist so viel bedeutungsvoller und von gegenseitigem Verstehen geprägt«, sagte ich leise, »als bei irgendeinem anderen Tier, das ich kenne. Ihr Seh- und Hörvermögen und ihr Geruchssinn sind unseren Sinnen so eng verwandt, dass ihre Wahrnehmung der Welt der unseren sehr ähnelt. Sie leben auf vergleichbare Weise in sozialen Gruppen mit ziemlich konstanten Familienbeziehungen. Sie gehen auf dem Boden wie wir, sind aber um ein Vielfaches stärker als wir. Sollten wir jemals die Möglichkeit haben, unsere menschliche Hülle zu verlassen und hypothetisch in die Welt eines anderen Lebewesens einzutauchen, dann sollte es ein Gorilla sein. Das Männchen ist ein außerordentlich kräftiges Tier, aber es setzt seine Kraft nur ein, um seine Familie beschützen, und es geschieht nur sehr selten, dass es innerhalb der Gruppe zu Gewalttätigkeiten kommt. Es ist so unfair, dass der Mensch den Gorilla als Sinnbild für Aggressivität und Gewalt hinstellt, wenn *er* alles andere als aggressiv und gewalttätig ist – sondern *wir* das sind.«

Ich wollte die Menschen wissen lassen, dass diese Tiere nicht die brutalen, wilden Bestien waren, zu denen sie Vorurteile und Legenden gemacht hatten. Sie waren unsere Cousins und Cousinen, und es war an uns, für sie zu sorgen. Die furchtbare Wahrheit lautete, dass der Auslöschungsprozess, der mich als Junge in den Gesteinsbrocken in den Bann gezogen hatte, genau hier um mich herum stattfand und Tiere betraf, die mir vertraut waren – unsere nächsten Artverwandten. Und wir waren dafür verantwortlich.

Tags darauf entdeckten wir die Gorillas nicht weit von dem Ort entfernt, an dem wir sie am vorherigen Tag zurückgelassen hatten. Sie hatten sich auf einem Hang am anderen Ufer eines schmalen Flüsschens niedergelassen. Martin Saunders baute seine Kamera auf, und Dicky Bird, der Tontechniker, befestigte ein kleines Funkmikro an meinem Hemd. Es war jetzt an der Zeit, meinte John, dass ich den Zuschauern etwas über die evolutionäre Bedeutung der opponierbaren Daumen erzählte.

Ich kroch einen Hang zu dem Flüsschen hinunter, durchquerte ihn und kletterte den gegenüberliegenden Hang wieder hinauf bis zu einer Stelle, an der Martin nach meiner Einschätzung mit seiner Kamera sowohl mich als auch die Gorillas bestens filmen konnte. John gab mir ein Daumen-hoch-Zeichen. Aber bevor ich auch nur ein Wort sagen konnte, landete etwas auf meinem Kopf. Ich drehte mich um und erblickte ein junges Gorillaweibchen, das aus dem Gestrüpp direkt hinter mir hervorgekommen war und ihre Hand auf meinen Kopf gelegt hatte. Sie sah mich mit ihren dunkelbraunen Augen direkt an. Dann nahm sie ihre Hand von meinem Kopf und zog meine Unterlippe herunter, um in meinen Mund zu schauen. Vielleicht doch nicht der richtige Moment, um über die evolutionäre Bedeutung der opponierbaren Daumen zu sprechen, dachte ich. Plötzlich landete etwas auf meinen Beinen. Im nächsten Moment hockten zwei Gorillakinder neben meinen Füßen und spielten mit meinen Schnürsenkeln.

Wie lang, also wie viele Minuten oder Sekunden, diese Begegnung insgesamt dauerte, das kann ich nicht sagen. Es ging bestimmt noch einige Minuten so weiter. Ich war berauscht vor Freude. Dann wurden den Junggorillas das Spiel mit den Schnürsenkeln zu langweilig, und sie zottelten davon. Ihre Mutter schaute ihnen nach, stemmte sich auf die Füße und trottete hinter ihren Kindern her.

Völlig überwältigt von dieser außergewöhnlichen Begegnung, die für mich ein einziges großes Geschenk gewesen war, kletterte ich zu meiner Filmcrew zurück.

Am nächsten Morgen mussten wir wieder abreisen. Als wir von Dian Abschied nahmen, musste ich ihr versprechen, dass ich versuchen würde, Spenden für den Schutz dieser wunderbaren Geschöpfe zu sammeln, die ihr so viel bedeuteten. Vierundzwanzig Stunden später fing ich damit an.

*

Wir hatten den größten Primaten der Welt gefilmt. Das brachte mich auf den Gedanken, dass *Life on Earth* bald auch Aufnahmen des größten Säugetiers, das es jemals gegeben hatte, präsentieren sollte: des Wals.

Schon seit Jahrtausenden wurden die großen Wale von mutigen Männern in Kanus gejagt, die hierzu nichts anderes als eine Handharpune benutzten. Es war ein ungleiches Kräfteverhältnis zugunsten der Wale. Sie waren nicht nur um ein Vielfaches größer als ihre menschlichen Jäger, sie waren außerdem noch in der Lage, innerhalb von Sekunden abzutauchen und in die Tiefen der Ozeane zu entfliehen. Im 20. Jahrhundert kehrte sich das Kräfteverhältnis jedoch auf dramatische Weise zugunsten der Jäger um. Wir erfanden Methoden, mit denen wir Wale aufspüren konnten, und benutzten Harpunen mit Sprengköpfen, um sie zu töten. Es wurden Fabriken gebaut, manche auf dem Wasser, manche an Land, die Kapazitäten für die Verarbeitung mehrerer riesiger Tierkadaver pro Tag hatten. Der Walfang war eine richtige Industrie geworden. In der Zeit, als ich geboren wurde, florierte der Handel mit Wal-Öl, Wal-Fleisch und Wal-Knochen, und jedes Jahr wurden hierfür fünfzigtausend Wale umgebracht.

Die ersten Wale entwickelten sich aus an Land lebenden Säugetieren. Die Größe von Landtieren ist aufgrund der mechanischen Belastung der Knochen limitiert: Ab einem bestimmten Gewicht brechen die Knochen. Wassertiere werden jedoch vom Wasser getragen, weswegen Wale so viel größer werden können als jedes erdenkliche Landtier. Und das werden sie tatsächlich. Ihre Nasenlöcher wanderten hoch auf den Schädel, ihre Vorderbeine und der Schwanz wurden zu Flossen, und ihre Hinterläufe bildeten sich irgendwann zurück. Über mehrere zehn Millionen Jahre waren die Wale wichtige Glieder eines komplexen Ökosystems im offenen Ozean und zogen zu Hunderttausenden kreuz und quer durch die Meere.

Ein zentraler Faktor, der das Leben im offenen Ozean einschränkt, ist die Verfügbarkeit von Nährstoffen. Wenn die Bedingungen stimmen, leben Pflanzen und Tiere im Oberflächenwasser, und wenn sie sterben, schweben sie als »Meeresschnee« in die Tiefe. Wenn es keine frei verfügbaren Nährstoffe gibt, sind die Oberflächenwasser der Ozeane fast steril. Vergleichbar mit Pflanzenarten auf dem Land, die Dünger, Sonne und Wasser benötigen, bedarf es im sonnenbeschienenen Oberflächenwasser stickstoffhaltiger Verbindungen für Phytoplankton als Photosynthese betreibende Grundlage für die Nahrungsnetze der Ozeane. An manchen Stellen im Ozean wird der zersetzte Meeresschnee von Strömungen durchmischt und wieder hochgetragen, um dann wieder über unterseeische Berge und Gebirgskämme zu schweben, und da kann das Phytoplankton – und somit auch die Fischpopulation – gedeihen. Aber der Rest der offenen Meere gliche einer weiten, blauen Wüste, wenn die Wale nicht wären. Durch ihre gewaltigen Dimensionen erzeugen sie, wenn sie zum Fressen in die Tiefe abtauchen oder zum Atmen zur Oberfläche aufsteigen, große Verwirbelungen im Wasser um sich herum. Das trägt dazu bei, dass Nährstoffe nah an der Wasseroberfläche bleiben. Und auch wenn sie ihren Darm entleeren, sorgen sie dafür, dass das Wasser um sie herum nährstoffreich bleibt. Die Walpumpe, wie sie oft genannt wird, gilt heute als wesentlicher Prozess bei der Bewahrung des Nährstoffreichtums im offenen Ozean. Tatsächlich wird heutzutage davon ausgegangen, dass Wale eine größere Rolle dabei spielen, wichtige Nährstoffe in die Oberflächenwasser mancher Ozeane zu transportieren, als die Ströme lokaler Flüsse.[9] Der Ozean des Holozäns brauchte seine Wale, um ertragreich zu bleiben. Im 20. Jahrhundert brachten Menschen fast drei Millionen Wale um.[10]

Die Wale werden der Jagd in diesem Ausmaß nicht mehr lange standhalten können. Wenn sie in Ruhe gelassen werden, leben sie sehr lange. Pottwale können siebzig Jahre alt werden. Die Weibchen werden erst mit neun Jahren geschlechtsreif. Die Tragezeit dauert über ein Jahr, und sie bringen nur alle drei bis fünf Jahre Junge zur Welt. Als der industrielle Walfang immer effizienter wurde, nahmen die Walfänger, wenn sie die Auswahl hatten, die größten Tiere ins Visier, da diese ihnen die größten Gewinne einbrachten. Die Wale konnten nicht schnell genug Nachwuchs produzieren, um ihren Bestand wieder auszugleichen.

Als wir mit der Planung der Aufnahmen für *Life on Earth* begannen, hatte, soweit wir in Erfahrung bringen konnten, noch nie jemand einen Blauwal auf offener See gefilmt. Wir nahmen uns vor, das zu ändern. Aber in den 1970er-Jahren war ihre Population von geschätzten 250 000 vor dem industriellen Walfang auf höchstens ein paar tausend geschrumpft. Da sie sich über die unermesslichen Weiten der offenen See verteilten und immer noch gejagt wurden, waren die Blauwale nahezu unauffindbar. Stattdessen machten wir uns also auf die Suche nach Buckelwalen vor Hawaii. Wir hatten unser Equipment mit einem Hydrofon aufgestockt, einem Gerät, das Unterwasserschallwellen registrierte und uns helfen sollte, Buckelwale aufzuspüren. In den späten 1960er-Jahren hatte sich der amerikanische Biologe Roger Payne, der darauf spezialisiert gewesen war, Ultraschalltöne von Fledermäusen aufzunehmen, umorientiert und befasste sich jetzt damit, Behauptungen von Angehörigen der US Navy zu überprüfen, wonach im Ozean Gesang zu hören sein sollte. Zuvor hatte die Marine Abhörstationen für sowjetische U-Boote installiert und zusätzlich zu den charakteristischen Propellergeräuschen merkwürdige, fast musikalisch anmutende Klänge ausgemacht. Payne entdeckte, dass hauptsächlich die damals noch existierenden rund fünftausend Pottwale diesen Gesang hervorbrachten. Seine Tonaufnahmen offenbarten, dass der Pottwal-Gesang aus langen und komplexen Klangsequenzen besteht, deren tieffrequenter Schall sich über Hunderte von Kilometern durchs Wasser ausbreiten kann. Im selben Teil des Ozeans beheimatete Pottwale lernen den Gesang voneinander. Jeder Gesang hat seine eigene Melodie, die jeder männliche Pottwal zusätzlich noch mit seiner ganz persönlichen Note variiert. Im Laufe der Zeit verändern sich die Gesänge. Man könnte sagen, dass Wale eine eigene Musikkultur haben.

Payne brachte seine Aufnahmen in den 1970er-Jahren auf Vinyl-Schallplatten heraus, welche sich nicht nur großer Beliebtheit erfreuten, sondern die Sicht der Menschen auf die großen Meeressäuger veränderten. Lebewesen, in denen die Menschen nicht viel mehr als Öl-Lieferanten gesehen hatten, wurde nun eine Persönlichkeit zugesprochen. Ihr klagender Gesang wurde als Hilfeschrei interpretiert. In der politisch stark aufgeladenen Atmosphäre der 1970er-Jahre wurde plötzlich ein mächtiges Gemeinschaftsbewusstsein wachgerüttelt. Einige passionierte Walfang-Gegner und -Gegnerinnen starteten eine Anti-Walfang-Kampagne, die schnell zu einer richtigen Bewegung wurde. Menschen hatten im Laufe unserer Geschichte schon viele Male bis hin zur Ausrottung Jagd auf Tiere gemacht, aber diese Jagd war jetzt auf zittrigen, mit der Hand aufgenommenen Videoaufzeichnungen zu sehen, die diese mutigen Anti-Walfang-Aktivisten von ihren Missionen mit zurückbrachten, und sie wurde als nicht mehr hinnehmbar betrachtet. Die Ozeane waren rot vor Blut, das Blutbad in den Fabriken konnte nicht mehr im Verborgenen stattfinden, und das Abschlachten der Wale wurde nicht mehr als Ertrag, sondern als Verbrechen angesehen.

Niemand wollte, dass Tiere noch länger ausgerottet wurden. Die Menschen fingen an, sich mehr Gedanken um die Natur zu machen. Und das Fernsehen trug auf der ganzen Welt dazu bei, die Tiere mehr ins Bewusstsein zu rücken.

1979 wurde *Life on Earth* nach drei Jahren harter Arbeit ausgestrahlt. Die Sendung wurde weltweit an Hunderte von Sendern verkauft und hatte geschätzte fünfhundert Millionen Zuschauer. Sie startete mit einer Einführung namens *Die unendliche Vielfalt* (»The infinite Variety«) – einer umfassenden Übersicht über die Vielfalt der Tier- und Pflanzenwelt, um direkt zu Beginn der Serie deutlich zu machen, dass Vielfalt ein wesentlicher Faktor für Leben ist. Nach elf weiteren Kapiteln voller unerwarteter Wendungen, die eine solche Reise durch die Vielfalt mit sich bringt, lag der Fokus der dreizehnten und letzten Folge auf nur einer Spezies – auf uns.

Ich wollte damit nicht suggerieren, dass die Menschheit auf gewisse Weise vom Rest des Tierreichs separat zu betrachten sei. Wir nehmen keine Sonderstellung ein. Wir sind nicht die Krone der Schöpfung, der Höhepunkt der Evolution. Wir sind nur eine Spezies von vielen im Baum des Lebens. Dennoch haben wir uns von vielen Einschränkungen, denen sich alle anderen Spezies ausgesetzt sehen, befreit. In der letzten Folge stand ich also auf dem Petersplatz in Rom, mich umgab eine große Ansammlung von Exemplaren der Gattung *Homo sapiens* aus aller Welt, und ich versuchte, deutliche Worte zu finden:

»Sie und ich«, sagte ich, »wir gehören zu der verbreitetsten und dominantesten Spezies auf der Erde. Wir leben auf den Eiskappen der Pole und im tropischen Dschungel am Äquator. Wir sind auf den höchsten Berg der Welt geklettert und tief ins Meer hinabgetaucht. Wir haben sogar die Erde verlassen und den Mond betreten. In der Kategorie ‹große Tiere› sind wir mit rund vier Milliarden Individuen sicherlich die zahlenstärksten. Und wir haben einen kometenhaften Aufstieg hinter uns. Das ist alles innerhalb der letzten zweitausend Jahre geschehen. Es scheint, als hätten wir uns über die Grenzen hinweggesetzt, denen die Aktivitäten und Anzahl anderer Tiere unterliegen.«

Ich war damals in meinen Fünfzigern, und die Zahl der Menschen auf unserem Planeten hatte sich im Vergleich zu der Zeit meiner Kindheit verdoppelt. Die Menschen hatten sich zunehmend vom Rest des Lebens auf der Erde abgespalten und lebten auf eine andere, einzigartige Weise. Wir hatten fast all unsere Feinde vernichtet. Unsere Krankheiten hatten wir größtenteils unter Kontrolle. Wir hatten Methoden entwickelt, um auf Bestellung Nahrung zu produzieren und ein sehr komfortables Leben zu führen. Im Gegensatz zu den anderen Spezies in der Geschichte des Lebens auf der Erde unterliegen wir in unserer Evolution nicht dem Druck der natürlichen Selektion. Unsere Körper hatten sich in den letzten 200 000 Jahren kaum verändert, aber unser Verhalten und unsere Gesellschaften hatten sich zunehmend von unserer natürlichen Umgebung losgelöst. Es gab nichts mehr, das uns Grenzen setzte. Nichts, das uns aufhielt. Und wenn wir uns nicht selbst Einhalt geböten, würden wir die physischen Ressourcen der Erde bis zur bitteren Neige ausschöpfen.

*

Dian Fosseys mutiger Einsatz, die Erfolge der Anti-Walfang-Kampagnen, Peter Scotts Rettung der Hawaii-Gans, die Wiedereinführung der Arabischen Oryx in die Wildnis, die Gründung von Tigerreservaten in Indien – all die Arbeit einer immer größer werdenden Armee von Umweltschützern und Umweltschützerinnen, die unermüdlich Spendengelder sammelten und für den Schutz seltener Arten kämpften, würde nicht genug sein. Und weil der *Homo sapiens*, wie wir ihn bisher kennen immer mehr will, war die nächste Etappe unabwendbar. Ganze Lebensräume würden bald anfangen zu verschwinden.

1989

Weltbevölkerung: 5,1 Milliarde
Kohlenstoff in der Atmosphäre: 353 ppm
Verbliebene Wildnis: 49 Prozent

Meinen ersten Orang-Utan sah ich am 24. Juli 1956 im Rahmen der dritten meiner *Zoo-Quest*-Reisen. Es war eine denkwürdige Begegnung, mein erster wild lebender Menschenaffe – ein riesiges Männchen in Form einer rot behaarten Gestalt, die sich von Ast zu Ast schwang und mich interessiert und, wie es schien, auch mit Geringschätzung von oben beäugte. Die Aufnahmen, die wir von ihm machten, waren alles andere als perfekt. Der Primat hob sich nur als Silhouette gegen das Licht ab, man sah ihn zum Teil nur halb, aber meines Wissens hatte es im Fernsehen noch nie Aufnahmen eines Orang-Utans in freier Wildbahn gegeben. Einheimische Jäger aus dem Langhaus, in dem wir auf halber Höhe des Mahakam River in Ostborneo untergebracht waren, hatten ihn für uns aufgespürt. Am Tag unserer Abreise zielte einer der Jäger mit seinem Gewehr auf den Orang-Utan und erschoss ihn. Ich drehte mich entsetzt zu ihm um. Ich fragte ihn, warum er das getan hatte. Affen wie dieser, antwortete er, würden seine Felder plündern, die ihn und seine Familie ernährten. Mit welchem Recht wollte ich ihn daran hindern?

Regenwälder sind ganz besonders wertvolle Lebensräume, denn an keinem anderen Ort der Welt ist die Biodiversität höher. In diesen grünen Tiefen sind über die Hälfte der landlebenden Pflanzen auf unserem Planeten beheimatet. Sie wachsen in feuchten, tropischen Regionen, wo zwei Ressourcen, die fast alle Pflanzen benötigen, reichlich vorhanden sind: Süßwasser und Sonnenlicht. In der Nähe des Äquators scheint die Sonne mit sagenhafter Zuverlässigkeit zwölf Stunden am Tag, sodass es nahezu keine Jahreszeiten gibt. Luftströmungen sammeln Wasser aus den gesamten Tropen und lassen bis zu vier Meter Regen im Jahr über den Wald niedergehen. Und der Wald sorgt für seinen eigenen Wasserkreislauf: Die Feuchtigkeit einer Trillion schwitzender Laubblätter steigt jeden Morgen, wenn die Sonne ihre volle Strahlkraft entwickelt, als Nebel empor, um dann wieder als Regen herunterzufallen.

Dass diese Orte für Pflanzen so wunderbar geeignet sind, liegt am Konkurrenzkampf um Platz, der an keinem anderen Ort der Erde derart ausgeprägt und heftig ist. Riesige Bäume, die vierzig Meter in die Höhe steigen, strecken ihre gewaltigen Äste nach allen Richtungen aus, um Sonnenlicht für sich zu beanspruchen. Zusammen erschaffen sie etwas, das es an Land nur sehr selten gibt – einen wahrhaftig dreidimensionalen Lebensraum. Unter dem alles überragenden Kronenschluss dienen die Äste den Tieren, die nicht fliegen können, als Hochstraße in alle Richtungen des Waldes. Unten, in großer Tiefe, breitet sich auf der im Dunkeln liegenden Erde ein Gewirr aus kolossalen Wurzeln und hauchdünnen Wurzelfasern aus, die den massiven Baumstämmen

Stabilität geben. Tausende von Pflanzen sind auf unterschied-
lichste Weise kreativ, wenn es darum geht, Halt zu finden. Manche
wachsen in die Höhe, um einen Platz an der Sonne zu erobern,
und klettern von unten die Baumstämme hinauf. Andere, die vielleicht als Samen von Vögeln ausgeschieden wurden, wachsen auf
den massiven Ästen. Und dann sind da noch die, die in relativer
Dunkelheit am Boden existieren und deren langsames Wachstum
auf die Nährstoffe zurückzuführen ist, die ein Teppich toter Blätter bereithält. Und inmitten dieser Vegetation leben Tiere. Wobei kleine
Arten wesentlich stärker vertreten sind als große. Es gibt unzählige Invertebraten (sogenannte Wirbellose), kleine Säugetiere
und Vögel, darunter Samen-Fresser, Rinden-Abnager, Pflanzen-
saft-Trinker, Blumen-Ablecker, Obst-Sammler und Laubblatt-
Schneider. Ihre miteinander verflochtenen Leben sind für jeden
Naturforscher, der versucht, sie zu entwirren, ein steter Quell
der Faszination. Man findet dort Wespen, die den Großteil ihres
Lebens in winzigen Feigen verbringen, Fransenflügler, die sich in
Blumen einrollen, Kaulquappen, die in den Trichtern von Lan-
zenrosetten schwimmen, Eidechsen, die sich mit Hautfransen
und -fetzen tarnen, sodass sie auf einem Baumstamm völlig unsichtbar sind, bis sie sich bewegen. Regenwälder sind Orte, an
denen evolutionären Innovationen und Experimenten keine
Grenzen gesetzt sind.

Das Fehlen von Jahreszeiten in den Tropen bewirkt im Wald
eine Zeitlosigkeit, die die Biodiversität fördert. Da die Pflanzen
nicht an klimatische Zeitabläufe gebunden sind, können sie je-
derzeit blühen, Früchte tragen und Samen produzieren. Manche
Bäume tragen fast ständig Früchte. Andere wachsen nur, monate-,

sogar jahrelang. Bestäubung, der Verzehr von Früchten und das Sammeln von Samen sind im Regenwald also keine saisonalen Aktivitäten wie in den Wäldern im Norden und Süden. Nahrung steht das ganze Jahr über zur Verfügung, und die Ausbeute machen sich Dutzende von unterschiedlichen Spezies einer großen Anzahl verschiedener Tiergruppen zunutze. Der Großteil der Millionen von unterschiedlichen Arten tritt dort nur in geringer Zahl und an bestimmten Orten auf, viele von ihnen sind hochspezialisiert. So kann beispielsweise eine bestimmte Insektenart auf nur einer einzigen Pflanzenart vorkommen, die auf nur einer bestimmten Baumart wächst. Die Komplexität voneinander abhängiger Beziehungen ist verblüffend: Jede Spezies bildet einen wesentlichen Bestandteil des Ganzen.

Das Orang-Utan-Männchen, das ich nie vergessen konnte, ist ein gutes Beispiel dafür. Diese Art lebt in den Wäldern von Borneo und Sumatra und spielt eine wichtige Rolle bei der Verbreitung der Samen vieler verschiedener dort heimischer Bäume. Orang-Utan-Weibchen ziehen zehn Jahre lang ihr Einzelkind groß und bringen ihm bei, wann und wo Dutzende von unterschiedlichen Früchten zu finden sind. Da sie groß sind und fast vollständig vegetarisch, verbringen die Orang-Utans einen Großteil des Tages mit der Nahrungsaufnahme und müssen ständig in Bewegung sein, um nach Samen oder reifen Früchten zu suchen. Sie spucken die Samen entweder direkt vor Ort wieder aus oder tragen sie tagelang in ihrem Gedärm herum, bevor sie sie zusammen mit Exkrementen, die den Boden düngen, Kilometer weiter weg wieder ausscheiden. In beiden Fällen wird dadurch die Keimfähigkeit gefördert, die Samen mancher Pflanzen kommen sogar nur auf diese Weise zum Keimen.

Die erstaunliche Artenvielfalt der Bäume in Regenwäldern unterstreicht noch deren außerordentliche Bedeutung für die Biodiversität. Und genau die vernichten wir gerade. Über die Jahre hinweg war ich für verschiedene Sendungen in den Wäldern Südostasiens unterwegs. In den 1960er-Jahren begann Malaysia, gefolgt von Indonesien, die berauschende und lebensnotwendige Artenvielfalt der Regenwald-Bäume einer einzigen Baumart zu opfern: der Ölpalme. Als ich 1989 für eine Serie mit dem Titel *Spiele des Lebens* Malaysia bereiste, erstreckten sich die Ölpalmen-Plantagen bereits über zwei Millionen Hektar. Ich erinnere mich noch, wie ich einen Fluss entlangreiste, um nach Nasenaffen Ausschau zu halten. Wir waren von diesem vertrauten grünen Vorhang umgeben, aus dessen Laubwerk immer wieder unvermittelt Vögel auftauchten. Vielleicht – erlaubte ich mir zu glauben – war alles gut. Aber als ich über das Gebiet hinweg zurückflog, sah ich den Wald in seiner wirklichen Gestalt: Ein vielleicht achthundert Meter breiter Streifen säumte den Fluss, ein Wald, so schmal und in derart exponierter Lage, dass er zweifelsohne jeden Tag weiter erodieren würde. Dahinter, und soweit ich es aus der Luft mit bloßem Auge erkennen konnte, erstreckte sich ein Anbaugebiet von trostloser Monokultur: in Reih und Glied gepflanzte Ölpalmen.

Das Verschwinden dieser artenreichen und bemerkenswerten Wälder war für mich sehr schwierig zu akzeptieren. Doch die Südostasiaten machten einfach nur das, was wir in Europa und Nordamerika schon immer gemacht haben. Satellitenaufnahmen beider Kontinente zeigen heute Landschaften mit kleinen Inseln dunkelgrüner Wälder inmitten riesiger Gebiete landwirtschaftlich genutzter Flächen. Die Wahrheit ist, es hat immer schon einen doppelten Anreiz gegeben, um Wälder abzuholzen. Menschen profitieren vom Nutzholz und profitieren dann noch ein zweites Mal durch die Bewirtschaftung des kahl geschlagenen Bodens. Kein Wunder, dass der *Homo sapiens* ein derart entschiedener und effektiver Waldzerstörer ist. Laut Schätzungen trägt unsere Erde heute drei Trillionen weniger Bäume als noch zu Beginn der menschlichen Zivilisation.[11] Was gegenwärtig passiert, ist nur das letzte Kapitel in einem Prozess weltweiter Abholzung, der seit Jahrtausenden vonstattengeht.

Jetzt sind die Regenwälder an der Reihe. Und so wie bei allem im letzten halben Jahrhundert – und in der zweiten Hälfte meines Lebens – arbeiten wir in einem Ausmaß und einer Geschwindigkeit, die sich jedes Jahr steigern. Die Hälfte der Regenwälder ist bereits verschwunden. Die Orang-Utans in Borneo können nicht ohne den Wald überleben, dennoch sind, seitdem ich meinen ersten Orang-Utan vor über sechzig Jahren sah, schon zwei Drittel der Fläche verschwunden.[12] Wir können Orang-Utans immer noch recht einfach finden und filmen, jedoch nicht weil sie so zahlreich wären, sondern weil so viele von ihnen jetzt im Schutz von Reservaten und Rehabilitationszentren leben, wo sie von Umweltschützern und -schützerinnen umsorgt werden, die aufgrund der Geschwindigkeit des Populationsrückgangs alarmiert sind.

Wir können die Regenwälder nicht unendlich abholzen, und alles, was wir nicht unendlich weitermachen können, ist per definitionem nicht nachhaltig. Wenn wir Dinge tun, die nicht nachhaltig sind, summiert sich der Schaden bis zu einem Punkt, an dem das ganze System kollabiert. Kein Lebensraum ist, ganz gleich, wie groß er ist, sicher.

1997

Weltbevölkerung: 5,9 Milliarden
Kohlenstoff in der Atmosphäre: 360 ppm
Verbliebene Wildnis: 46 Prozent

Den größten Lebensraum bildet der Ozean. Er bedeckt siebzig Prozent der Erdoberfläche, aber aufgrund seiner großen Tiefen macht er auch 97 Prozent der unbewohnbaren Gebiete der Erde aus. Das Leben auf der Erde begann mit ziemlicher Sicherheit im Meer, vielleicht in Form von Mikroorganismen, die sich um kochend heiße Wassersäulen herum sammelten, welche mehrere Kilometer unterhalb der Wasseroberfläche aus Schloten im Meeresgrund emporquollen. Im Laufe von drei Milliarden Jahren verhalf die natürliche Selektion diesen einzelnen, einfachen, isolierten Zellen zu einem immer besser optimierten Innenleben. Es dauerte 1,5 Milliarden Jahre, bis diese Zellen schließlich die strukturelle Komplexität erreichten, die mit den Zellen vergleichbar ist, aus denen wir bestehen; weitere 1,5 Milliarden Jahre vergingen, bis diese Zellen verklumpten, also Zellhaufen und -gemeinschaften bildeten, und koordiniert zusammenarbeiteten, wie es in multizellulären Organismen der Fall ist.[13]

Die Metabolismen dieser frühen marinen Mikroben erzeugten Methan als Abfallprodukt. Es sprudelte an die Wasseroberfläche und veränderte langsam die Erdatmosphäre. Auf der Erde war es zu der Zeit viel kälter. Methan ist ein Treibhausgas, das 25-mal stärker wirkt als Kohlenstoffdioxid, und als es in die Atmosphäre gelangte, bewirkte es, dass der Planet begann, sich aufzuheizen, und trug somit dazu bei, dass Leben sich entwickeln konnte.

Später begannen mikroskopisch kleine, Cyanobakterien genannte Organismen mit der Photosynthese und machten sich die Energie der Sonnenstrahlen zunutze, um ihr Gewebe aufzubauen. Das Abgas, das bei diesem Prozess entstand, nämlich Sauerstoff, verursachte eine Revolution. Es wurde zur standardmäßigen Nahrung für eine wesentlich effizientere Art der Energiegewinnung und ebnete den Weg für die Erschaffung jeder komplexen Lebensform. Cyanobakterien sind immer noch ein wesentlicher Bestandteil des Phytoplanktons, das in den oberen Schichten des Ozeans treibt; Sie und ich und die Tiere, mit denen wir uns das Festland teilen, wir sind letztlich alle Nachfahren von Meereslebewesen. Wir verdanken dem Ozean alles.

In den späten 1990er-Jahren schlugen Filmemacher in der BBC'S Natural History Unit vor, eine Sendereihe zu produzieren, die sich ausschließlich um das Meeresleben drehen sollte. Sie wurde *Unser Blauer Planet* genannt. Meere sind die schwierigsten und teuersten aller Drehorte überhaupt, und in diesem Lebensraum das Verhalten von Tieren zu filmen stellt eine große Herausforderung dar. Schlechtes Wetter, schlechte Sicht im trüben Wasser und die Schwierigkeiten, in der schier endlosen Weite des Ozeans die Tiere überhaupt zu finden, können jeden Drehtag ruinieren. Der Ozean bot aber auch wunderbare Gelegenheiten, den Zuschauern neue, spektakuläre Aspekte der Natur zu präsentieren. Der Erste, der ein derartiges Vorhaben für das Fernsehen realisiert hatte, war der Wiener Biologe Hans Hass gewesen, als er mit Unterstützung seiner Frau Lotte einen Film über das Rote Meer drehte. Ihm folgte Kapitän Jacques Cousteau, der den Lungenautomaten erfand, eine Vorrichtung, die immer noch unverzichtbar ist, um Tauchern das Atmen unter Wasser zu ermöglichen. Jahrein, jahraus drehte Cousteau Filme auf den Ozeanen rund um den Globus. Doch trotz all dessen, was diese Pioniere schon geleistet hatten, waren die Meereslebewesen mit ihrer immensen Vielfalt, die so viel größer war als die der Landtiere, noch immer kaum ins Blickfeld einer Kamera gelangt.

Für die Realisierung von *Unser Blauer Planet* haben wir nahezu fünf Jahre gebraucht und an fast zweihundert verschiedenen Orten gedreht. Spezialisierte Unterwasser-Kameraleute filmten Sepien bei der Balz auf Korallenriffen, Meerotter, die in Unterwasser-Kelpwäldern nach Schalentieren tauchten, Einsiedlerkrebse, die um leere Muschelgehäuse kämpften, Hammerhaie, die sich zu Hunderten versammelten, um an einem Tiefseeberg im Pazifik ihren Nachwuchs großzuziehen, und, vielleicht das Schwierigste von allem, Fächerfische und Blauflossen-Thunfische bei der Jagd im offenen Ozean. Mit Tiefseebooten hielten wir auf den Tiefseeebenen nach neuen Spezies Ausschau und filmten den Kadaver eines Grauwals, der von Schleimaalen zerfetzt wurde. Mein Beitrag bestand darin, die entsprechenden Kommentare zu all dem zu sprechen.

Eines der Teams arbeitete drei Jahre daran, mit einem Ultraleichtflugzeug Aufnahmen von einem Blauwal zu machen, der durch das offene Meer zog. Mit dieser Folge eröffneten wir die

Sendereihe. Endlich konnten wir hier das größte Säugetier präsentieren, das es jemals auf unserem Planeten gegeben und von dem man bisher kaum ein lebendes Exemplar zu Gesicht bekommen hatte und über das wir so gut wie nichts wussten. Aber den größten Erfolg mit *Unser Blauer Planet* konnten wir vielleicht mit der Schwarmfisch-Folge verbuchen: natürliche Dramen, wie sie auch in der Serengeti nicht spektakulärer hätten ablaufen können. Thunfische flitzen um die Schwarmfische herum, treiben sie in Richtung Wasseroberfläche, treiben sie zu einer dichten, hektisch zitternden silbrigen Kugel zusammen. Dann greifen sie an, pfeilschnell schießen sie von allen Seiten durch die Kugel. Hai- und Delfinschwärme peitschen durch das schäumende Wasser herbei und stürzen sich mit ins Getümmel. Die Delfine greifen von unten an und kesseln die Kugelformation mit einem regelrechten Vorhang aus Luftblasen ein, wodurch sich der Kugelschwarm noch enger zusammendrängt. Und dann, gerade wenn man denkt, der Tumult würde sich legen, kommen die Tölpel und stürzen von oben in den Schwarm und schnellen durch das Wasser, um sich die Schnäbel mit Fischen vollzustopfen. Und schlussendlich könnte noch ein Wal erscheinen, um die Reste des Schwarms zu ergattern und in sein riesiges Maul zu schaufeln.

Ein solches kolossales Fischschwarm-Festmahl ereignet sich über den ganzen Ozean verteilt sicherlich tausendmal am Tag, aber noch nie hatte jemand das aus der Unterwasserperspektive gesehen. Von allen Naturereignissen war es das am wenigsten Vorhersehbare und entsprechend schwer vor die Linse zu bekommen.

Auf gewisse Weise tat die Filmcrew es den Thunfischen, Delfinen, Haien und Tölpeln gleich: Sie wartete auf das plötzliche Erscheinen eines flüchtigen »Hotspots« – einer gigantischen

Planktonwolke, die dann entsteht, wenn Nährstoffe, die Plankton als Nahrung dienen, mit einer Auftriebsströmung aus den Tiefen des Meeres hinauftransportiert werden. Solche Planktonanhäufungen ziehen wiederum riesige Schwärme kleinerer Fische zum Teil aus mehreren Hundert Kilometern Entfernung an. Sobald die Schwarmfische in ausreichender Dichte zusammengekommen sind, greifen die Raubfische an, und in dem Moment verwandelt sich der Ozean in einen brodelnden Kessel voller Action. Die Kamerateams hinkten bei dem Versuch, dieses Ereignis zu filmen, immer hinterher, mussten sie doch den Horizont nach tauchenden Vögeln oder zielgerichtet schwimmenden Delfinschulen absuchen. Die *Unser-Blauer-Planet*-Crews verbrachten vierhundert Tage mit Warten, ohne auch nur ein Anzeichen eines solchen Ereignisses zu entdecken. Und an den wenigen Tagen, an denen sich im Wasser etwas regte, mussten sie zusehen, dass sie rasch in die Nähe kamen und unter die Kugelformation tauchten, bevor sie völlig zerstört war. Ein sehr riskantes Unterfangen, das jedoch von Erfolg gekrönt war und ein Schauspiel hervorbringen sollte, wie es zuvor noch im TV zu sehen war.

In den 1950er-Jahren wagten sich zum ersten Mal große, kommerzielle Fischfangflotten in internationale Gewässer. Rein gesetzlich befanden sie sich im Niemandsland, Orte, an denen man ungestört so viel Fisch fangen konnte, wie man wollte. Am Anfang war die Ausbeute in den größtenteils unerschlossenen Meeresgebieten enorm. Aber schon nach wenigen Jahren wurden die Netze dort überall leer eingeholt. Also zogen die Flotten weiter. War der Ozean denn nicht unermesslich weit und quasi unendlich? Ein Blick auf die Zahlen der vergangenen Jahre zeigt deutlich, wie die Fischbestände von einem ozeanischen Gebiet zum nächsten buchstäblich ausgemerzt wurden. Mitte der 1970er-Jahre lagen die einzigen noch ertragreichen Fanggründe vor Ostaustralien, Südafrika, Nord-Ost-Amerika und im südlichen Ozean.[14] Anfang der 1980er-Jahre brachte die Fischerei nur noch so wenig ein, dass Länder mit großen Flotten diese mit Subventionen unterstützen mussten – sie haben also auch noch für die Überfischung bezahlt.[15] Bis zum Ende des 20. Jahrhunderts hatte die Menschheit neunzig Prozent der Bestände an großen Fischen aus allen Ozeanen herausgefangen.

Dass die Jagd immer auf den größten, wertvollsten Fisch abzielt, richtet besonders großen Schaden an. Auf diese Weise werden nicht nur Arten wie Thun- und Schwertfisch von der Spitze der Nahrungskette eliminiert, sondern zugleich auch die größten Exemplare eines Bestands vernichtet – der schwerste Dorsch, der größte Rotbarsch. In Fischpopulationen kommt es jedoch sehr auf die Größe des einzelnen Tieres an. Die meisten Fische auf offener See wachsen ihr Leben lang. Das Reproduktionspotenzial eines weiblichen Fisches hängt von seinem Umfang ab. Große Mütter laichen unverhältnismäßig mehr Eier ab. Indem wir also alle Fische über einer bestimmten Größe ausmerzen, nehmen wir ihnen die produktivsten Mütter, und schon bald schwinden die Bestände. In Gebieten, in denen übermäßig gefischt wird, gibt es keine großen Fische mehr.

Die Jagd auf Fisch ist ein Katz-und-Maus-Spiel, das vom Fischfang lebende Gemeinden entlang der Küsten auf der ganzen Welt über Generationen hinweg ständig weiterentwickelt haben. Mit unserer nach wie vor einzigartigen Fähigkeit, Probleme zu lösen, haben wir eine große Vielfalt an Methoden erfunden, um Fische zu fangen. Schiffe wurden an die jeweiligen Besonderheiten der Meere und des Wetters angepasst, und es wurden Navigationssysteme ersonnen, von einfachen Karten bis hin zu Marinechronometern, die auch dann noch die genaue Richtung anzeigen, wenn das Schiff bei schwerem Wellengang hin und her geworfen wird. Für Vorhersagen von Hotspots diverser Meeresbewohner können wir auf Erinnerungen alter Fischer zurückgreifen oder Hightech-Echolote zu Hilfe nehmen. Auf der Jagd nach Fisch haben wir Netze entwickelt, die durch das Wasser geschoben werden, Netze, die mit den Strömungen treiben, Netze, die einen Fischschwarm umschließen und dann eingeholt werden, Netze, die von oben auf die See geworfen werden, und Netze, die auf den Meeresgrund hinabsinken und ihn zerstören. Wir haben die Tiefe des gesamten Ozeans vermessen, verborgene Tiefseeberge und Kontinentalsockel kartografiert, damit wir wissen, wo wir auf den Fisch warten müssen. Wir fischen von Dingis und Kanus aus und von Schiffen, die monatelang auf See bleiben können und über mehrere Kilometer lange Netzwände auswerfen, womit Hunderte von Tonnen Fisch mit einem einzigen Fischzug eingeholt werden.

Wir sind zu gut geworden im Fischfang. Und das war keine allmähliche Entwicklung, sondern kam – wie beim Walfang und bei der Zerstörung der Regenwälder – ganz plötzlich. Exponentielle Zunahmen sind charakteristische Eigenschaften für kulturelle Entwicklungen. Erfindungen häufen sich. Wenn wir Dieselmotoren, Navigationssysteme und das Echolot hinzunehmen, dann addieren sich die Möglichkeiten, die sie schaffen, nicht nur, nein, sie vervielfachen sich. Aber die Fortpflanzungsfähigkeit von Fischen konnte damit nicht Schritt halten. Dies hat zur Folge, dass bereits heute viele unserer Küstengewässer *überfischt* sind.

Die Eliminierung ganzer Fischbestände auf offener See ist eine rücksichtslose Praktik. Nahrungsketten im Ozean funktionieren ganz anders als auf dem Land, wo sie vielleicht aus nur drei Gliedern bestehen – vom Gras über das Gnu zum Löwen. Im Ozean hat die Nahrungskette vier, fünf oder mehr Glieder. Mikroskopisch kleines Phytoplankton wird vom kaum sichtbaren Zooplankton gefressen; das wiederum ist die Beute kleiner Fische, und die Kette wird mit immer größeren Fischen und immer größeren Mäulern weitergeführt. Diese längere Kette lässt sich sehr gut anhand des Schwarmfischbeispiels darstellen, es handelt sich dabei um ein selbsterhaltendes und selbstregulierendes Phänomen. Wenn eine Art der mittelgroßen Fische verschwindet, weil wir sie gern verspeisen, kann es zur Folge haben, dass die Fische in der Nahrungskette unter ihnen übermäßig vorkommen und die über ihnen verhungern, weil sie selbst keine Planktonfresser sind. Das kurze genau aufeinander abgestimmte Auflodern von Leben in diesen Hotspots wird seltener. Nährstoffe sinken vom Oberflächenwasser der Ozeane auf den Meeresgrund hinab in die Dunkelheit und bleiben dort – ein folgenreicher Verlust für das Leben an der Oberfläche für kommende Jahrtausende. Wenn die Hotspots anfangen zu schwinden, fängt die offene See an zu sterben.

Tatsächlich ist es so, dass wir durch das zunehmende Wachstum der menschlichen Bevölkerung gezwungen waren, immer effektiveren Fischfang zu betreiben. Wir haben nicht nur jedes Jahr immer mehr Menschen zu ernähren, sondern gleichzeitig werden auch die Fischbestände immer weniger. Aufzeichnungen und Berichte aus einer Zeit, die wir nicht mehr erinnern können, also aus dem 19. Jahrhundert und vom Anfang des 20. Jahrhunderts, beschreiben einen Ozean, den wir nicht wiedererkennen würden. Alte Aufnahmen zeigen Menschen bis zu den Knien in Lachs stehen. Alte Zeitungsartikel berichteten über Fischschwärme vor Neuengland, die so gigantisch waren und sich so nah am Ufer befanden, dass die Einheimischen einfach hineinliefen und sie mit ihren Essgabeln aufspießten. In Schottland holten Fischer eine Angelschnur mit vierhundert Haken ein, und an fast jedem einzelnen von ihnen hing ein Plattfisch.[16] Unsere gar nicht so entfernten Vorfahren fischten mit nichts anderem als Haken und Netzen aus Baumwolle. Heute fällt es trotz aller Technologie schwer, überhaupt noch etwas Essbares zu fangen.

Es gibt heute weniger Fisch im Meer. Dass uns das nicht bewusst ist, liegt an einem Phänomen, das Shifting Baseline Syndrome heißt. Jede Generation definiert das Normale mit Bezug auf die eigenen Erfahrungen. Wir bemessen die Größe der Schätze der Meeres an der Zahlenstärke der uns heute bekannten Fischbestände, da wir aus sinnlicher Anschauung nicht wissen, wie die Bestände früher aussahen. Wir erwarten immer weniger vom Ozean, weil wir nie selbst erfahren haben, welche Reichtümer er früher bereithielt. Wir erkennen nicht sein Potenzial.

*

In der Zwischenzeit geriet auch die Tier- und Pflanzenwelt im seichteren Wasser aus den Fugen. 1998 stolperte ein *Unser blauer Planet*-Filmteam über ein Phänomen, das zu der Zeit kaum bekannt war: Korallenriffe verloren ihre normalen, feinen Farben und bleichten aus. Auf den ersten Blick sehen sie sogar wunderschön aus – die Äste strahlen in reinem Weiß, Federn und Wedel gleichen fein gearbeiteten Marmorskulpturen –, aber schon bald wird einem bewusst, dass dieser Anblick eigentlich tragisch ist. Denn tatsächlich sind es Skelette – Überreste toter Lebewesen. Korallenriffe werden von Polypen, die mit Quallen verwandt sind, gebildet. Sie haben einfach gebaute Körper, bestehend aus einem hohlen Stiel mit Magen und einem Ring aus Tentakeln oben um den Schlund herum. An den Tentakeln befinden sich Nesselzellen, mit denen sie mikroskopisch kleine Beutetiere stechen und in ihren Schlund befördern; der schließt sich, während der Polyp seine Beute verdaut, um sich dann für die nächste Mahlzeit wieder zu öffnen. Diese Korallenpolypen bilden Wände aus Kalziumkarbonat, um ihre weichen Körper vor hungrigen Feinden zu schützen. Mit der Zeit entstehen große steinartige Gebilde, wobei jede Korallenart ihre eigene architektonische Gestalt erschafft. Im Laufe der Zeit wachsen sie zusammen und bilden ausgedehnte, steinartige Riffe.

Das größte Korallenriff überhaupt, das Great Barrier Reef vor der Küste im Nordosten Australiens, ist sogar vom Weltall aus zu erkennen.

Der Besuch eines Korallenriffs unterscheidet sich ganz wesentlich von allen anderen Naturerfahrungen, die ich jemals an Land gemacht habe. Sobald du eintauchst, bist du nicht mehr an die Gesetze der Schwerkraft gebunden. Mit einem Flossenschlag kannst du die Richtung wechseln. Unter dir dehnt sich das farbenprächtige Korallenriff aus, das genauso prächtig und vielfältig erscheint wie eine Stadt von oben und sich im Blauen verliert. Bei genauerem Hinschauen fällt auf, dass es mit außergewöhnlichen Geschöpfen bevölkert ist: Es gibt Fische in schillernden Farben, winzige Tintenfische, Seeanemonen, Hummer, Krebse, durchsichtige Garnelen und viele weitere Lebewesen zu sehen, von deren Existenz man vorher nichts geahnt hat. Wunderschön sind sie, und bis auf denjenigen, die sich direkt neben dir befindet, sind alle von deiner Anwesenheit völlig unbeeindruckt. Du schwebst völlig fasziniert über ihnen. Wenn sie dich ansehen, und du bewegst dich nicht, dann kommen sie manchmal näher und knabbern vielleicht sogar an deinen Handschuhen.

Im Hinblick auf die Biodiversität können Korallenriffe es locker mit Regenwäldern aufnehmen. Auch sie sind dreidimensional, und das ermöglicht eine Vielfalt an Lebensformen, wie es sie auch im Dschungel gibt. Aber die Riff-Bewohner sind wesentlich bunter und sichtbarer. Wenn man, wie ich, wochenlang in einem Regenwald unterwegs war, dann fängt man irgendwann an, nach Papageien und Blumen Ausschau zu halten, nur um mal eine andere Farbe als Grün in den unterschiedlichsten Variationen zu sehen. Die gesamte Riff-Gemeinschaft, kleine Fischchen, Garnelen, Seeigel, Schwämme und die gehäuselosen, in Tentakel gehüllten Mollusken, deren Name Nacktschnecke ihnen so gar nicht gerecht wird, sehen aus, als wären sie von fantasievollen Schulkindern in den verschiedensten Pink-, Orange-, Lila-, Rot- und Gelbtönen angemalt worden.

Die Farben der Korallen stammen nicht von den Polypen, aber von symbiotisch in ihrem Gewebe lebenden Algen, den Zooxanthellen, welche, wie andere Pflanzen auch, in der Lage sind, Fotosynthese zu betreiben. In dieser Form von Partnerschaft haben die Korallenpolypen und ihre Algen-Mitbewohner den Vorteil, zugleich Pflanze und Tier zu sein. Tagsüber badet das Gemeinschaftsunternehmen im Sonnenlicht, das die Algen nutzen, um Kohlenhydrate zu produzieren, die wiederum bis zu neunzig

Prozent des Energiebedarfs der Korallen abdecken. In der Nacht übernehmen die Polypen und machen Jagd auf Beute. Aus den Mahlzeiten der Polypen beziehen ihre Algen-Partner die Nährstoffe, die sie benötigen, um ihre Aufgabe zu erfüllen, und derweil bauen die Polypen fleißig an ihrem Kalziumkarbonat-Gerüst, immer weiter in die Höhe, der Sonne entgegen. Diese für beide Seiten gewinnbringende Beziehung hat warme seichte Meere, die von sich aus nährstoffarm sind, in Oasen voller Leben verwandelt. Aber es handelt sich um eine sorgsam austarierte Beziehung, die schnell aus dem Gleichgewicht gerät.

Die Korallenbleiche, auf die unsere Filmcrews von *Unser Blauer Planet* stießen, war die Folge einer Stressreaktion der Korallen, die ihre Algen abstießen, wodurch das knochenweiße Kalziumkarbonat-Skelett zum Vorschein kam. Aber ohne ihre Algen sterben die Polypen ab. Andere Meeresalgen beginnen, sich auf dem Riff auszubreiten, überwuchern das Korallenskelett, und in alarmierendem Tempo verwandelt sich das Riff von einem farbenprächtigen Paradies in ein Ödland.

Zunächst blieb die Ursache der Korallenbleiche rätselhaft. Doch nach einer Weile fanden die Wissenschaftler heraus, das dieses Phänomen oft in Zusammenhang mit der gebietsweisen schnellen Erwärmung des Ozeans vorkam. Klimaforscher und -forscherinnen hatten schon seit geraumer Zeit davor gewarnt, dass sich die Erde erwärmen würde, wenn wir weiterhin fossile Brennstoffe verbrennen würden, die zu einem vermehrten Ausstoß von Kohlendioxid und anderen Treibhausgasen in die Atmosphäre führten. Diese Gase schlossen bekanntlich die Sonnenenergie nah an der Erdoberfläche ein und führten somit zu einer Erwärmung der Erde, zu einem Phänomen, das Treibhauseffekt genannt wurde. Allen fünf Massenaussterben in der Geschichte der Erde liegt eine bedeutende Veränderung der Kohlenstoff-Werte in der Atmosphäre zugrunde, eine Veränderung, die auch in der umfangreichsten Vernichtung von Lebewesen jemals eine wesentliche Rolle spielte: dem Massenaussterben der Perm-Trias-Grenze vor 252 Millionen Jahren. Die genaue Ursache für die Veränderung ist umstritten,[17] aber bekannt ist, dass einer der längsten und großflächigsten Vulkanausbrüche in der Geschichte der Erde über einen Zeitraum von einer Million Jahre immer heftiger wurde und das heutige Sibirien mit zwei Millionen Quadratmetern Lava bedeckte. Die Lava sickerte wahrscheinlich durch Felsen und Steine, erreichte weitflächige Kohleflöze, zündete sie an und sorgte damit für einen derart hohen Kohlendioxid-Ausstoß in die Atmosphäre, dass sich die Oberflächentemperatur der Erde im Vergleich zum heutigen Durchschnitt um 6 °C erhöhte, was zur Übersäuerung des Ozeans beitrug. Dessen Erwärmung stellte eine Belastung für sämtliche marinen Systeme dar, und als das Wasser saurer wurde, lösten sich die Meerestiere mit Schalen aus Kalziumkarbonat – wie Korallen und ein Großteil des Phytoplanktons – einfach auf. Der Kollaps des gesamten Ökosystems war daraufhin unausweichlich. 96 Prozent aller Lebewesen im Ozean starben aus.

Die erste Phase eines ähnlichen Meeressterbens zeichnete sich bereits in den 1990er-Jahren ab, während *Unser Blauer Planet* gedreht wurde. Ein schockierendes Zeugnis unserer Fähigkeit, Lebewesen in großem Umfang auszurotten. Hinzu kam noch, dass wir uns für diese Vernichtungsaktion nicht ins Meer begeben müssen. Insofern ist sie nicht vergleichbar mit der Zerstörung eines Regenwaldes. Das Abholzen von Bäumen ist harte Arbeit.

Hier zerstören wir weit entfernte Ökosysteme auf der ganzen Welt, ohne überhaupt in ihre Nähe zu kommen – indem wir mit den Konsequenzen und Abfallprodukten unserer Tausende von Kilometern entfernt stattfindenden Aktivitäten die Temperatur und die chemischen Eigenschaften des Wassers verändern. Damals brauchte es eine Million Jahre beispielloser Vulkanaktivitäten während des Perms, um den Ozean zu vergiften. Uns ist es gelungen, das Gleiche in weniger als zweihundert Jahren in die Wege zu leiten. Durch die Verbrennung fossiler Energieträger setzen wir Kohlenstoffdioxid, das prähistorische Pflanzen über Millionen von Jahren aufgenommen haben, innerhalb von wenigen Jahrzehnten frei. Die belebte Welt ist nie in der Lage gewesen, mit signifikanten Steigerungen des Kohlenstoffvorkommens in der Atmosphäre fertigzuwerden. Unsere Sucht nach Kohle, Erdöl und Gas setzte einen Prozess in Gang, der das milde Klima unserer Umwelt aus dem Gleichgewicht brachte und ein neues Massenaussterben einläutete.

Zugegeben, bis in die 1990er-Jahre hatte es nur wenige handfeste Beweise für die herannahende Katastrophe über Wasser gegeben. Während sich der Ozean erwärmte, war nämlich die Lufttemperatur weltweit relativ stabil geblieben. Die Ursache war erschütternd: aufgrund von Interferenz, einem Überlagerungsphänomen, hatte der Ozean selbst eine große Menge der überschüssigen Hitze der globalen Erderwärmung absorbiert, womit die von uns verursachten Schäden zunächst verborgen blieben. Aber nicht lange. Die ausbleichenden Korallen waren wie Kanarienvögel in einem Bergwerk, die vor einer anstehenden Explosion warnten. Für mich war es das erste unverkennbare Anzeichen, dass die Erde aus dem Gleichgewicht geriet.

2011

Weltbevölkerung: 7 Milliarden
Kohlenstoff in der Atmosphäre: 391 ppm
Verbliebene Wildnis: 39 Prozent

Die wunderbare Wildnis in den beiden extremen Lebensräumen der Erde, und zwar in der Arktis und Antarktis, war das Thema der nächsten groß angelegten Sendereihe, die ich mit zu verantworten hatte: *Eisige Welten*. Bereits im Jahr 2011 war die Durchschnittstemperatur im Vergleich zu dem Jahr, in dem ich geboren wurde, um 0,8 °C gestiegen. Die Schnelligkeit dieser Veränderung übertrifft die Geschwindigkeit aller Veränderungen der letzten zehntausend Jahre.

In den vergangenen Jahrzehnten hatte ich die Polarregionen mehrere Male bereist. Es sind einzigartige Landschaften, in denen sich die Tiere an ein Leben unter extremsten Bedingungen angepasst haben. Aber diese Welt veränderte sich jetzt. Wir stellten fest, dass die arktischen Sommer länger wurden. Es begann eher zu tauen, und der Frost kam später. Kamerateams trafen an Drehorten ein, wo sie ausgedehnte Meereisdecken erwarteten, und fanden offenes Meer vor. Inseln, die nur wenige Jahre zuvor

105

dauerhaft von Meereis umgeben gewesen waren, konnte man jetzt mit dem Boot erreichen. Satellitenbilder offenbarten, dass die Fläche des Sommermeereises in dreißig Jahren um dreißig Prozent geschrumpft war. Gletscher auf der ganzen Welt schmolzen in einem noch nie da gewesenen Tempo.[18] Und die Sommerschmelze legte an Geschwindigkeit zu. Wenn die Lufttemperatur sich erhöht und das Wasser sich an den Rändern der Eisschollen erwärmt, schmilzt das Eis schneller. Wenn das Eis schmilzt, schwindet die weiße Fläche an beiden Polen. Die dunklen Meere nehmen dann mehr von der Sonnenwärme auf, erzeugen eine positive Rückkopplung und beschleunigen die Eisschmelze noch. Als die Erde das letzte Mal so warm war wie heute, gab es viel weniger Eis, als wir heute haben. Die Eisschmelze ist im Rückstand, hat einen schleppenden Start. Aber wenn der Prozess einmal richtig in Fahrt kommt, wird er nicht mehr aufzuhalten sein.

Unser Planet braucht das Eis. Auf der Unterseite des Meereises leben Algen von dem Sonnenlicht, das durch das Eis scheint. Die Algen werden von Invertebraten und kleinen Fischen abgegrast. Diese bilden wiederum die Basis für die Nahrungskette sowohl in der Arktis als auch in der Antarktis, die zu den ertragreichsten Meeren der Welt gehören; sie versorgen Wale, Robben, Eisbären, Pinguine und viele andere Vogelarten mit Nahrung. Auch uns kommt die Produktivität der Gebiete mit ewigem Eis zugute, denn jedes Jahr werden im hohen Norden und im tiefen Süden mehrere Millionen Tonnen Fisch gefangen und Märkte auf der ganzen Welt damit beliefert.

Wärmere Sommer in den Polarregionen führen zu längeren Phasen ohne Meereis. Für die Eisbären, die das Meereis der

Arktis als festen Untergrund für ihre Robbenjagd benötigen ist das verheerend. Und im Sommer ziehen sie träge über die arktischen Strände, leben von ihren Fettreserven und warten darauf, dass das Eis zurückkehrt. Als sich die eisfreie Zeit ausdehnte, fiel Forschern ein besorgniserregender Trend auf. Schwangere Eisbärweibchen, die ihre Reserven aufgebraucht hatten, brachten jetzt kleinere Bärenjungen zur Welt. Wenn der Sommer in einem Jahr nur etwas länger währt als gewöhnlich, sind die in diesem Jahr geborenen Bärenjungen möglicherweise zu klein, um den nächsten Polarwinter zu überleben. Zieht sich der arktische Sommer immer mehr in die Länge, stirbt die gesamte Eisbärenpopulation irgendwann aus.

Tipping-Points – Kipppunkte – wie dieser sind im komplexen System der Natur nicht ungewöhnlich. Das Konzept der Kipppunkte wurde im Jahr 2000 von Hans Joachim Schellnhuber angestoßen. Später arbeiteten 36 deutsche und britische Klimaforscher das Konzept aus und zogen immer mehr Experten aus anderen Fachgebieten heran. Schon bei einer globalen Erwärmung von über zwei Grad können wichtige Kipppunkte überschritten werden. Solche sind:

– das Schmelzen des sommerlichen Eises in der Arktis
– das Schmelzen des Grönländischen Eisschildes
– die Reduzierung des Tropischen Regenwaldes
– der Kollaps des indischen Sommermonsuns
– der Schwund borealer Wälder
– die Abnahme der atlantischen thermohalinen Zirkulation, die einen größeren Zufluss von Süßwasser bewirkt.

Über all diese Problemfelder unterrichten uns die entsprechenden Wissenschaften kontinuierlich. Besonders bedrohlich sind die Folgen des Abschmelzens des arktischen Meereises. Die Schwelle wird oft ohne großartige Vorwarnung erreicht. Sie lösen plötzliche, radikale Veränderungen aus, die sich in einem neuen, veränderten Zustand stabilisieren. Es ist fast unmöglich, diesen Kipppunkt umzukehren, denn die Verluste sind vielleicht schon zu hoch, und zu viele Komponenten könnten destabilisiert worden sein. Eine derartige Katastrophe kann nur vermieden werden, indem überall auf der Welt nach Warnsignalen wie den kleiner werdenden Eisbärenjungen Ausschau gehalten wird, diese Signale erkannt und schnellstmöglich entsprechende Schutzmaßnahmen umgesetzt werden.

An Russlands arktischer Küste lässt sich ein weiteres Warnsignal ausmachen. Walrosse leben größtenteils von Muscheln, die an einigen bestimmten Stellen des arktischen Meeresgrunds wachsen. Zwischen den Tauchgängen, in denen sie nach Muscheln suchen, hieven sie sich auf das Meereis, um sich auszuruhen. Aber diese Ruheplätze sind mittlerweile weggeschmolzen. Folglich müssen die Walrosse zu den Stränden an der weiter entfernten Küste schwimmen. Dort befinden sich nur wenige geeignete Plätze. Was dazu führt, dass Zehntausende Pazifische Walrosse, also etwa zwei Drittel der Population, sich jetzt an einem einzigen Strand zusammendrängen. Da er heillos überfüllt ist, klettern manche von ihnen die Hänge hinauf, die zu den Spitzen der Klippen führen. Außerhalb des Wassers sehen sie sehr schlecht, aber der Geruch des Meeres am Fuß der Felswand unter ihnen ist unverkennbar für sie. Ganz oben angekommen, versuchen sie also, das Wasser auf dem kürzesten

Weg zu erreichen. Den Anblick eines drei Tonnen schweren Walrosses, das in den Tod stürzt, vergisst man nicht so schnell. Man muss kein Naturforscher sein, um zu wissen, dass hier etwas auf katastrophale Weise schiefgelaufen ist.

2020

Weltbevölkerung: 7,8 Milliarden
Kohlenstoff in der Atmosphäre: 415 ppm
Verbliebene Wildnis: 35 Prozent

Die Folgen unseres Fehlverhaltens sind jetzt weltweit spürbar. Unser kopfloser Angriff auf den Planeten verändert die wesentlichen Grundlagen unserer belebten Welt. Das ist also der Status unseres Planeten im Jahr 2020.[19]

Wir rauben den Ozeanen jedes Jahr über achtzig Millionen Tonnen Fisch und Meeresfrüchte und haben dafür gesorgt, dass dreißig Prozent der Fischbestände bedroht sind.[20] Und wir haben fast alle großen Salzwasserfischarten ausgelöscht.

Wir haben etwa die Hälfte der im Flachwasser lebenden Korallen weltweit verloren, und fast jedes Jahr kommt es zu neuen gewaltigen Korallenbleichen.

Entwicklung und Ausbau unserer Küsten und Aquafarming-Projekte sind dafür verantwortlich, dass der Mangroven- und Seegraswiesen-Bestand um dreißig Prozent geschrumpft ist.

Unser Plastikmüll verschmutzt und gefährdet nachgewiesenermaßen den gesamten Ozean von den Oberflächenwassern bis in die tiefsten Tiefseegräben. Aktuell treiben 1,8 Billionen Kunststoffteile in einem ungeheuerlichen Müllstrudel im Nordpazifik, wo Strömungen dafür sorgen, dass das Oberflächenwasser zirkuliert. Vier andere Müllstrudel bilden sich zurzeit in ähnlichen Wirbeln in anderen Gebieten im Ozean.

Plastikteile dringen in marine Nahrungsketten ein, und über neunzig Prozent der Seevögel haben Plastikfragmente in ihren Mägen. Aldabra ist ein Naturreservat, das nur sehr wenige Menschen besichtigen dürfen. Als ich 1983 im Rahmen der Dreharbeiten von *The Living Planet* auf der Insel landete, war das einzige nennenswerte Treibgut, das wir an den Stränden vorfanden, die riesigen Nüsse der Seychellenpalme. Kürzlich reiste eine andere Filmcrew auf die Insel. Sie entdeckten menschengemachten Müll über den gesamten Strand verteilt. Riesenschildkröten, manche von ihnen über hundert Jahre alt, müssen nun über Plastikflaschen, Ölkanister, Eimer, Nylonnetze und andere Plastikteile klettern.

Kein Strand der Erde ist frei von unserem Müll.

Süßwasserökosysteme sind gleichermaßen bedroht wie Meere. Mit über 50 000 Dämmen haben wir den freien Strom großer Flüsse unterbrochen. Dämme können auch Einfluss auf die Wassertemperatur haben und auf diese Weise drastisch den Beginn von Fischmigrationen und Laichzeiten verändern.

Wir missbrauchen Flüsse nicht nur als Müllhalden, sondern führen ihnen auch Düngemittel, Pestizide und industrielle Chemikalien zu, die wir auf den Flächen ausbringen, die sie entwässern. Viele von ihnen sind gegenwärtig die schlimmsten von der Umweltverschmutzung betroffenen Gebiete auf dem gesamten Globus. Wir nehmen ihr Wasser, bewässern damit unsere

Getreidefelder und andere Anbauflächen und reduzieren die Pegel auf diese Weise dermaßen, dass einige dieser Flüsse im Laufe der Jahre nicht mehr das Meer erreichen werden.

Wir bauen unsere Wohnsiedlungen in Überschwemmungsgebieten und um Flussmündungen herum und entwässern Feuchtgebiete derart, dass ihr Gesamtanteil heute, im Vergleich zu der Zeit, als ich geboren wurde, auf die Hälfte geschrumpft ist.

Unser Angriff auf Süßwasserökosysteme hat die Bestände der darin lebenden Tiere und Pflanzen schlimmer schrumpfen lassen als in allen anderen Lebensräumen. Weltweit haben wir dafür gesorgt, dass tierische Flusspopulationen um achtzig Prozent zurückgegangen sind. Nehmen wir als Beispiel den sechs Länder durchquerenden Mekong in Südostasien, aus dem ein Viertel aller weltweit gefangenen Süßwasserfische stammt und der 60 Millionen Menschen mit wertvollen Proteinen versorgt. Hier hat das Zusammenspiel aus Dammbau, Überbeanspruchung, Verschmutzung und Überfischung dazu geführt, dass der Ertrag beim Fischfang jedes Jahr geringer wird – und damit meine ich nicht nur die Ausbeute, sondern auch die Größe der Fische. In den letzten Jahren sah sich so mancher Fischer gezwungen, Moskitonetze einzusetzen, um etwas Essbares an Land zu ziehen.

Aktuell holzen wir jedes Jahr über fünfzehn Milliarden Bäume ab. Die Hälfte aller Regenwälder wurde bereits gerodet. Der Hauptgrund für die fortschreitende Abholzung, deretwegen doppelt so viel Kahlschlag betrieben wird wie für die drei darauffolgenden Ursachen zusammengenommen, ist die Produktion von Rindfleisch. Allein Brasilien nutzt 170 Millionen Hektar Land, ein Gebiet, das siebenmal so groß ist wie das Vereinigte Königreich, als Weideland. Für einen Großteil dieser Fläche wurde Regenwald geopfert. Der zweite Verursacher ist Soja. Der Sojaanbau beansprucht 131 Millionen Hektar Land, ein Großteil davon befindet sich in Südamerika. Über siebzig Prozent der Sojabohnen dienen den Nutztieren als Futter, dienen also der Fleischproduktion. Die dritte Ursache sind 21 Millionen Palmöl-Plantagen, die größtenteils in Südostasien zu finden sind.[21]

Die verbliebenen Wälder sind stark fragmentiert, da sie von Straßen, Farmen und Plantagen durchschnitten werden. In siebzig Prozent dieser Wälder ist der Kronenschluss maximal einen Kilometer breit. Nur wenige tiefe, dunkle Wälder sind übrig geblieben. Die Zahl der Insekten ist in nur dreißig Jahren weltweit um ein Viertel zurückgegangen. In Gegenden mit erhöhtem Pestizidgebrauch ist der Prozentsatz sogar höher. Neuere Studien haben aufgezeigt, dass Deutschland innerhalb von 27 Jahren einen Schwund von 75 Prozent der Biomasse an Fluginsekten zu verzeichnen hat, und Puerto Rico hat fast neunzig Prozent der Masse an Insekten und Spinnen verloren, die im Regenwald beheimatet sind.

Insekten sind mit Abstand die vielfältigste Gruppe aller Lebensformen. Viele fungieren als Bestäuber, also als wichtiges Glied in vielzähligen Nahrungsketten. Andere wiederum sind Jäger und spielen eine entscheidende Rolle dabei, Populationen Pflanzen fressender Insekten nicht zur Plage werden zu lassen.[22]

Heute wird weltweit die Hälfte des fruchtbaren Bodens bewirtschaftet. In den meisten Fällen haben wir ihn missbraucht. Wir überladen ihn mit Nitraten und Phosphaten, wir überweiden ihn, wir brennen ihn ab, überlasten ihn mit ungeeigneten Getreidesorten und bespritzen ihn mit Pestiziden, womit wir die wirbellosen Bodentiere töten, die Leben in das Erdreich bringen.

Viele Erdböden verlieren ihre Humusschicht und verwandeln sich aus vielfältigen Ökosystemen, die von Pilzen, Würmern, spezialisierten Bakterien und anderen Mikroorganismen nur so wimmeln, in harte und sterile Erde. Regen prallt vom Boden ab, als wäre es Straßenbelag, und trägt zu den extremen Überschwemmungen bei, die gegenwärtig das Landesinnere vieler Staaten mit industrieller Landwirtschaft regelmäßig heimsuchen.

Siebzig Prozent der Masse an Vögeln auf diesem Planeten sind heutzutage domestiziert. Der Großteil davon ist Geflügel. Weltweit essen wir jedes Jahr fünfzig Milliarden Hühner. Die Anzahl von 23 Milliarden Hühnern wird immer konstant gehalten. Viele bekommen Futtermittel aus Sojabohnen, die in einstigen Waldgebieten angebaut werden.

Noch erschreckender ist die Tatsache, dass 96 Prozent der Masse aller Säugetiere der Erde aus uns Menschen und den Tieren, die wir zum Essen züchten, bestehen. Unsere eigene Masse macht ein Drittel der Gesamtmasse aus. Unsere Nutztiere – hauptsächlich Kühe, Schweine und Schafe – schlagen nur mit etwas über 60 Prozent zu Buche. Der Rest – alle wilden Tiere, von den Mäusen über die Elefanten bis hin zu den Walen – machen nur etwa 4 Prozent aus.[23]

Seit den 1950er-Jahren sind die Wildtier-Populationen im Durchschnitt um mehr als die Hälfte geschrumpft. Wenn ich auf meine frühen Filme zurückschaue, wird mir bewusst, dass ich, obwohl ich das Gefühl hatte, in der Wildnis unterwegs zu sein und durch unberührte Natur zu streifen, einer Illusion aufgesessen war. Denn diese Wälder und Ebenen und Meere wurden bereits in jener Zeit immer leerer. Viele der Großtierarten waren damals schon selten. Die *Shifting Baseline* hat unsere Wahrneh-

mung des Lebens auf der ganzen Welt verzerrt. Wir haben vergessen, dass es gemäßigte Wälder gab, deren Durchquerung mehrere Tage dauerte, dass es Bisonherden gab, die vier Stunden benötigten, bis sie vorbeigezogen waren, und Vogelschwärme, die mit ihrer Größe den Himmel verdunkelten. Diese Phänomene sind innerhalb weniger Generationen verschwunden. Wir haben uns an einen verarmten Planeten gewöhnt.

Wir haben das das Wildleben durch die Domestikation ersetzt. Wir sehen die Erde als *unseren* Planeten an, von Menschen für die Menschheit geführt. Für den Rest der belebten Welt ist das dabei nur wenig Platz geblieben. Die wahrhaftig wilde Welt – die nicht menschliche Welt – ist verschwunden.

Ich habe dieses Thema in den letzten Jahren ständig, wo auch immer es mir möglich war, angesprochen: vor den Vereinten Nationen, dem Internationalen Währungsfonds, dem Weltwirtschaftsforum, den Kapitalgebern in London und den Festivalbesuchern in Glastonbury.

Ich wünschte, ich wäre nicht in diesen Kampf verwickelt, denn es wäre mir lieber, diese Kämpfe wären nicht nötig. Aber ich hatte unbeschreibliches Glück in meinem Leben, und ich würde mir sicherlich große Vorwürfe machen, wenn ich mich dazu entschieden hätte, Gefahren, die ich erkannt habe, einfach zu ignorieren.

Denn es ist doch so, dass die Sonne trotzdem immer noch jeden Morgen aufgeht und die Zeitung in meinem Briefkasten landet. Zugleich bin ich mir aber auch fast täglich in gewissem Ausmaß der Verwüstungen bewusst, die wir auf der Erde anrichten. Steuern wir, wie die armen Menschen von Prypjat, sehenden Auges in eine Katastrophe?

ZWEITER TEIL

Was vor uns liegt

Für den Fall, dass wir einfach so weiter leben und wirtschaften wie bisher, mache ich mir große Sorgen um die Menschen, die Zeitzeugen und -zeuginnen de nächsten neunzig Jahre sein werden. Nach neuesten wissenschaftlichen Erkenntnissen[24] befindet sich die belebte Welt auf dem Weg zum Kipppunkt und Kollaps. Der Anfang ist schon gemacht, und es steht zu erwarten, dass die Folgen des Raubbaus an der Natur mit zunehmender Geschwindigkeit immer größere Ausmaße annehmen werden. All die ökologischen Dienste, die uns die Erde immer umsonst zur Verfügung gestellt hat, könnten jetzt wegbrechen: Die prognostizierte Katastrophe würde unermesslich viel zerstörerischer sein als Tschernobyl. Es käme viel Schlimmeres auf uns zu als überschwemmte Ländereien, stärkere Orkane und Waldbrände. Diese Katastrophe würde die Lebensqualität auch der zukünftigen Generationen irreversibel beeinträchtigen. Sollten wir irgendwann tatsächlich vor dem weltweiten ökologischen Zusammenbruch stehen und damit auch ein neues Äquilibrium erreicht haben, wird die Menschheit den Rest ihrer irdischen Existenz auf einem dauerhaft ärmeren Planeten fristen müssen.

Das verheerende Ausmaß der prognostizierten Katastrophe wird von umweltwissenschaftlichen Fachkreisen als direkte Folgen der Art und Weise angesehen, wie wir gegenwärtig unseren Planeten behandeln. Unsere Spezies ist nach dem Krieg in den 1950er-Jahren in eine Ära getreten, die *Great Acceleration*, die Große Beschleunigung, genannt wird. Die Auswertungen von Veränderungen anhand einer Reihe unterschiedlicher Parameter zeigen ein auffallend ähnliches Muster, wenn sie grafisch auf eine Zeitachse übertragen werden. Die Trends in unseren Aktivitäten lassen sich in Bezug auf Bruttoinlandsprodukt (BIP), Energieverbrauch, Wasserverbrauch, Dammbau, die Verbreitung von Telekommunikation, Tourismus und Vorkommen von landwirtschaftlichen Nutzflächen messen. Die Veränderungen in unserer Umwelt können unter Berücksichtigung sehr unterschiedlicher Aspekte analysiert werden: durch Messungen der Zunahme von Kohlenstoffdioxid, Stickstoffoxid oder Methan in der Atmosphäre, durch Messungen der Oberflächentemperatur, der Ozeanversauerung, des Rückgangs der Fischbestände oder der Abholzung tropischer Wälder. Aber unter welchen Aspekten auch immer man misst, die Linie im Diagramm zeigt stets in etwa das Gleiche an. Ab der Mitte des letzten Jahrhunderts zeigt sich eine rasante Zunahme, ein immer steiler werdender Berghang, die berühmte Hockeyschläger-Kurve. Ein Diagramm nach dem anderen, alle sehen sie gleich aus. Dieses rasante Wachstum ist das Profil unserer gegenwärtigen Existenz. Es ist das allgemeingültige Modell der Epoche, dessen Zeuge ich auf Erden wurde – die große zugrunde liegende Erklärung für alle Veränderungen, von denen ich berichte. Mein Buch ist ein Zeugnis des Phänomens der »Großen Beschleunigung« aus der Ich-Erzähler-Perspektive.

Beim Anblick all dieser Diagramme – dieser einen überall wiederkehrenden Linie – stellt sich mir eine naheliegende Frage: Wie kann das so weitergehen? Die Antwort darauf lautet: Es kann so nicht weitergehen. In der Mikrobiologie gibt es eine Wachstumskurve, deren Anfang immer gleich aussieht und deren Ende vorhersagbar ist. Wenn Bakterien auf einem Nährboden in einer sterilen, versiegelten Petrischale – also der perfekten Umgebung ohne Konkurrenz und mit einer reichhaltigen Nährstoffunterlage – kultiviert werden, benötigen sie ein wenig Anpassungszeit an das neue Medium, die Anlaufphase (*lag phase*) genannt wird. Das kann nur eine Stunde dauern oder auch einige Tage, aber irgendwann ist diese Phase abrupt beendet: Die Bakterien lösen das Problem, wie sie die Gegebenheiten in der Schale am besten für sich nutzen können, und sie fangen an, sich zu vermehren, indem sie sich teilen, wobei sie ihre Anzahl alle zwanzig Minuten verdoppeln. Damit beginnt die Exponentielle Phase (*log phase*), eine Phase exponentiellen Wachstums, in der sich die Bakterien teilen und wellenförmig auf dem Nährboden verteilen. Jedes einzelne Bakterium nimmt ein eigenes Areal in Beschlag und nimmt sich, was es braucht. Ökologen nennen diesen Wettbewerb *scramble competition* – eine Situation, wo eine Ressource für alle Wettbewerber zugänglich ist, also heißt es in unserem Fall: jedes Bakterium für sich! Ein solcher Konkurrenzkampf kann in einem geschlossenen System wie der räumlich begrenzten versiegelten Schale nicht gut enden. Wenn die Bakterien sich derart vermehrt haben, dass der Platz verbraucht ist, beginnt im gleichen Moment jede einzelne Zelle damit, jede andere Zelle zu benachteiligen. Den Bakterien gehen die Nährstoffe aus. Endprodukte wie Gase, Hitze und Flüssigkeiten fallen an und sorgen mit zunehmender Geschwindigkeit für eine Vergiftung. Die ersten Zellen sterben ab und drosseln dadurch zum ersten Mal die Wachstumsrate der Zellpopulation. Dieses Absterben verläuft aufgrund der sich verschlimmernden Umwelt auch exponentiell, und schon bald ist der Moment erreicht, wenn Todesrate und Geburtsrate gleich hoch sind. Zu diesem Zeitpunkt ist der Höchststand der Zellkultur erreicht und kann sich dort für eine Weile einpendeln. Aber innerhalb eines geschlossenen Systems kann das nicht ewig so weitergehen – es ist nicht *nachhaltig*. Allen geht die Nahrung aus, die Menge der in der Schale sich anhäufenden Ausscheidungsprodukte nimmt tödliche Ausmaße an, und die Kultur stirbt genauso schnell wieder ab, wie sie gewachsen ist. Am Ende ist die versiegelte Schale ein ganz anderer Ort geworden: ein Ort ohne Nahrung, dessen Umwelt zerstört, heiß, sauer und giftig ist.

Die Große Beschleunigung verortet uns, unsere Aktivitäten und die zahlreichen Messergebnisse ihrer Folgen in die Exponentielle Phase. Nach Hunderttausenden von Jahren in der Anlaufphase schienen wir Menschen die praktischen Probleme, die das Leben auf der Erde mit sich bringt, in der Mitte des letzten Jahrhunderts gelöst zu haben. Nach dem Aufstieg des Industriezeitalters gelang es uns, dank neuer Energiequellen und Maschinen, die Leistungen eines Einzelnen zu vervielfältigen; letztlich scheint die große Beschleunigung aber erst vollständig durch das Ende des Zweiten Weltkriegs ausgelöst worden zu sein. Die Kriegsanstrengungen bewirkten Durchbrüche in der Medizin, im Ingenieurwesen, in den Wissenschaften und in den Kommunikationstechnologien. Das Entsetzen über die Gräuel und Verheerungen des Krieges riefen die Bildung einer Reihe multinationaler

Initiativen wie die Vereinten Nation, die Weltbank und die Europäische Union hervor, die dafür gedacht waren, die Welt zu vereinen und sicherzustellen, dass die globale menschliche Gesellschaft zusammenarbeitete. Diese Initiativen haben an einer bis dato noch nie erreichten Periode relativen Friedens – dem Langen Frieden – mitgewirkt, und dank dieses Friedens konnten wir vor allem in Europa unsere Freiheiten nutzen, wodurch jede Gelegenheit zum Wachstum ausgeschöpft wurde.

Die Kurve der Großen Beschleunigung macht den Fortschritt sichtbar. Während dieser Phase sind die Messgrößen menschlicher Entwicklung mehrheitlich in die Höhe geschnellt: allgemeine Lebenserwartung, weltweite Lese- und Schreibfähigkeit und Bildung, Zugang zu medizinischer Versorgung, Menschenrechte, Pro-Kopf-Einkommen, demokratische Herrschaftsformen. Die Große Beschleunigung hat den Fortschritt im Verkehrsmittel- und Kommunikationswesen gebracht und so auch mir eine Karriere ermöglicht. Die erstaunliche Zunahme aller Arten von Aktivitäten, die wir in den letzten siebzig Jahren vollbracht haben, hat viele unserer denkbaren Wünsche erfüllt. Aber diese Vorteile haben ihren Preis. Wie die Bakterien haben wir unsere Abgase, unsere Säuren und unsere giftigen Abfälle. Auch diese Faktoren nehmen exponentiell zu. Unser beschleunigtes Wachstum kann nicht ewig so weitergehen, denn die Aufnahmen, die 1968 von Apollo 8 aus gemacht wurden, zeigen ganz deutlich, dass die Erde – wie die Bakterienkultur in der versiegelten Petrischale – ein geschlossenes System ist. Wie viel mehr kann unser Planet noch aushalten?

Einige der bedeutendsten Wissenschaften der letzten Jahre haben die Natur unter globalen Maßstäben erforscht, um mehr

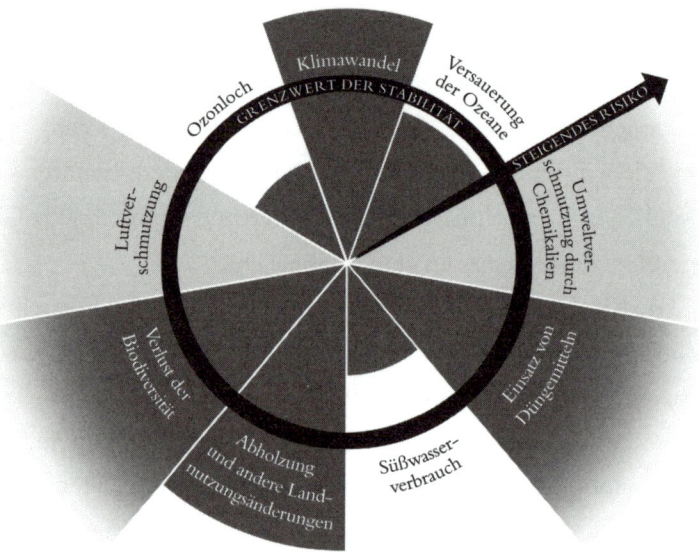

über diese Details zu erfahren. Ein Team führender Erdsystem-Wissenschaftler unter der Leitung von Johan Rockström und Will Steffen hat die Resilienz von Ökosystemen weltweit untersucht.[25] Sie haben sich die Elemente genauer angeschaut, die jedem Ökosystem während des Holozäns ermöglichten, so zuverlässig zu funktionieren, und führten an Modellen Tests durch, um herauszufinden, ab welchem Zeitpunkt jedes dieser Ökosysteme zu versagen begann. Tatsächlich haben sie die inneren Mechanismen und die innewohnenden Schwächen unserer lebenserhaltenden Umwelt aufgedeckt – ein bemerkenswert ambitioniertes Unterfangen, das unser Verständnis darüber, wie der Planet funktioniert, verwandelt hat.

Sie entdeckten neun entscheidende Schwellenwerte, welche über die Unversehrtheit des Gefüges entscheiden: neun planetare Grenzen, auch Belastungsgrenzen der Erde genannt. Wenn wir unseren Fußabdruck innerhalb dieser Grenzen setzen, befinden wir uns in einem sicheren Handlungsraum und führen ein nachhaltiges Leben. Wenn wir unseren Bedarf so hoch ansetzen, dass auch nur eine dieser Grenzen übertreten wird, riskieren wir, den lebenserhaltenden Apparat zu destabilisieren, die Natur dauerhaft zu schwächen und ihr die Fähigkeit zu nehmen, das sichere und milde Klima des Holozäns zu wahren.

Im Regieraum der Erde schieben wir unbedacht die Regler für diese neun Grenzen immer höher, vergleichbar mit der unglückseligen Belegschaft, die 1986 den Nachtdienst in Tschernobyl hatte. Der Atomreaktor hatte auch ihm innewohnende Schwächen und Grenzen, manche von ihnen waren dem Team bekannt, andere nicht. Sie verschoben die Regler absichtlich, um das System zu testen, aber sie taten dies ohne den gebotenen

Respekt, ohne die nötige Kenntnis der Risiken, die sie damit eingingen. Als sie die Regler zu weit nach oben zogen, überschritten sie dabei eine Grenze und lösten damit eine Kettenreaktion aus, die den Apparat destabilisierte. Von dem Moment an hätten sie nichts mehr tun können, um die sich anbahnende Katastrophe zu verhindern – der komplexe, empfindliche Reaktor war bereits zum Versagen verdammt.

Gegenwärtig verdammt unser Tun die Erde zum Versagen. Wir haben schon vier der neun Grenzen überschritten. Wir belasten die Erde mit viel zu hohem Düngemittel-Einsatz und stören damit den Stickstoff-Phosphat-Zyklus. Wir verwandeln natürliche Lebensräume auf dem Festland – Wälder, Grasflächen und Sumpflandschaften – viel zu schnell in landwirtschaftliche Nutzflächen. Wir erwärmen die Erde viel zu schnell, indem wir die Atmosphäre in einer erdgeschichtlich noch nie da gewesenen Geschwindigkeit mit immer mehr Kohlenstoff belasten. Wir haben einen Biodiversitätsverlust zu verantworten, der im Verhältnis hundertmal so hoch ist wie der Durchschnittswert und in einem vergleichbaren Maß zuvor nur in dokumentierten fossilen Funden aus einem Massenaussterben nachgewiesen wurde.[26]

Zu Recht wird viel über Klimawandel gesprochen. Aber es wird auch deutlich, dass die menschengemachte Erderwärmung nur eine von vielen aktuellen Krisen ist. Die Forschungen der Erdsystem-Wissenschaftlerinnen haben offengelegt, dass gegenwärtig vier Alarmlichter auf der Instrumententafel blinken. Wir leben bereits außerhalb des sicheren Handlungsraums der Erde. Die Große Beschleunigung wird – wie jede andere Explosion – Folgen haben: eine in der belebten Welt gleichwertige und entgegengesetzte Reaktion, den »Großen Niedergang«.

Wissenschaftler sagen voraus, dass der Schaden, der zu meinen Lebzeiten angerichtet wurde, nichts im Vergleich zu dem Schaden ist, der uns in den nächsten hundert Jahren droht. Wenn wir nicht unseren Kurs ändern, könnten die heute Geborenen folgende Szenarien erleben.

2030er-Jahre

Nach Jahrzehnten aggressiver Abholzung und illegaler Brandrodung im Amazonasbecken, wofür Menschen verantwortlich zeichnen, die immer mehr Flächen für die landwirtschaftliche Nutzung gewinnen wollen, ist der Regenwald im Amazonas auf dem Weg, bis in die 2030er-Jahre auf bis zu 25 Prozent seiner ursprünglichen Größe reduziert zu werden. Auch wenn er dann immer noch groß ist, könnte dies einen Kipppunkt für den Amazonas darstellen, weil dadurch möglicherweise ein Phänomen namens Waldsterben ausgelöst wird. Der Wald wäre dann auf einmal nicht mehr in der Lage, mit seinem ausgedünnten Baumkronendach genug Feuchtigkeit zu produzieren, um die Regenwolken zu versorgen, woraufhin sich die empfindlichsten Stellen des Amazonas zuerst in einen saisonalen Trockenwald und anschließend in eine offene Graslandschaft zurückentwickeln würden. Das Waldsterben würde sich dann selbst bedingen: Je mehr der Wald abstirbt, desto mehr Waldsterben verursacht er. Die Austrocknung des gesamten Amazonasbeckens würde Prognosen zufolge rasch vonstattengehen und hätte katastrophale Folgen.[27] Der Verlust an Biodiversität wäre verheerend, denn der Amazonas beheimatet jede zehnte aller weltweit bekannten Spezies;

unzählige endemische Arten würden aussterben, was einen Dominoeffekt im gesamten Ökosystem verursachen würde. Es würde alle Wildtierpopulationen treffen, denn jedes einzelne Tier hätte Mühe, Nahrung zu finden und sich fortzupflanzen.

Pflanzenarten, die für medizinische Zwecke, neue Nahrungsmitteltrends und industrielle Anwendungen hätten eingesetzt werden können, wären vielleicht von der Erde getilgt, bevor wir überhaupt von ihnen Kenntnis erlangen können. Aber der Preis, den die Menschheit zu zahlen hätte, wäre noch viel viel höher und ginge noch drastischer an die Substanz. Wir verlören jede Menge ökologischen Schutz, die der Amazonas uns immer verschafft hat. Es würde zu einem Anstieg an unkontrollierbaren Überflutungen kommen, da viele Bäume absterben würden und somit der Erdboden, der zwischen den Wurzeln festsaß, aufgelockert und wieder in die Flüsse gelangen würde. Dreißig Millionen Menschen müssten das Einzugsgebiet des Wassers verlassen, davon fast drei Millionen Indigene. Durch die Veränderungen der Luftfeuchtigkeitsverhältnisse würde es weitflächig weniger Regen über Südamerika geben, was Wassermangel in vielen südamerikanischen Millionenstädten und ironischerweise auch Dürren in den landwirtschaftlichen Nutzflächen, welche durch die Abholzung der Regenwälder geschaffen wurden, zur Folge hätte. Die Nahrungsmittelproduktion in Brasilien, Peru, Bolivien und Paraguay wäre spürbar betroffen.

Der größte ökologische Dienst, den der Amazonas uns erweist, besteht darin, dass er mit seinen Bäumen während des gesamten Holozäns mehr als 100 Milliarden Tonnen Kohlenstoff gebunden hat. Mit jeder neuen Trockenzeit und den damit verbundenen Waldbränden gelangt diese Menge nach und nach in die Atmosphäre. Gleichzeitig bedeutet die verminderte Fähigkeit des Waldes zur Fotosynthese, dass jedes Jahr weniger Kohlenstoff in der Region gebunden wird. Das zusätzliche Kohlenstoffdioxid in der Atmosphäre wird die Erderwärmung zweifelsohne beschleunigen.

Am anderen Ende der Welt sieht es so aus: Laut Prognosen ist der erste eisfreie Sommer im Nordpolarmeer in den 2030er-Jahren zu erwarten.[28] Sogar das mehrjährige Eis in geschützten Fjorden, das im Laufe wiederholter Frostphasen mehrere Eisschichten gebildet hat, wird der Wärme kaum standhalten können und beginnen zu schmelzen. Die Algenwälder auf der Unterseite des Packeises würden ins freie Wasser driften und die gesamte arktische Nahrungskette beeinträchtigen. Weil die Eisfläche schrumpfen würde, wäre sie jedes Jahr weniger weiß, was zur Folge hätte, dass weniger Sonneneinstrahlung zurück ins Weltall reflektiert und auch das die Erderwärmung beschleunigen würde. Die Arktis könnte schlichtweg den Planeten nicht mehr kühlen.

2040er-Jahre

Nur wenige Jahre nach dem erwarteten plötzlichen Anstieg der Erderwärmung wird es voraussichtlich einen nächsten bedeutenden Kipppunkt geben. Schon seit mehreren Jahrzehnten wird das im Norden immer wärmer werdende Klima den Permafrostboden aufgetaut haben, den ursprünglich gefrorenen Boden, der sich unterhalb der Tundra und einem Großteil der Wälder von Alaska, Nordkanada und Russland befindet.[29] Diese Entwicklung ist viel schwieriger zu erkennen oder vorauszusagen als der

Rückgang des Meereises, sie ist aber unter Umständen wesentlich gefährlicher. Während des gesamten Holozäns bestand der Boden in diesen Gegenden zu achtzig Prozent aus gefrorenem Wasser. Sollten die Lufttemperaturen ansteigen, bliebe es nicht dabei. In der Vergangenheit bestanden die einzigen Anzeichen dafür, dass der Boden auftaute, darin, dass im hohen Norden neue Seen und hässliche Krater auftauchten, wo der Boden absackte, als das aufgetaute Eis als Wasser ablief. Aber in den 2040er-Jahren wird es voraussichtlich einen viel größeren Kollaps in der Tundra geben. Innerhalb weniger Jahre könnte sich der gesamte Norden – ein Gebiet, das ein Viertel der Landoberfläche der nördlichen Hemisphäre ausmacht – in das reinste Schlammbad verwandeln. Denn das Eis, das den Boden zusammenhält, verschwände. Es würde gigantische Erdrutsche und massive Überflutungen geben, wenn Millionen Kubikmeter von frisch verflüssigtem Erdboden sich Richtung tieferem festen Boden bewegten. Die Flüsse würden zu Hunderten ihren Verlauf ändern, Tausenden von kleinen Seen ginge das Wasser aus. Küstennahe Seen könnten ins Meer laufen und dabei gigantische Süßwasserfahnen mit schlammigem Süßwasser in offene Gewässer transportieren. Die Folgen für die einheimische Tierwelt wären unermesslich, und die dort lebenden Menschen – indigene Völker, Fischergemeinden, Mitarbeiter von Öl- und Gasunternehmen, Fahrer im Transportwesen und Waldarbeiter – müssten alle dieses Gebiet verlassen. Aber eine ganz entscheidende Konsequenz des auftauenden Bodens beträfe die ganze Welt: Über Tausende von Jahren hat der Permafrost geschätzte 1 400 Gigatonnen Kohlenstoff eingeschlossen – viermal so viel wie die Menge an CO_2, die in den letzten zweihundert Jahren von der

Menschheit ausgestoßen wurde, und doppelt so viel wie die Menge, die sich in der Atmosphäre befindet. Der auftauende Boden würde diesen Kohlenstoff allmählich, über viele Jahre hinweg, abgeben, wie ein aufgedrehter Gashahn mit Methangas und CO_2, den wir wahrscheinlich nie mehr zudrehen könnten.

2050er-Jahre

In den nächsten dreißig Jahren würde jeder Waldbrand und jedes Auftauen zur eigenen großen Beschleunigung des Anteils an Kohlenstoff in der Atmosphäre beitragen. Wie immer würden die Oberflächenwasser des Ozeans mehr als den angemessenen Anteil an CO_2 binden. Wenn Kohlenstoffdioxid ins Wasser gelangt, verwandelt es sich in Kohlensäure, zunächst nur in den Untiefen, dann sorgt die Meereszirkulation mit ihren Strömungen dafür, dass es sich in der gesamten Wassersäule verteilt. Bis in die 2050er-Jahre könnte der Ozean so sehr versauert sein, dass verhängnisvolle Entwicklungen ausgelöst würden.

Korallenriffe, die vielfältigsten aller marinen Ökosysteme, reagieren ganz besonders empfindlich auf die zunehmende Versauerung.[30] Da sie sie in den Jahren zuvor schon von immer wiederkehrenden Korallenbleichen geschwächt wurden, wird die zunehmende Übersäuerung entscheidend ihre Fähigkeit beeinträchtigen, ihr Kalziumkarbonat-Skelett zu reparieren. In einer Periode wärmerer Luft und kräftigerer Stürme würden die Riffe wahrscheinlich auseinandergerissen werden. Schätzungen zufolge könnten neunzig Prozent der Korallenriffe innerhalb nur weniger Jahre der Zerstörung anheimfallen.

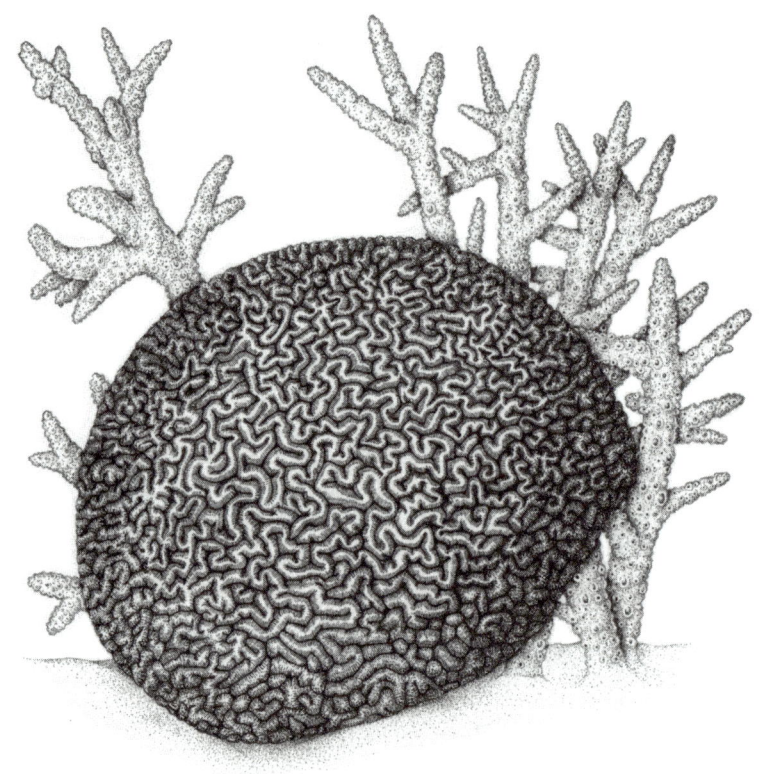

Ferner wäre die offene See im Fall von Übersäuerung gefährdet. Viele Planktonarten, die am Anfang der Nahrungskette stehen, haben auch Schalen aus Kalziumkarbonat. Die zunehmende Übersäuerung der Meere würde sie in ihrem Wachstum und ihrer Entwicklung hemmen. Fischpopulationen bis zum anderen Ende der Nahrungskette würden darunter leiden. Austern- und Muschelernten würden bald leer ausgehen. Die 2050er-Jahre könnten sich als Anfang vom Ende des verbliebenen kommerziellen Fischfangs und der Aquakulturen herausstellen. Die Existenzgrundlagen für über fünfhundert Millionen Menschen wären direkt davon betroffen, und eine leicht zugängliche Proteinquelle, die uns während unseres gesamten erdgeschichtlichen Lebens ernährt hat, würde von unserem Speiseplan verschwinden.

2080er-Jahre

Bis in die 2080er-Jahre könnte die weltweite Nahrungsmittelproduktion in der Krise stecken.[31] In den kühleren, reicheren Gegenden der Welt, wo ein Jahrhundert lang durch die intensive Landwirtschaft zu viel Düngemittel ausgebracht wurde, wären die Ackerböden ausgelaugt und tot. Ernten würden ausfallen. In den wärmeren, ärmeren Gegenden der Welt könnte die globale Erderwärmung höhere Temperaturen, eine veränderte Monsundynamik, Stürme und Dürren bewirken, die das Betreiben von Landwirtschaft unmöglich machen würde. Weltweit würden Millionen von Tonnen verlorenen Mutterbodens in die Flüsse gespült werden und Überflutungen in den flussabwärts gelegenen Städten verursachen.

Wenn wir weiterhin in dem Maße Pestizide einsetzen und Lebensräume zerstören, wie wir es heute tun, und immer mehr Bestäuberpopulationen wie Bienen an Krankheiten sterben, wird sich das Insektensterben in den 2080er-Jahren für drei Viertel unserer Nutzpflanzen nachteilig auswirken. Es könnte zu Missernten von Nüssen, Obst, Gemüse und Ölsaaten kommen, da die Bestäubungsarbeit der fleißigen Insekten nicht mehr gewährleistet wäre.[32]

Mit dem Ausbruch einer neuen Pandemie könnte sich die Situation zusätzlich verschlimmern. Wir stehen heute erst am Anfang der Erkenntnis, dass es zwischen dem zunehmenden Aufkommen von neuen Viren und der Verschlechterung des Planeten einen Zusammenhang gibt. Schätzungsweise 1,7 Millionen Viren verbergen sich in Säugetier- und Vogelpopulationen, die eine Bedrohung für Menschen darstellen könnten.[33] Je mehr Kahlschlag wir betreiben, je mehr wir den Ausbau von landwirtschaftlichen Nutzflächen und den illegalen Wildtierhandel vorantreiben, umso wahrscheinlicher wird es, dass eine neue Pandemie ausbrechen wird.

2100er-Jahre

Das 22. Jahrhundert könnte mit einer weltweiten humanitären Krise beginnen – der größten erzwungenen menschlichen Migration der Geschichte. Küstenorte auf der ganzen Welt sähen sich mit dem für das 21. Jahrhundert prognostizierten Anstieg des Meeresspiegels um 0,9 Meter konfrontiert, der durch das allmähliche Schmelzen der Eisdecke in Grönland und der Antarktis sowie durch die damit verbundene schleichende Ausdehnung des sich aufwärmenden Ozeans hervorgerufen würde.[34] Seit womöglich fünfzig Jahren schon sähen sich über eine Milliarde Menschen in fünfhundert Küstenstädten Sturmfluten ausgesetzt, aber bis 2100 könnte der Meeresspiegel so hoch ansteigen, dass er Häfen zerstören und das Hinterland überfluten würde.[35] In diesem Fall könnten Rotterdam, Ho-Chi-Minh-Stadt, Miami und viele andere Städte nicht mehr gegen die Fluten geschützt werden und wären damit nicht versicherungsfähig, also unbewohnbar. Die vertriebene Bevölkerung müsste weiter ins Inland ziehen.

Aber es droht bereits ein noch größeres Problem. Sollten sich all diese Phänomene wie beschrieben ereignen, dann wäre es 2100 4 °C wärmer auf unserem Planeten. Mehr als ein Viertel der Weltbevölkerung würde an Orten leben, an denen die Durchschnittstemperatur über 29 °C beträgt, ein Hitzelevel, das aktuell nur die Sahara versengt.[36] Es wäre unmöglich, in diesen Gegenden Landwirtschaft zu betreiben, und eine Milliarde auf dem Land lebender Menschen wäre dann gezwungen, sich nach besseren Perspektiven umzuschauen. Die Teile der Welt, in denen immer noch relativ mildes Klima herrschte, gerieten unter einem immensen Druck, die vielen Flüchtenden aufzunehmen. Unweigerlich würden viele Staaten ihre Grenzen schließen, und der weltweite Ausbruch von bewaffneten Konflikten wäre vorprogrammiert.

Und das sechste Massenaussterben im Hintergrund wäre nicht mehr aufzuhalten.

Für einen Menschen, der heute geboren wird, lässt sich nach aktuellem Stand vorhersagen, dass während seiner Lebenszeit die menschliche Spezies unseren Planeten durch eine Reihe von

Türen führen wird, durch die es kein Zurück gibt und hinter denen unumkehrbare Veränderungen lauern, durch die wir die Sicherheit und die Stabilität des Holozäns, verlieren. In einer solchen Zukunft werden wir nichts Geringeres als den Kollaps der belebten Welt herbeiführen, worauf unsere Zivilisation doch so sehr angewiesen ist.

Niemand möchte, dass so etwas geschieht. Niemand von uns kann es sich leisten zuzulassen, dass so etwas geschieht. Aber was können wir, angesichts der vielen Dinge, die falsch laufen, nur tun?

Die Arbeit der Wissenschaftler die sich mit der Erforschung des Erdsystems befassen, gibt uns darauf eine Antwort. Die eigentlich sogar einfach ist. Sie hat uns die ganze Zeit über schon angestarrt. Die Erde ist vielleicht eine versiegelte Schale, aber wir leben nicht allein auf ihr! Wir teilen sie uns mit der belebten Welt – dem denkbar faszinierendsten Lebenserhaltungssystem, das über Milliarden von Jahren ausgebaut wurde, um die Nahrungsversorgung immer wieder anzupassen und zu erneuern, um Abfallprodukte zu absorbieren und weiterzuverwenden, um Schaden abzuschwächen und das Gleichgewicht auf dem gesamten Planeten herzustellen. Es ist kein Zufall, dass die Stabilität des Planeten von dem Moment an, als es einen Rückgang seiner Biodiversität zu verzeichnen gab, ins Wanken geriet: Diese zwei Aspekte sind eng miteinander verbunden. Um die Stabilität auf unserem Planeten wiederherzustellen, müssen wir demzufolge seine Biodiversität wiederherstellen, also nichts anderes als das, was wir ihm genommen haben. Uns bleibt nur diese eine Chance, um die Krise, die wir selbst verursacht haben, zu überwinden. Wir müssen die Welt renaturieren! Wir müssen die Wildnis zurückbringen!

DRITTER TEIL

Eine Vision für die Zukunft

Wie wir die Wildnis zurückbringen

Wie können wir der Wildnis wieder ausreichend Platz verschaffen, damit sie der Erde zu größerer Stabilität verhilft? Diejenigen, die nach einem möglichen Weg zurück in eine alternative, wildere, stabilere Zukunft forschen, stimmen in einem Aspekt überein: Wir müssen unsere Reise nach einer neuen Philosophie ausrichten – oder genauer gesagt, wir müssen uns auf eine alte Philosophie zurückbesinnen. Am Anfang des Holozäns, noch bevor es die Landwirtschaft überhaupt gab, lebten einige wenige Millionen Menschen als Jäger und Sammler über den Globus verteilt, eine Lebensweise, die nachhaltig und im Gleichgewicht mit der Natur war. Unsere Vorfahren hatten auch gar keine andere Wahl.

Als die Landwirtschaft Einzug hielt, standen uns mehr Möglichkeiten zur Verfügung, und unsere Beziehung zur Natur veränderte sich. Wir entwickelten uns dahingehend, dass wir die wilde Welt irgendwann als etwas ansahen, das gezähmt, unterworfen und benutzt werden musste. Diese neue Einstellung brachte uns zweifelsohne enorme Vorteile, aber im Laufe der Zeit gerieten wir aus dem Gleichgewicht. Früher bildeten wir eine Einheit mit der Natur, heute bilden wir eine Zweiheit.

Nach all den Jahren müssen wir diesen Wandel wieder rückgängig machen. Auch wir haben jetzt keine andere Wahl, als zu einer nachhaltigen Lebensweise zurückzukehren. Mit dem Unterschied, dass wir jetzt Milliarden von Menschen sind. Es ist unmöglich, zu unserem Jäger-und-Sammler-Leben zurückzukehren. Und wir würden das auch gar nicht wollen. Wir müssen eine neue Art nachhaltiger Lebensweise entdecken, eine Weise, die uns Menschen heute mit der Natur zurück in Einklang bringt. Nur dann wird aus dem Biodiversitätsverlust, den wir verursacht haben, wieder mehr Biodiversität entstehen. Nur dann wird es wieder Wildnis auf der Erde geben und Stabilität hergestellt sein.

Wir haben schon einen Kompass für diese Reise zu einer nachhaltigen Zukunft. Das Modell der planetaren Grenzen hilft uns dabei, auf dem richtigen Weg zu bleiben. Es zeigt uns, dass wir sofort anhalten müssen und am besten direkt damit anfangen sollten, den Klimawandel umzukehren, indem wir uns um die weltweiten Treibhausgas-Emissionen kümmern. Wir müssen das übermäßige Ausbringen von Düngemitteln beenden. Wir müssen die Umwandlung wilder Natur in landwirtschaftliche Nutzflächen, Plantagen und andere Baugebiete beenden und umkehren. Es ermahnt uns auch, dass wir andere Dinge im Auge behalten sollten: die Ozonschicht, unseren Süßwasserverbrauch, chemische- und Luftverschmutzungen, die Übersäuerung der Ozeane. Wenn wir all das tun, wird der Biodiversitätsverlust allmählich zum Stillstand kommen und sich schließlich wieder umkehren. Oder um es anders auszudrücken: Wenn wir es zu unserem Hauptanliegen machen, unser Handeln auf die Wiederherstellung der Natur auszurichten, dann werden wir die richtigen Entscheidungen fällen, und das werden wir nicht nur um

Prypjat in der Ukraine. Die Stadt wurde in den 1970er-Jahren als Wohnort für die Belegschaft des sowjetischen Atomkraftwerks in Tschernobyl erbaut. Im April 1986 explodierte einer der Reaktoren, worauf alle Einwohner der Stadt sofort evakuiert werden mussten. Der zerstörte Reaktor, am Horizont zu sehen, ist heute von einer riesigen gewölbten Beton-Konstruktion umhüllt, die die immer noch gefährlichen Strahlungen eindämmt. (© Kieran O'Donovan)

Wohnanlagen, die in den 1970er-Jahren sehr modern waren, stehen heute leer, genauso wie Tanzlokale, Schulen, Schwimmbäder und Telefonzellen. Alles wurde aufgegeben, was der Wald dazu nutzte, sich sein Gebiet zurückzuerobern. (© Maxym Marusenko/NurPhoto/Getty)

Im Studio während der *Zoo-Quest-in-Paraguay*-Sendung. Ich halte ein Sechsbinden-Gürteltier in die Kamera, während im Hintergrund ein Zweifinger-Faultier von einem Ast herunterhängt und darauf wartet, selbst im Rampenlicht zu stehen. (© BBC)

Rechte Seite, oben: Charles Lagus und ich kurz vor unserem Aufbruch nach Sierra Leone, 1954. Die Flugnavigation war damals noch nicht für Nachtflüge nach Westafrika ausgestattet, und wir mussten die erste Nacht auf marokkanischem Boden in Casablanca verbringen. (© David Attenborough)

Unten: Der Stammesführer der Biami zählt die nahegelegenen Flüsse auf. Die Zählgesten unterscheiden sich von Stamm zu Stamm, und auf diese Weise ist es möglich herauszufinden, mit welchen anderen Stämmen er schon Tauschhandel betrieben hat. (© David Attenborough)

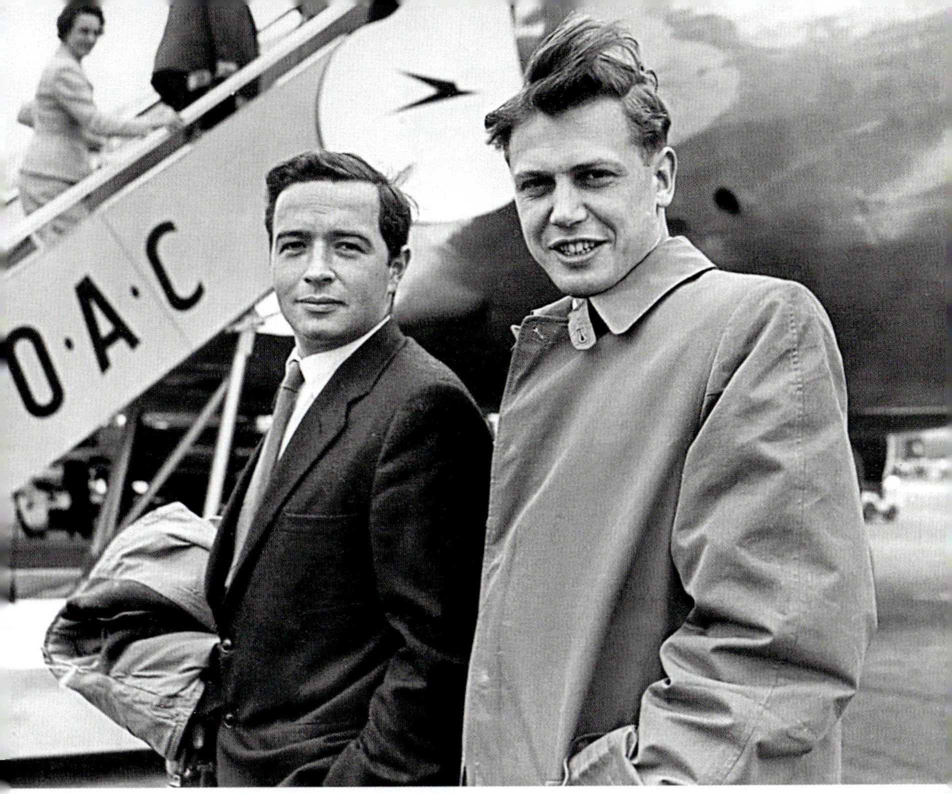
O·A·C

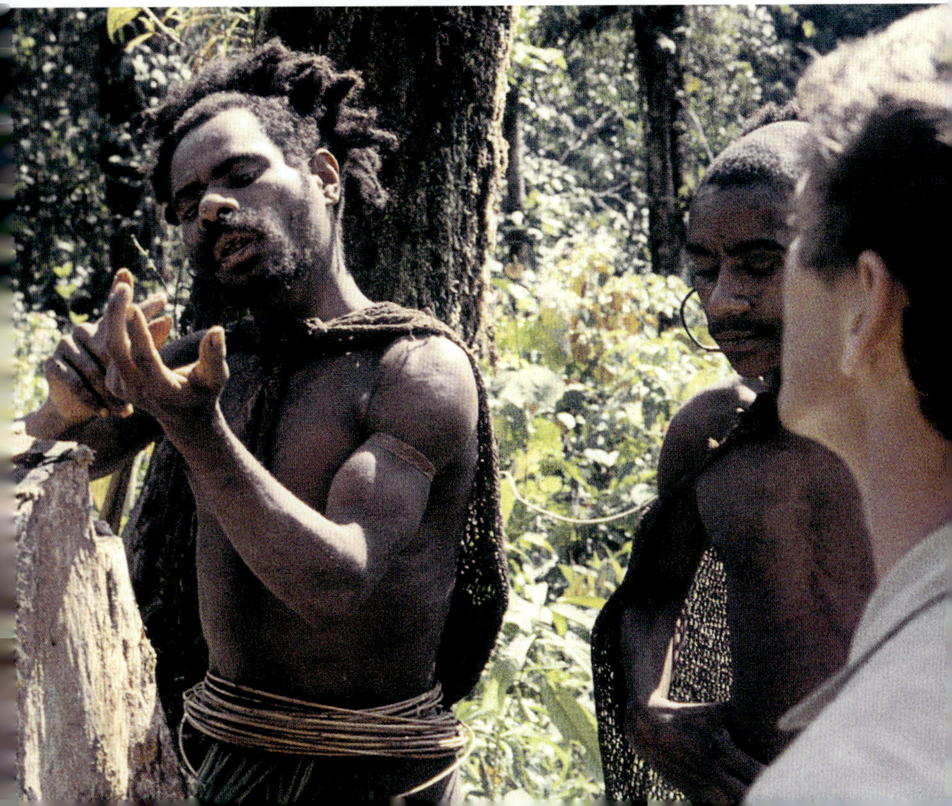

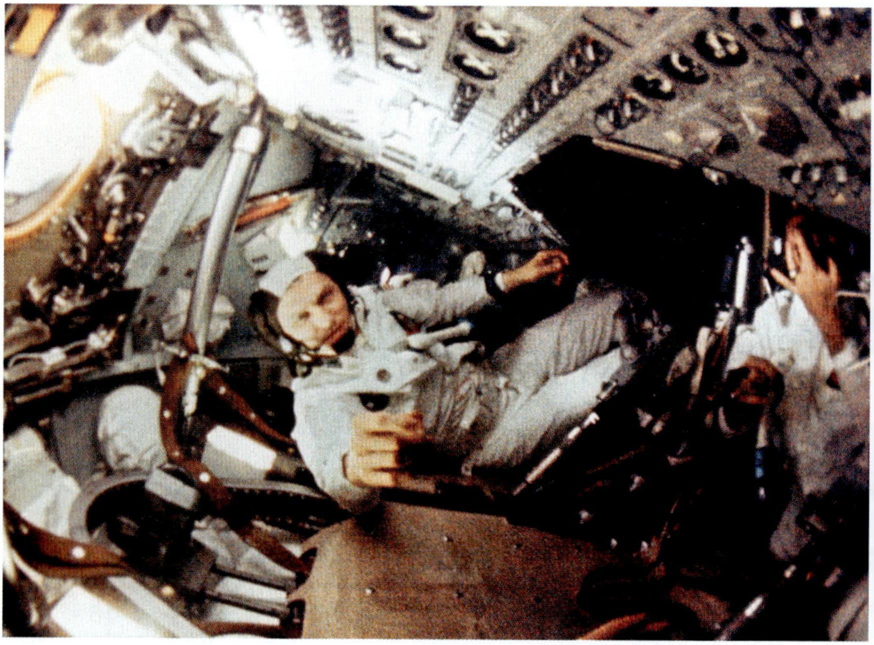

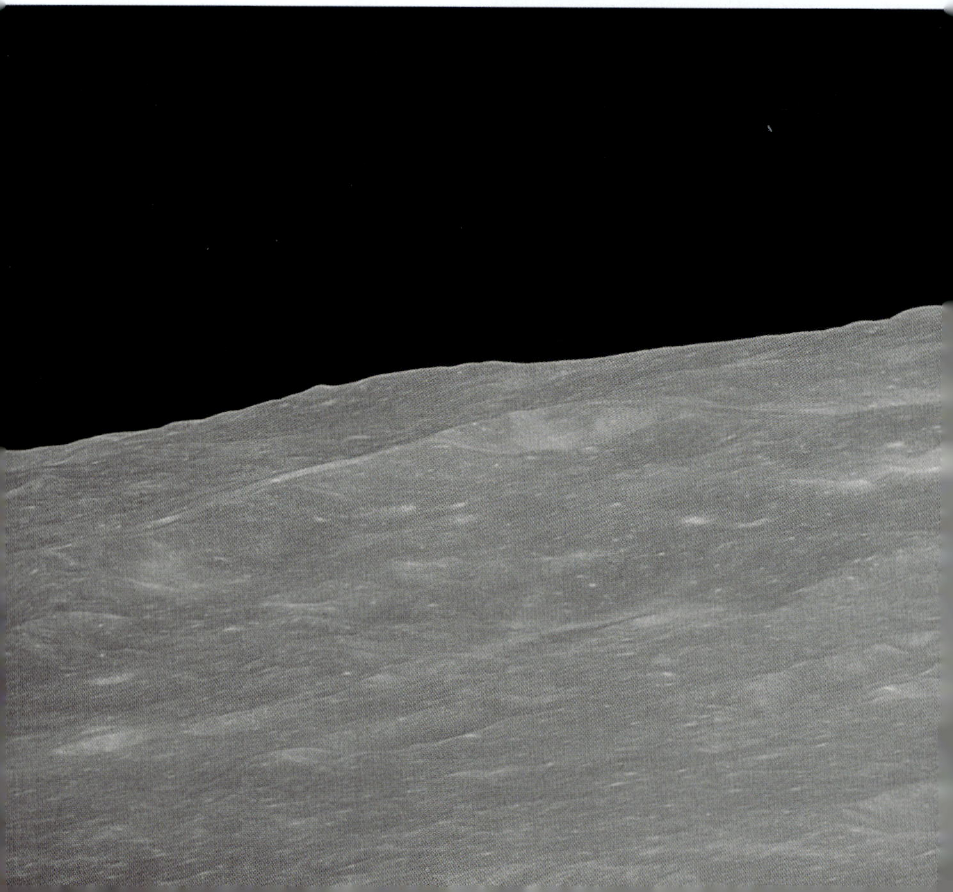

Kommandant Frank Borman in dem Raumschiff Apollo 8,
das 1968 den Mond umkreiste. (© NASA)

Die erste Vollansicht der Erde bot sich der Besatzung der Apollo 8 –
eine Aufnahme, die unsere Wahrnehmung der Erde
und der Menschheit verändern sollte. (© NASA))

Dichte braune Rauchschwaden überschatten weiße Wolken über Australiens Südostküste, während außer Kontrolle geratene Buschfeuer durch das Land wüten. Im Sommer 2019/2020 ging eine Fläche von etwa 7,3 Millionen Hektar in Rauch auf, und über drei Milliarden Tiere wurden getötet oder vertrieben. Für das Ausmaß der Katastrophe ist der Klimawandel mitverantwortlich, auch wenn Sprecher der australischen Regierung das abstritten. (© Geopix/Alamy)

Während des Filmdrehs zu *Eisige Welten* begleitete ich Wissenschaftler des Norwegian Polar Institute, als sie Eisbären aus einem Helikopter heraus mit Betäubungspfeilen beschossen. Untersuchungen der letzten Jahre haben ergeben, dass die Eisbären an Gewicht verlieren, weil es auf dem schwindenden Eis immer schwieriger für sie wird, Robben zu jagen. Sollte das Eis weiter schmelzen, besteht die Gefahr, dass diese Spezies aussterben wird. (© BBC)

Korallenriffe wie dieses im Roten Meer (in Ägypten) gehören zu den artenreichsten Lebensräumen der Welt. Sie sind nicht nur besonders artenreiche und komplexe Ökosysteme, sondern auch sehr empfindlich. Wenn der Klimawandel in dem Ausmaß fortschreitet, wie wir ihn gegenwärtig erleben, und die Ozeane immer wärmer und saurer werden, könnten Schätzungen zufolge weltweit neunzig Prozent der Korallenriffe innerhalb von Jahrzehnten verschwinden. (© Georgette Douwma/naturepl.com)

Die Korallenbleiche wird oft durch steigende Wassertemperaturen verursacht und ist ein erschreckendes Alarmsignal. Wird das Wasser wärmer, stoßen die Korallen die farben-prächtigen Algen ab, die in ihrer Außenhaut leben. Viele sterben dann ab und lassen weiße Kalksteingebilde zurück, die sie für sich selbst errichtet hatten. (© Jürgen Freund/naturepl.com)

In der ersten Hälfte des 20. Jahrhunderts waren Buckelwale gemeinsam mit anderen großen Walen zum Ziel kommerzieller Walfangflotten geworden. Seit der Walfang verboten wurde, ist ihr Bestand von nur noch wenigen Tausenden auf rund 80 000 Tiere gewachsen – ein schönes Beispiel dafür, wie schnell die Natur sich erholen kann, wenn wir ihr die Gelegenheit dazu geben. (© Brandon Cole/naturepl.com)

Die offene See ist eine überwiegend große blaue Wüste. Aber da, wo sich Nährstoffe im Oberflächenwasser sammeln, gedeiht Plankton. Hier sehen wir einen Makrelenschwarm, der vom Plankton angezogen wurde und sich zu einer Schutzkugel formiert hat, weil er von Barrakudas und Blaufischen verfolgt wird.
(© Jordi Chias/naturepl.com)

Plastikmüll im Meer: Ein Walhai filtert seine Nahrung aus dem Wasser und nimmt auf diese Weise Plastik zu sich. (© Rich Carey/Shutterstock)

In Dong Xiao Kou, einem Dorf am Rande von Peking, sortiert ein chinesischer Arbeiter Plastikflaschen, die recycelt werden sollen. (© Fred Dufour/AFP/Getty)

An den Strand gespülter Plastikmüll auf Christmas Island – einem abgelegenen Atoll im Pazifischen Ozean. (© Gary Bell/Oceanwide/naturepl.com)

Eine Hawaii-Mönchsrobbe vor dem Kure-Atoll im Pazifischen Ozean hat sich in einem Fischnetz verfangen. Nach der Aufnahme befreite der Fotograf die Robbe. (© Michael Pitts/naturepl.com)

Der Seeotter ist eine Schlüsselart der Kelpwälder und einer der produktivsten Meeresbewohner. Seeotter machen Jagd auf Seeigel, die sich von Tang ernähren, und sorgen auf diese Weise dafür, dass Kelpwälder (nach-)wachsen können – ein gutes Beispiel dafür, wie eine größere Biodiversität eine bessere CO_2-Abscheidung und – Speicherung in natürlichen Systemen ermöglicht. (© Bertie Gregory/naturepl.com)

Wilde Wisente, auch Europäische Bisons genannt, waren bis Anfang des 20. Jahrhunderts durch die Jagd nahezu ausgerottet. Mit den wenigen, verblieben Tieren in Gefangenschaft wurden Nachkommen gezüchtet, die schließlich ausgewildert wurden und sich jetzt wieder in vielen Ländern ausbreiten. Der Wisent entwickelt sich gerade zum Symbol für die europäische Renaturierungsbewegung. (© Wild Wonders of Europe/Unterthiner/naturepl.com)

Die Korallenriffe und das Meer vor Palau waren einst überfischt, aber strenge Regelungen, die auf traditionellen, nachhaltigen Fischereimethoden fußten, sorgten dafür, dass die Artenvielfalt wieder deutlich zugenommen hat. (© Pascal Kobeh/naturepl.com)

April 2019. Ein weißer Storch mit Nistmaterial im Schnabel gesellt sich zu seiner Partnerin auf dem Knepp Estate, einem zukunftsweisenden Freilandhof in England. Seit mehreren Hundert Jahren ist dies der erste dokumentierte Fall von in England nistenden Störchen. (© Nick Upton/naturepl.com)

Dian Fossey mit den Berggorillas in Ruanda. Die Biologin machte die Welt auf die Notlage dieser Art von Gorillas aufmerksam und ermöglichte es uns, sie für *Life on Earth* zu filmen.
(© The Dian Fossey Gorilla Fund International)

Graue Wölfe auf einem Grat im Yellowstone Nationalpark, USA. Die Wiederansiedlung von Wölfen im Jahr 1995 hatte tiefgreifende Auswirkungen auf das gesamte Ökosystem und verdeutlicht, wie wertvoll Raubtiere an der Spitze der Nahrungskette sind, um die Biodiversität natürlicher Systeme zu steigern. (© Sumio Harada/Minden/naturepl.com)

Das Solarkraftwerk von Ouarzazate in Marokko ist das größte solarthermische Kraftwerk der Welt und wurde so konzipiert, dass es die Stromversorgung auch nachts sicherstellen kann, weil es Energie in Flüssigsalz speichert. (© Xinhua/Alamy Live News)

Mit dem Regisseur und meinem Ko-Autoren Jonnie Hughes in Leicestershire, in genau dem Steinbruch, in dem ich als Junge auf Fossiliensuche ging. Hier besprechen wir das Drehbuch zum Dokumentarfilm, der parallel zu diesem Buch entstanden ist. (© Ilaira Mallalieu)

Ich unterstütze den WWF schon sehr lange. 2016 hielt ich eine Rede zur Veröffentlichung des *Living Planet Report*, dem Gesundheitscheck, dem der WWF die Erde alle zwei Jahre unterzieht und der zur führenden Instanz geworden ist, wenn es um die Dokumentation des Verlusts der Biodiversität unserer Erde geht. (© Stonehouse Photographic/WWF_UK)

der Natur willen tun, sondern – weil die Natur der Erde Stabilität verschafft – auch für uns.

Aber unserem Kompass fehlt ein wichtiges Element. In einer aktuellen Studie stellen Wissenschaftler fest, dass fast fünfzig Prozent der menschlichen Umweltbelastung in der belebten Welt auf 16 Prozent der reichsten Bevölkerung zurückzuführen sind.[37] Die Lebensweise, an die sich die Reichsten unter uns gewöhnt haben, ist in ihrer Gesamtheit nicht nachhaltig. Während wir Pläne für einen Weg zu einer nachhaltigen Zukunft schmieden, müssen wir uns auch mit dieser Problematik befassen. Wir müssen nicht nur lernen, im Rahmen der endlichen Ressourcen unseres Planeten zu leben, sondern diese auch gerecht zu verteilen.

Kate Raworth, Wirtschaftswissenschaftlerin der University of Oxford, hat diese Herausforderung verdeutlicht, indem sie dem Modell der planetaren Grenzen noch einen inneren Ring hinzugefügt hat. Dieser innere Ring berücksichtigt das Minimum an Anforderungen für das menschliche Wohlbefinden: ein gutes Zuhause, Gesundheitswesen, Zugang zu sauberem Wasser, ausreichend Nahrung, Zugang zu Energie, ein gutes Bildungswesen, ein Einkommen, politische Mitsprache und ein Justizwesen. Das Modell wird damit zum Kompass mit zwei Arten von Grenzen. Der äußere Ring ist das ökologische Dach, unter dem wir bleiben müssen, um überhaupt für Stabilität und Sicherheit auf unserem Planeten sorgen zu können. Der innere Ring steht für ein soziales Fundament, auf dem alle zu stehen kommen sollten, um ihnen eine faire und gerechte Welt zu ermöglichen. Das daraus resultierende Modell wurde Donut-Ökonomie genannt und hält verführerische Aussichten bereit: eine sichere und gerechte Zukunft für alle.[38]

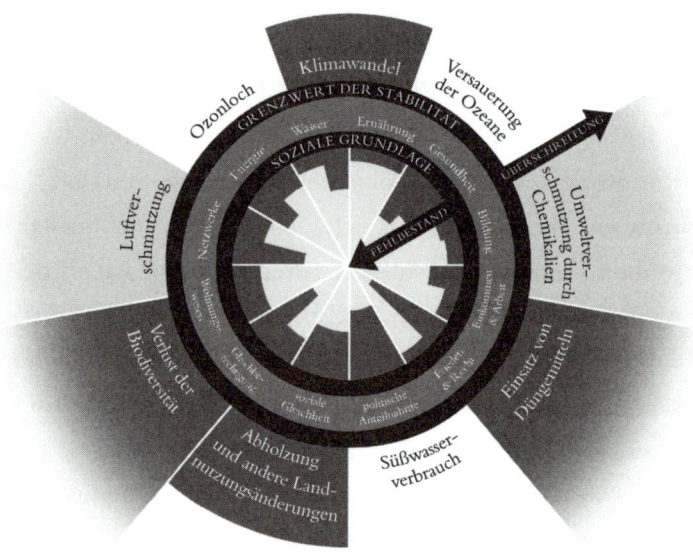

»Nachhaltigkeit in allen Bereichen« sollte die Philosophie unserer Spezies lauten, und das Donut-Modell nehmen wir mit auf unsere Reise dorthin. Die Aufgabe, die uns das Modell stellt, ist denkbar einfach, dennoch wunderbar: Alle Menschen überall sollen ein besseres Leben bekommen, während wir gleichzeitig unseren ökologischen Fußabdruck radikal verringern. Und was könnte uns als Inspirationsquelle dienen, um diese große Herausforderung anzunehmen? Wir brauchen uns nur die belebte Welt anzuschauen. Dort finden wir alle Antworten.

Das Wachstum hinter uns lassen

Die erste Lektion, die wir von der Natur lernen können, betrifft das Wachstum. Wir befinden uns heute in dieser verzweifelten Situation, weil wir von dem Wunsch nach *exponentiellem Wachstum* in der globalen Wirtschaft angetrieben sind. In einer endlichen Welt kann aber nichts unendlich wachsen. Alle Elemente der belebten Welt – Individuen, Populationen, sogar Lebensräume – wachsen über einen bestimmten Zeitraum, sind dann aber irgendwann ausgewachsen. Und wenn sie einmal ausgewachsen sind, können sie gedeihen. Dinge können gedeihen, ohne zwangsläufig zu wachsen. Ein einzelner Baum, eine Ameisenkolonie, ein Korallenriff oder das gesamte arktische Ökosystem, alle existieren sie, wenn sie einmal ausgewachsen sind, für einen längeren Zeitraum als erfolgreiche Gesamteinheiten. Sie wachsen bis zu einem gewissen Punkt, dann schöpfen sie, aus ihrer frisch errungenen Position heraus, den größten Nutzen aus allem – jedoch auf nachhaltige Weise. Sie entwickeln sich aus der exponentiellen Wachstumsphase, der Log-Phase, bis zu einem höchstmöglichen Punkt, an dem sie sich einpendeln. Und an diesem Punkt kann die stabile Phase, dank des Umgangs, den sie mit der sie umgebenden belebten Welt pflegen, unendlich lang andauern.

147

Das bedeutet nicht, dass sich eine auf diese Hochebene eingependelte Gemeinschaft in der Wildnis nicht verändert. Der Amazonas ist mehrere zehn Millionen Jahre alt.[39] In diesem Zeitraum bedeckte er bis in die jüngste Vergangenheit in etwa das gleiche Gebiet mit seinen dichten Baumkronen und gedieh in einer Gegend, die für ihn ideale Voraussetzungen bot. Die Menge an Sonnenlicht und Regenfall, die der Amazonas bezog, sowie die Menge an Nährstoffen in seinem Boden waren in diesem Zeitraum wahrscheinlich durchweg konstant. Aber die darin vorkommenden Lebensformen müssen in der Zeit erheblich variiert haben. Vergleichbar mit Mannschaften in einer Sportliga, die immer wieder ihre Tabellenpositionen ändern, oder wie Aktienkurse an der Börse, wird es immer mal wieder Gewinner und Verlierer gegeben haben. Es wird immer Populationen geben, die sich auf Kosten anderer Populationen ausbreiten und vermehren, einzelne Bäume, die den Platz eines umgestürzten Baumes übernehmen werden. Es wird neue Spezies geben und andere, die aussterben. Manche dieser Neuzugänge werden Innovationen mit sich bringen, die anderen neue Gelegenheiten bieten: Eine neue Fledermausart könnte zum Beispiel als Bestäuber für Nachtblüher fungieren. Im Gegenzug könnte der Verlust bestimmter Arten aber an anderer Stelle des Waldes auch für weniger gute Verhältnisse sorgen.

In einem fortwährenden Prozess von Anpassung, Reaktion und Optimierung können die Flora und Fauna des Amazonas-Regenwalds mehrere zehn Millionen Jahre gedeihen, ohne der Erde weitere Rohstoffe abzuverlangen. Es handelt sich um den Ort mit der größten Biodiversität des Planeten – dem erfolgreichsten der gegenwärtigen Unternehmungen des Lebens –, aber er benötigt kein Nettowachstum. Er ist reif genug, um einfach nur fortzudauern.

Die Menschheit scheint aktuell nicht die Absicht zu verfolgen, sich auf einem Höchststand solcher Reife einpendeln zu wollen. Aus wirtschaftlicher Sicht hatten alle sozialen, wirtschaftlichen und politischen Institutionen der letzten siebzig Jahren ein einziges übergeordnetes Ziel vor Augen: Alle Staaten strebten ein unbegrenztes Wachstum an, das anhand des groben Produktivitätsmaßes des Bruttoinlandprodukts (BIP) berechnet wird. Die Organisation unserer Gesellschaften, die Hoffnungen von Unternehmen, die Versprechen der Politiker, alle sind auf ein stetig steigendes BIP angewiesen. Die Große Beschleunigung ist das Produkt unserer Fixierung auf das ständige Wachstum, und der Große Niedergang der belebten Welt die Folge daraus. Denn auf einem endlichen Planeten ist unbegrenztes Wachstum nur möglich, wenn noch an anderer Stelle genommen wird. Was sich wie ein Wunder der Moderne angefühlt hat, war in Wirklichkeit nur Diebstahl.

Ein Blick auf die erschreckenden Statistiken, die ich am Ende meines Zeugenberichts (siehe Seite 111-115) angeführt habe, macht deutlich, dass wir alles, was wir besitzen, direkt von der belebten Welt genommen haben. Und den von uns angerichteten Schaden haben wir die ganze Zeit ignoriert. Der Artenverlust, der mit der Abholzung der Regenwälder einhergeht, um Soja anzubauen, um damit die Hühner zu füttern, die wir essen, lassen wir außer Acht. Und wenn wir Plastikwasserflaschen herstellen, kaufen und nach Gebrauch wegwerfen, ignorieren wir ebenso die Auswirkungen, die dieses Verhalten auf marine Ökosysteme hat. Die Treibhausgase, die wir produzieren, wenn wir Gasbeton herstellen, um damit unsere Häuser weiter auszubauen, übersehen wir ebenfalls geflissentlich. Kein Wunder, dass der ganze Schaden, den wir der Erde zugefügt haben, sich jetzt so schnell rächt.

Eine neue Disziplin innerhalb der Wirtschaftswissenschaften versucht, dieses Problem zu lösen. Die Umweltwissenschaft arbeitet daran, eine nachhaltige Wirtschaft aufzubauen. Ihr Bestreben ist es, das System zu verändern, damit Absatzmärkte auf dem gesamten Globus nicht nur Gewinne einbringen, sondern auch Menschen und dem Planeten zugutekommen. Sie nennen dieses System die »Drei Ps« (*profits, people, planet*), im Deutschen auch unter Triple-Bottom-Line-Ansatz oder Drei-Säulen-Modell bekannt. Viele von ihnen setzen große Hoffnungen in das, was sie »Grünes Wachstum« nennen – eine Form von Wachstum, die keine negativen Auswirkungen auf die Umwelt hat. Grünes Wachstum kann entstehen, indem Produkte energieeffizienter hergestellt werden, indem umweltverschmutzende Aktivitäten mit hoher ökologischer Belastung in saubere Aktivitäten mit null Belastung umgewandelt werden oder indem Wachstum in der digitalen Welt vorangetrieben wird, die, wenn der Energiebedarf durch erneuerbare Energien gedeckt werden würde, als Branche mit geringer Umweltbelastung bezeichnet werden könnte. Die Befürworter grünen Wachstums verweisen auf eine Geschichte voller Innovationswellen, die regelmäßig die Lebensgegebenheiten der Menschheit revolutioniert haben. Zunächst brach im 18. Jahrhundert die Ära der Wasserkraft an, Mühlen ermöglichten das Antreiben von Maschinen, die wiederum die Produktivität eines Unternehmens um ein Vielfaches steigerten. Dann gingen wir auf fossile Brennstoffe und Dampfkraft über, was nicht nur die industrielle Revolution im verarbeitenden Gewerbe herbeiführte, sondern auch Eisenbahnen, Schifffahrt und schließlich Flugzeuge zur Folge hatte, die Menschen und Güter schnell über die ganze Welt transportieren konnten. Es folgten drei weitere Wellen: die Elektrifizierung des frühen 20. Jahrhunderts, welche die Telekommunikation mit sich brachte, das Weltraumzeitalter der 1950er-Jahre, das noch vor dem Konsumboom in der westlichen Hemisphäre anbrach, und die digitale Revolution, die das Internet hervorbrachte und dafür sorgte, dass Hunderte von Smart Devices, sprich intelligente Geräte, in unseren Haushalten Einzug hielten. All diese Innovationen haben die Welt auf radikale Weise verändert und zu einigen Wirtschaftsbooms geführt. Die Hoffnungen und Erwartungen vieler Umweltökonomen bestehen nun darin, dass wir kurz vor der sechsten Innovationswelle stehen: der *Nachhaltigkeitsrevolution*. In dieser neuen Ordnung werden Innovatoren und Unternehmerinnen ein Vermögen verdienen, indem sie Produkte und Dienstleistungen entwickeln, die unseren ökologischen Fußabdruck auf der Erde verringern. Natürlich erleben wir jetzt schon den Anfang dieser Revolution in Form von Energiesparlampen, günstiger Solarenergie, pflanzlichen, nach Fleisch schmeckenden Burger-Patties und nachhaltigen Investitionen. Die Hoffnung besteht darin, dass Politik und Wirtschaft angesichts des Ausmaßes und der Dringlichkeit des Großen Niedergangs unseres Planeten davon ablassen, Umwelt schädigende Industrien zu subventionieren und sich schnell der Nachhaltigkeit als beliebte und vernünftige Option des freien Wachstums zuwenden, zumindest für eine Weile.

Letztendlich bleibt auch grünes Wachstum immer noch Wachstum. Wird die Menschheit jemals in der Lage sein, die Wachstumsphase hinter sich zu lassen, zu reifen und sich auf einem

Höchststand einzupendeln? Kann das grüne Wachstum vielleicht auf der anderen Seite der sechsten Innovationswelle wie der Amazonas werden und einen Zustand des langfristigen Gedeihens, des Optimierens und des Fortschritts erreichen, aber ohne weiter zu wachsen? Es gibt Menschen, die träumen von einer Zukunft, in der die Menschheit sich weltweit von ihrer Sucht nach Wachstum löst, sich vom Bruttoinlandsprodukt als dem Inbegriff allen Erstrebenswerten verabschiedet und ihr Augenmerk auf einen neuen, nachhaltigen Erfolgsmaßstab richtet, der das Drei-Säulen-Modell berücksichtigt. Der Happy-Planet-Index, der 2006 von der New Economics Foundation entwickelt wurde, hat zum Ziel, genau das zu erreichen, nämlich den ökologischen Fußabdruck eines Landes mit Elementen des Wohlbefindens zu kombinieren, die sich zum Beispiel an der Lebenserwartung, der durchschnittlichen Zufriedenheit und dem Maß an sozialer Gleichheit bemessen. Wenn wir Länder nach diesem Index klassifizieren, kommt ein ganz anderes Ranking zum Vorschein, als wenn nur das BIP berücksichtigt würde. 2016 landeten Costa Rica und Mexiko ganz oben im Ranking und wiesen durchschnittlich einen besseren Wohlbefindens-Index auf als die USA und das Vereinigte Königreich, wobei sie nur einen Bruchteil des ökologischen Fußabdrucks vorwiesen. Sicherlich ist ein solcher Index nicht narrensicher. Da ein Durchschnitt verschiedener Kennzahlen errechnet wird, kann es passieren, dass zum Beispiel Norwegen mit einem großen ökologischen Fußabdruck auf den höchsten Platzierungen zu finden ist, weil der Wohlbefindens-Index sehr hoch ausfällt. Genauso ist es möglich, dass Bangladesch mit einem schlechten Wohlbefindens-Index ganz oben mit dabei ist, weil es einen schwachen Fußabdruck hat. Dennoch werden der Happy-Planet-Index und andere, ähnlich strukturierte Indexe von einer Reihe von Staaten als ernsthafte Alternative zum BIP in Betracht gezogen, und sie fördern eine umfassendere Debatte über die Summe des Nutzens aller menschlicher Bemühungen auf Erden.[40]

2019 wagte Neuseeland den mutigen Schritt, seinen wirtschaftlichen Erfolg offiziell nicht mehr primär am Bruttoinlandsprodukt zu bemessen. Das Land ging nicht dazu über, bereits bestehende Alternativen anzuwenden, sondern schuf stattdessen seinen eigenen Index, der auf den dringlichsten nationalen Anliegen fußte. Alle drei Säulen – Profit, Menschen, Planet – waren darin enthalten. Premierministerin Jacinda Ardern verlagerte mit dieser einzigartigen Vorgehensweise die Prioritäten ihres Landes vom reinen Wachstum hin zu etwas, das die Anliegen und Hoffnungen vieler Menschen heute besser widerspiegelt. Dank ihrer neuen Agenda fiel es ihr womöglich leichter, Entscheidungen zu treffen, als das Coronavirus im Februar 2020 auftauchte. Sie verhängte einen Lockdown über das Land, noch bevor es den ersten Toten gegeben hatte, während andere Länder noch beunruhigt abwarteten, welche Auswirkungen das Virus auf die Wirtschaft haben würde. Bis zum Frühsommer 2020 hatte Neuseeland nur wenige Neuansteckungen zu verzeichnen, die Menschen konnten die Arbeit wieder aufnehmen und sich wieder frei bewegen.

Neuseeland könnte ein Wegbereiter für ein Umdenken sein. Umfragen in anderen Ländern weisen darauf hin, dass von Regierungen auf der ganzen Welt zunehmend erwartet wird, dem Wohlergehen der Menschen und des Planeten Priorität vor dem Profit einzuräumen. Es ist ein Zeichen dafür, dass Wähler und

Konsumenten überall auf der Welt für eine nachhaltige und – wie Kate Raworth sie nennt – letztendlich wachstumsunabhängige Welt bereit zu sein scheinen. Jedes Land hat seinen eigenen Weg zu gehen, um wohlhabend und gleichzeitig gut für seine Einwohner und gut für den Planeten zu sein. Die reicheren Länder, die vom umweltschädlichen Wachstum profitierten, haben die schwierige Aufgabe, einen hohen Lebensstandard beizubehalten, während sie ihre Fußabdrücke auf radikale Weise verringern. Ärmere Länder stehen einer ganz anderen Herausforderung gegenüber, nämlich auf eine Weise ihre Lebensstandards radikal anzuheben, wie es noch nie zuvor gemacht wurde, und gleichzeitig einen nachhaltigen Fußabdruck zu hinterlassen. Aus dieser Perspektive betrachtet, sind jetzt alle Länder Entwicklungsländer, die viel zu tun haben, und alle werden auf grünes Wachstum umsatteln müssen, um sich der Nachhaltigkeitsrevolution anzuschließen.

Allerdings muss die Menschheit erst noch heranreifen. Vergleichbar mit einem jungen Trieb im Amazonas, der die Gelegenheit ergreift, wenn sich eine Lichtung auftut, haben wir bislang all unsere Bemühungen auf das Wachstum konzentriert. Aber den Umweltökonomen zufolge ist es jetzt erforderlich, unsere Wachstumsleidenschaft zu zügeln, Ressourcen gerechter zu verteilen und damit anzufangen, uns auf ein Leben als gereifter Baum und Teil der Baumkrone des Regenwalds vorzubereiten. Nur dann werden wir in der Lage sein, uns in dem Sonnenlicht zu wärmen, zu dem wir dank unseres schnellen Wachstums hinaufgewachsen sind, und ein nachhaltiges und sinnstiftendes Leben zu führen.

Der Wechsel zur sauberen Energie

Plötzlich befinden wir uns in einer höchst prekären Situation. Wir haben gar keine andere Wahl, als die Art der Energieversorgung, die wir für unsere Aktivitäten benötigen, zu ändern. Es bleibt uns dafür aber nur noch wenig Zeit. 2019 versorgten uns fossile Brennstoffe mit 85 Prozent unseres Weltenergiebedarfs.[41] Wasserenergie, die zwar kohlenstoffarm, aber an bestimmte Orte gebunden und in der Lage ist, der Umwelt erhebliche Schäden zuzufügen, versorgte uns mit nicht mal sieben Prozent Energie. Atomkraft, die genauso kohlenstoffarm, aber durchaus auch mit Risiken verbunden ist, erfüllte knapp über vier Prozent unseres Energiebedarfs. Die Energiequellen, auf die wir zurückgreifen sollten, die unerschöpflichen, natürlichen Energiequellen wie Sonne, Wind, Wellen, Gezeiten und die Hitze tief unter der Erdkruste – die sogenannten erneuerbaren Energien –, versorgen uns derzeit mit immer noch nur vier Prozent unseres Bedarfs. Uns bleibt weniger als ein Jahrzehnt, um von den fossilen Brennstoffen auf saubere Energien umzusteigen. Wir sind dafür verantwortlich, dass die globale Durchschnittstemperatur im Vergleich zu vorindustriellen Zeiten bereits um 1 °C gestiegen ist. Wenn wir den Temperaturanstieg bei 1,5 °C stoppen wollen,

155

gibt es nur eine begrenzte Menge an Kohlenstoff, die durch uns in die Atmosphäre gelangen darf – unser CO_2-Budget –, und in Anbetracht der aktuellen Emissionsraten werden wir diese Menge noch vor dem Ende dieses Jahrzehnts erreicht haben.[42] Unserer leichtsinnigen Nutzung von fossilen Brennstoffen haben wir es zu verdanken, dass wir jetzt vor der größten und dringlichsten Herausforderung stehen, mit der wir jemals konfrontiert waren. Sollte uns der Wechsel zu den erneuerbaren Energien mit der erforderlichen Lichtgeschwindigkeit gelingen, wird die Menschheit für immer dankbar auf unsere Generation zurückschauen, denn wir sind tatsächlich die Ersten, die das Problem voll und ganz begreifen – und wir sind auch die Letzten, die etwas dagegen tun können. Es wird ein holpriger Weg zu einer Welt, deren Energieversorgung kohlenstofffrei werden soll, und die nächsten Jahrzehnte werden für uns alle eine große Herausforderung darstellen. Aber viele, die sich mit diesem Problem auseinandersetzen, halten das für möglich. Wir Menschen sind nämlich in erster Linie ganz erstaunliche Problemlöserinnen. Wir haben in unserer Geschichte schon andere schwierige Reisen, aus denen ungeheurer sozialer Wandel hervorging, gemeistert, und es wird uns ein weiteres Mal gelingen.

Die erste Hürde in Richtung Fortschritt ist weitgehend überwunden – nämlich die einer praktikablen Alternative. Der Energiesektor verfügt jetzt über gute Kenntnisse darüber, wie Elektrizität aus Sonne, Wind, Wasser und der natürlich vorkommenden Hitze im Erdinneren gewonnen werden kann. Wir stehen allerdings vor noch ungelösten Problemen. Es gibt nach wie vor ein Speicherproblem. Batterie-Technologien sind noch nicht ausgereift. Zudem können erneuerbare Energien nicht so effizient eingesetzt werden, wie sie es müssten, um den Verkehrs-mittel-, Wärme- und Kältesektor abzudecken. In solchen Fällen müssen wir die Unzulänglichkeiten mit Übergangslösungen überbrücken, die uns dabei helfen, das Problem zu beheben. Manchmal lösen diese »Brücken« etwas aus, das Paul Hawken aus dem Project Drawdown[43] als *regrets*, »Bedauern« und »faden Beigeschmack«, bezeichnet. Es ist anzunehmen, dass wir unsere gegenwärtigen Unzulänglichkeiten mit Atomkraft, Wasserkraft und einer längeren Nutzung von Erdgas, das zwar ein fossiler Brennstoff, jedoch wesentlich kohlenstoffärmer als Kohle oder Erdöl ist, überbrücken werden. All das kommt nicht ohne *regrets* aus. Wir könnten Bioenergie-Lösungen entwickeln, in denen landwirtschaftliche Erzeugnisse als Energiequelle fungieren, aber auch das kommt nicht ohne faden Beigeschmack aus, denn für die Produktion würden riesige Landstriche benötigt. Für den Kraftstoff im Bereich der Mobilität könnten Wasserstoffbrenn-stoffzellen und nachhaltige Biokraftstoffe aus Pflanzen und Al-genöl E-Autos ergänzen und somit ein dauerhafter Bestandteil der Gesamtmobilität auf der Straße, mit der Bahn und dem Schiff werden. Die Mehrheit der Experten ist sich einig, dass die größte Herausforderung darin bestehen wird, eine Lösung für den Flugverkehr zu finden. Hybride, vollelektrische und Was-serstoff-Flugzeuge befinden sich in der Entwicklung, aber bis sie in vollem Ausmaß praktikabel sind, planen Fluggesellschaf-ten eine Kompensationszahlung für CO_2-Emissionen, die sie in ihren Ticketpreisen integrieren. Wir müssen hart daran arbei-ten, dass all diese Übergangslösungen so zeitlich begrenzt wie möglich bleiben. Uns bleibt nur noch wenig Zeit, bis wir unser CO_2-Budget aufgebraucht haben, und je länger wir weiterhin fossile Brennstoffe nutzen, desto notwendiger ist es, dies an einer anderen Stelle mit höheren Emissionsminderungen auszugleichen.

Die zweite potenzielle Hürde ist die Bezahlbarkeit, aber auch die bröckelt langsam. Der Ausbau von Solar- und Windenergie hat den Kilowattpreis der erneuerbaren Energien so weit gesenkt, dass er mit Kohle, Wasserkraft und Atomstrom mithalten kann und langsam an Gas- und Ölpreise herankommt. Zudem ist das Sammeln erneuerbarer Energien wesentlich billiger als das anderer Energiequellen. Über einen Zeitraum von dreißig Jahren würden in der Branche erneuerbare Energien schätzungsweise Billionen von Dollar an Betriebskosten gespart werden. Vielen Beobachtern zufolge wäre es schon ausreichend, erneuerbare Energien bezahlbarer zu machen, um fossile Brennstoffe schnell zu ersetzen. Aber es gibt eine dritte Hürde, die sie womöglich unterschätzen.

Vielleicht ist das größte Hindernis, das wir überwinden müssen, die abstrakte Kraft, die wir Kapitalinteressen nennen könnten. Veränderung ist eine Bedrohung für jeden, der in den Status quo investiert hat. Gegenwärtig sind sechs der zehn größten Unternehmen der Welt Erdöl- und Gas-Unternehmen. Drei von ihnen sind staatseigene Unternehmen, zwei der anderen vier haben mit dem Transportwesen zu tun. Aber das sind bei Weitem nicht die Einzigen, die auf fossile Brennstoffe angewiesen sind. Fast jedes großes Unternehmen und jedes Land greift für Strom und Vertrieb auf fossile Brennstoffe zurück. Ein Großteil der Schwerindustrie nutzt sie zur Erhitzung oder Kühlung von Erzeugnissen ihrer eigenen Produktionslinie. Eine Mehrheit der großen Banken und Rentenfonds haben massiv in fossile Brennstoffe investiert, also in genau den Sektor, der die Zukunft, die wir retten wollen, aufs Spiel setzt. Veränderungen in einem derartig tief verwurzelten System herbeiführen zu wollen erfordert eine Reihe wohlüberlegter Schritte. Analysen zur Energiewende sagen voraus, dass Banken, Rentenfonds und Regierungen immer mehr dazu übergehen werden, Kohle- und Erdöl-Aktien abzustoßen, um hohe Verluste zu vermeiden. Es wird Appelle an die Politik geben, die vielen Hundertmilliarden Dollar, die gegenwärtig als Subventionen in die fossile Industrie fließen, umzulenken, um erneuerbare Energien zu fördern. Kommunalverwaltungen haben bereits damit begonnen, Haushalten, die ihren eigenen Strom erzeugen und überschüssige Energie ins Netz abgeben, attraktive Tarife zu zahlen und Gemeinden darin zu unterstützen, ihre eigenen Mikronetze mit erneuerbaren Energien zu schaffen.

Es könnte sich herausstellen, dass andere Tendenzen, die wir von unserem heutigen Ausgangspunkt noch nicht so deutlich ausmachen können, auch ganz entscheidend zu einer schnelleren Abkehr von fossilen Brennstoffen beitragen. Manche Beobachter sehen in einem Anbruch der Ära selbstfahrender Kraftfahrzeuge eine Möglichkeit, den Transportsektor zu revolutionieren.[44] Sie gehen davon aus, dass Stadtbewohner sich innerhalb nur weniger Jahre vom Besitz eines Kraftfahrzeugs lossagen werden, um nur noch bei Bedarf einen Wagen zu bestellen. Diese Fahrzeuge würden alle elektrisch sein, sie würden sich selbst mit erneuerbaren Energien aufladen und könnten direkt von den Autoherstellern gemietet werden, was die gesamte Industrie dazu ermutigen würde, die eigene Effizienz und Vertrauenswürdigkeit zu optimieren.

Es ist gemeinhin anerkannt, dass der stärkste Anreiz, unsere Abhängigkeit von fossilen Brennstoffen zu beenden, darin besteht, die Preise für Kohlenstoffemissionen weltweit empfindlich zu erhöhen – eine *Kohlenstoffsteuer*, die jeden und alle CO_2-Emittenten bestraft. Die schwedische Regierung führte eine solche Steuer in den 1990er-Jahren ein, was zur Folge hatte, dass sich viele Branchen von den fossilen Brennstoffen lossagten. Dem Stockholm Resilience Center[45] zufolge würde eine Preissteigerung ab fünfzig Dollar pro Tonne ausreichen, um einen schnellen Wechsel von dreckigen zu sauberen Technologien anzukurbeln, Effizienzsteigerungen in den Verfahren zu veranlassen, die immer noch auf fossile Brennstoffe angewiesen wären, und die klügsten Köpfe darin zu bestärken, nach neuen Technologien und Praktiken zu forschen. Wir müssten darauf achten, bei all dem die Ärmsten der Gesellschaft zu schützen, aber Studien belegen, dass dies voll und ganz machbar ist.[46] Kurzum: Eine CO_2-Steuer würde die Nachhaltigkeitsrevolution, die wir so dringend benötigen, drastisch beschleunigen.

Während die neue, saubere, kohlenstofffreie Welt ihren Lauf nehmen wird, werden Menschen auf der ganzen Welt beginnen, die Vorteile einer Gesellschaft zu spüren, die ihren Strom aus erneuerbaren Energiequellen bezieht. Das Leben wird leiser werden. Unsere Luft und unser Wasser werden sauberer. Wir werden anfangen, uns zu fragen, warum wir so lange hingenommen haben, dass Millionen von Menschen vorzeitig an den Folgen verschmutzter Luft gestorben sind. Ärmere Länder, die immer noch Wälder und Graslandschaften haben, könnten davon profitieren, ihre CO_2-Emissionsrechte an diejenigen zu verkaufen, die immer noch auf fossile Brennstoffe angewiesen sind. Damit könnten sie erneuerbare Energiequellen und ein emissionsarmes Leben in ihre Entwicklungsgestaltung integrieren. Vielleicht würden irgendwann ihre klug durchdachten, sauberen Städte zu den lebenswertesten Orten der Welt gehören und die fähigsten Köpfe einer jeden Generation anziehen.

Ist das alles nur Fantasie? Nicht unbedingt. Mindestens drei Länder – Island, Albanien und Paraguay – erzeugen ihren gesamten Strom bereits ohne fossile Brennstoffe. Acht weitere Länder beziehen ihren Strom zu weniger als zehn Prozent aus Kohle, Erdöl und Erdgas. Fünf dieser Länder liegen in Afrika, drei in Südamerika. Die Energiewende und die Nachhaltigkeitsrevolution im Allgemeinen bieten Ländern, die sich rasch entwickeln, eine wunderbare Gelegenheit, Dinge anders anzugehen und viele westliche Länder einzuholen.

Marokko ist ein gutes Beispiel für ein Land, das die Revolution begeistert annimmt. Noch zu Beginn des 21. Jahrhunderts war es fast für seinen gesamten Strom auf importiertes Erdöl und Erdgas angewiesen. Heute erzeugt es 40 Prozent seines Bedarfs mithilfe eines Netzwerks von regenerativen Kraftwerken, wozu das größte Solarkraftwerk der Welt zählt, selbst. Marokko führt den Weg in eine vielversprechende und relativ kostengünstige Art der Energiespeicherung an, die Flüssigsalztechnologie, die mithilfe von schlichtem Salz für viele Stunden Solarwärme speichern kann, wodurch es möglich wird, auch nachts Solarenergie zu beziehen. Dank seiner Position am Rande der Sahara und eines Kabels, das Marokko direkt mit Südeuropa verbindet, könnte dieses Land eines Tages ein Nettoexporteur von Solarenergie werden. Für ein Land, das nie auf eigene fossile Brennstoffe zurückgreifen konnte, das Ticket zu einer wohlhabenderen Welt.

Die Geschichte beweist, dass tiefgehende Veränderungen mit der richtigen Motivation über einen relativ kurzen Zeitraum stattfinden können. Auch beim Umgang mit fossilen Brennstoffen gibt es dafür Anzeichen. 2013 war das Jahr mit dem weltweit höchsten Kohleverbrauch. Die Kohleindustrie steckt nun in der Krise, da sich immer mehr Investoren aus dem Sektor zurückziehen. Ein *peak oil*, das Maximum möglicher Ölförderung, wird in den nächsten Jahren erwartet, und die durch den Corona-Ausbruch stark gesunkenen Preise könnten dafür sorgen, dass es schneller erreicht wird. Noch könnten wir ein Wunder vollbringen und den Wandel hin zu sauberer Energie bis Mitte dieses Jahrhunderts herbeiführen.

In dieser Hinsicht gibt es einen zusätzlichen Grund zur Hoffnung, und zwar die Möglichkeit, dass wir in der Überbrückungsphase, während wir also saubere Energien in unsere Gesellschaft einführen, aktiv einen Teil des Kohlenstoffs, den wir in die Luft geblasen haben, wieder einfangen und schadlos machen. Das CCS-Verfahren – *Carbon Capture Storage*, also CO_2-Speicherung – ist sehr attraktiv für Politiker und Unternehmer, die mehr Zeit benötigen, um aus den fossilen Energieträgern auszusteigen. Es gibt Filter, die einen Teil des Kohlenstoffs einfangen, wenn fossile Brennstoffe in konventionellen Kraftwerken verarbeitet werden, es gibt Kühlturmgebläse, die CO_2 direkt aus der Luft filtern, Bioenergiekraftwerke, die die bei der Verarbeitung entstehenden Treibhausgase wieder einfangen, und Anlagen, die Kohlenstoffdioxid tief unter die Erde pumpen, wo es zu Felsgestein wird und keinen Schaden mehr anrichten kann. Im Bereich des Geo-Engineering werden experimentellere Vorschläge laut, beispielsweise der Einsatz von Bakterien und Algen, die Eisendüngung des Ozeans, die Speicherung von CO_2 im Meeresboden oder Staubschwaden als Schutzschild gegen die Sonne in der Hochatmosphäre. Theoretisch könnten einige dieser Ideen funktionieren, manche vielleicht nur teilweise, aber sie sind bislang bei Weitem nicht ausreichend erforscht, und das Risiko unvorhersehbarer negativer Konsequenzen wäre zu hoch.

Für diejenigen unter uns, die sich nicht nur mit dem Klimawandel, sondern auch mit dem Verlust von Biodiversität befassen, ist deutlich geworden, dass wir eine noch viel bessere Möglichkeit haben, CO_2 zu binden: Die Renaturierung der Welt wird Riesenmengen an CO_2 aus der Luft abscheiden und es in der sich ausbreitenden Natur speichern. Fänden die Renaturierungsmaßnahmen parallel zu Emissionsreduktionen auf der ganzen Welt statt, hätten wir es mit einer naturbasierten Win-win-Lösung zu tun: Kohlenstoffspeicherung und Zunahme von Biodiversität in einem. Je größer die Biodiversität eines Ökosystems ist, desto besser bindet und speichert es CO_2, das belegen Studien in zahlreichen Lebensräumen.[47] Regierungen, Fondsmanager und Unternehmen sollten in naturbasierte Kohlendioxidabscheidung investieren. Alle unsere Klimakompensationen sollten in eine global finanzierte und international unterstützte Kampagne fließen, um die Wildnis neu zu beleben. Es würde jedem Lebensraum auf der Erde ungemein zugutekommen sowie den Klimawandel und zugleich das sechste Massenaussterben aufhalten. Innerhalb weniger Jahre ließen sich bereits die ersten, rasch gewonnenen Erfolge nachweisen, am eindrucksvollsten wohl am Beispiel der größten Wildnis überhaupt.

Zurück zu einem wilden Ozean

Der Ozean bedeckt zwei Drittel der Erdoberfläche. Und seine extremen Tiefen bilden einen noch viel größeren Anteil unbewohnbaren Raums. Dem Ozean kommt also eine besondere Rolle bei unserer Revolution der Rückkehr zur Wildnis zu. Während wir die Unterwasserwelt dabei unterstützen, sich zu erholen, können wir drei Dinge tun, die unbedingt alle drei gleichzeitig erfolgen müssen: CO_2 binden, die Biodiversität steigern und auf den wachsenden Nahrungsbedarf reagieren. Zunächst müssen wir kritisch mit jenem Industriezweig zusammenarbeiten, der dem Ozean heutzutage den größten Schaden zufügt: die Fischerei.

Die Fischerei ist das Gewerbe mit dem größten Wildfang der Welt, und wenn wir alles richtig machen, ändert sich daran auch nichts, da wir es hier mit einer Angelegenheit von gegenseitigem Interesse zu tun haben – je gesünder und vielfältiger der Lebensraum Meer ist, desto mehr Fisch gibt es auch für uns. Warum funktioniert das zurzeit nicht? Weil wir manche Orte und manche Arten überfischen. Weil wir zu viel wegwerfen. Wir benutzen Fischfangtechniken, die erwiesenermaßen das Ökosystem zerstören. Und besonders schädlich ist die Tatsache, dass wir

165

überall fischen. Nichts und niemand bleibt im Ozean unent-
deckt. Meeresbiologen wie Prof. Callum Roberts erläutern, dass
all diese Probleme gelöst werden könnten, wenn wir einen ganz-
heitlichen Ansatz verfolgen würden, in den die bereits erlangten
Kenntnisse der Meeresbiologie mit einfließen würden.

Zunächst einmal sollten wir ein Netz von Fischverbotszonen
über die gesamten Küstengewässer legen. Aktuell gibt es über
siebzehntausend Meeresschutzgebiete auf der ganzen Welt. Dennoch bilden sie weniger als sieben Prozent des Ozeans ab, und
in vielen Meeresschutzgebieten sind bestimmte überaus schäd-
liche Fischfangtechniken immer noch erlaubt.[48] Mit Rücksicht
auf die Fortpflanzungsart von Fischen ist es jedoch zwingend erforderlich, dass ein gesunder Anteil des Ozeans gar nicht befischt
wird. Fangverbotszonen geben jedem einzelnen Fisch die Möglichkeit, älter und größer zu werden. Und größere Fische erzeugen unverhältnismäßig mehr Nachkommen. Diese bevölkern
wiederum die sie umgebenden Gewässer, die abgefischt werden. Dieser Spill-over-Effekt, oder auch Übertragungseffekt,
wurde um streng geschützte Meeresschutzgebiete herum von
den Tropen bis zur Arktis nachgewiesen. Fischergemeinden nei-
gen dazu, sich neuen Restriktionen anfänglich zu widersetzen,
aber innerhalb von nur wenigen Jahren stellen sie fest, dass sie
sich auszahlen.

Das Meeresschutzgebiet Cabo Pulmo befindet sich an der
Spitze von Baja California in Mexiko. In den 1990er-Jahren ist
dieses Gebiet komplett überfischt gewesen, und die vom Fischfang lebenden Gemeinden, die verzweifelt nach einer Lösung
suchten, stimmten den Empfehlungen von Meeresbiologinnen
zu, ein über sieben Hektar großes Küstengebiet als Fangverbots-

zone einzurichten. Die Einheimischen erzählen, dass die Jahre direkt nach der Eröffnung des Meeresschutzgebiets die härtesten Jahre ihres Lebens gewesen seien. Die Fischer brachten nur sehr wenig Fisch aus den angrenzenden Gewässern zu ihren Familien und waren zum Überleben auf Essensgutscheine angewiesen, die sie von der mexikanischen Regierung bekamen. Die Fischer sahen, wie die Fischschwärme in dem Schutzgebiet zunahmen, und waren oft versucht, gegen das Verbot zu verstoßen. Nur weil sie den Meeresbiologen vertrauten, hielten sie sich an die Abmachung. Nach etwa zehn Jahren kehrten die Haie nach Cabo Pulmo zurück. Die älteren Fischer erinnerten sich daran, dass sie dort zuletzt in ihrer Kindheit Haie gesehen hatten, und wussten, es war ein sicheres Zeichen dafür, dass das Gebiet sich erholte. Nach nur fünfzehn Jahren hatte die Anzahl der Meereslebewesen in der Fangverbotszone um vierhundert Prozent zugenommen und wies jetzt eine Populationsdichte auf, die mit Riffs vergleichbar war, in denen noch nie gefischt worden war. Fischpopulationen begannen, in die angrenzenden Gewässer auszuschwärmen. So viel Fisch hatten die Fischer jahrzehntelang nicht mehr eingeholt, und darüber hinaus hatte die Gemeinde jetzt auch noch eine Touristenattraktion direkt vor ihrer Haustür. Für die Männer und Frauen von Cabo Pulmo entstanden dadurch auch neue Einnahmequellen dank Tauchshops, Gästehäusern und Restaurants.[49]

Die Meeresschutzgebiete funktionieren, weil sie uns davon abhalten, etwas zu tun, das wir niemals hätten anfangen dürfen: uns in die Kernbereiche der Fischbestände hineinzuessen, dem Kapital des Ozeans. Wenn die Fischfangverbotszonen innerhalb legaler Fischereigebiete liegen, dann leben wir mit unseren

Fängen sozusagen nur von den Zinsen. Jeder Geldgeber würde einem zu dieser vernünftigen und nachhaltigen Herangehensweise raten. Da Fischfangverbotszonen dazu führen, dass die Fischbestände immer größer werden, wächst das Kapital stetig an, was immer mehr Zinsen einbringt, also die Erträge beim Fischfang immer mehr steigert. Es wird einfacher, Fische zu fangen, wodurch die Menge auf dem Meer verbrauchter fossiler Brennstoffe verringert wird, es weniger ungewollten Beifang gibt und wir uns die Freiheit nehmen können, bei rauer See auf dem Festland zu bleiben. Gut konzipierte und effektiv verwaltete Meeresschutzgebiete sind das Ticket zu einer neuen, gesunden Beziehung zwischen der Fischerei und dem Ozean. Schätzungen zufolge würden Fischfangverbotszonen, die sich über ein Drittel der Ozeane erstreckten, sehr rasch dafür sorgen, dass die Bestände sich erholen und uns somit langfristig mit Fisch versorgen könnten.

Für Meeresschutzgebiete eignen sich die Orte am besten, wo Meereslebewesen gute Voraussetzungen finden, um sich fortzupflanzen, die Kinderstuben des Ozeans: Felsen- und Korallenriffe, Tiefseeberge, Kelpwälder, Seegraslandschaften und Salzmarschen. Wir sollten die Gewässer um solche Stellen herum in Ruhe lassen, damit sich dort Leben entfalten kann, und Fischfang in den angrenzenden Gebieten betreiben. Es ist kein Zufall, dass diese Orte außerdem am besten dafür geeignet sind, unser anderes großes Ziel zu erreichen: die CO_2-Abscheidung. Trotz ihres gegenwärtig schlechten Zustands sind allein Salzmarschen, Mangrovenwälder und Seegraslandschaften in der Lage, der Luft die Hälfte der CO_2-Menge, die verkehrsbedingten Emissionen entspräche, zu entziehen.[50] Unter dem Schutz von Fischfangverbotszonen könnten sich diese Lebensräume erholen und noch viel mehr CO_2 als bisher aufnehmen.

Auch die Art und Weise, wie wir Fische fangen, ist wichtig. Gegenwärtig sind unsere Fischfangtechniken viel zu willkürlich. Wir sollten intelligenteren Fischfang betreiben, indem wir Schleppnetze mit Notausgängen für Nichtzielarten einsetzen, indem wir große Raubfische wie Thunfische mit Angelruten fangen und indem wir Dredges, also die Art von Schleppnetzen verbieten, die den Meeresboden durchpflügen und zerstören. Wir sollten immer unsere wichtigsten Fischbestände überwachen und Selbstbeherrschung an den Tag legen, um eine nachhaltige Ausbeute zu erzielen.[51] Wir sollten neue Blockchain-Technologien fördern, um genau zu wissen, woher der Fisch stammt, der auf unserem Teller landet, und Unternehmen zu belohnen, die nachhaltig fischen.

Schlussendlich sollte es unser Ziel sein, bis in alle Ewigkeit fischen zu können, und nicht nur schnelle Gewinne einzufahren; und wir sollten die Tatsache respektieren, dass wilde Bestände von Fischen und Meeresfrüchten eine Ressource sind, die uns allen zugutekommen sollte, insbesondere jener Milliarde Menschen, die in ärmeren Gebieten lebt und die auf Fisch als ihre Hauptproteinquelle angewiesen ist. Die Bewohner des Inselstaats Palau im tropischen Pazifik leben nach der Tradition, nur das zu nehmen, was sie brauchen, anstatt das zu nehmen, was sie bekommen können. Zwischen dem Archipel und dem nächsten Festland liegen Hunderte von Kilometern von tiefer See, die ihnen für viertausend Jahre ein Leben in Abgeschiedenheit beschert haben, und die Nachhaltigkeit ihrer Fischbestände ist immer schon das elementarste Anliegen der Insulaner gewesen.

Aufmerksam beobachteten die Stammesältesten über Generationen hinweg die Fischbestände ihrer Riffe und handelten schnell, wenn eine Population zurückging. Sie wenden »bul« an, die Regel der Alten, eine Verbotsregel, die ein Riff über Nacht zu einer Fischfangverbotszone macht, und sie heben das Verbot so lange nicht auf, bis es in den angrenzenden Gewässern des gesperrten Riffs wieder nur so wimmelt von Fischen.

Diese Tradition ist heute das Kernstück der Fischereipolitik des Landes. Tommy Remengesau Jr., der seine vierte Amtszeit als Präsident innehat, beschreibt sich selbst als Fischer, der beurlaubt ist, um der Regierung zu dienen. Er hat den Aufschwung seines Landes erlebt, wie allmählich die Touristen kamen und die kommerziellen Fischfangflotten aus Japan, den Philippinen und Indonesien Palaus Gewässer durchkämmten. Als dem Ozean zu viel abverlangt wurde, tat er, was jeder Älteste in Palau tun würde. Er unterband die Fischerei. An manchen Riffen komplett, an anderen war nur schonender Fischfang erlaubt, und zusätzlich schuf er Schonzeiten, damit sich bedrohte Fischpopulationen vermehren und erholen konnten. Aber besonders beeindruckend war der Entschluss, den Remengesau fasste, um die Meerestiefen von Palau zu schonen: Er verkündete, dass Palau sich nicht verpflichtet fühlen sollte, Fisch zu exportieren. Zukünftig sollte Palau stattdessen nur noch so viel Fisch fangen, wie benötigt würde, um Palaus Einwohner und Besucher zu ernähren – mit anderen Worten, er vollzog die Rückkehr zum nachhaltigen Fischfang. Er reduzierte drastisch die Anzahl der kommerziellen Fischfanglizenzen und machte vier Fünftel von Palaus Hoheitsgewässern, ein Gebiet so groß wie Frankreich, zu einer Fischfangverbotszone. Im verbliebenen Fünftel fangen nur noch wenige Schiffe gerade genug Thunfisch für Palau und seine Touristen. Remengesau ist stolz, dass die Bewohner Palaus ihren Nachbarn dank des Übertragungseffekts das Geschenk sich immer erneuernder Fischbestände machen können.

Wir könnten jetzt die Riesenchance nutzen, so viel Weisheit über zwei Drittel des Ozeans walten zu lassen – einem Gebiet, das die Hälfte der Erdoberfläche bedeckt. Die Hochsee ist internationales Gewässer und gehört niemandem. Sie ist ein gemeinsam genutztes Gebiet, in dem alle Länder der Welt so viel Fischfang betreiben können, wie sie wollen. Und genau das ist das Problem. Einige Länder subventionieren ihre Hochseeflotten mit mehreren Milliarden Dollar. Aufgrund der Subventionen gehen diese Boote immer noch auf Fischfang, auch wenn es nicht mehr genug Fische gibt, damit die Arbeit noch gewinnbringend ist. In Wirklichkeit werden die offenen Meere also mit Steuergeldern leer gefischt. Die schlimmsten Übeltäter sind China, die EU, die USA, Südkorea und Japan, alles Länder, die es sich aber auch leisten könnten, diese Praxis zu beenden. Und es besteht Hoffnung: Während ich diese Zeilen schreibe, arbeiten die Vereinten Nationen und die Welthandelsorganisation an einem neuen Regelwerk für die Hochsee.[52] Sie haben es sich zur Aufgabe gemacht, den schädlichen Fischerei-Subventionen ein Ende zu bereiten und den überfischten Populationen in der Tiefsee eine Verschnaufpause zu verschaffen. Offensichtlich könnten wir aber noch viel weiter gehen. Wenn alle internationalen Gewässer zu Fischfangverbotszonen erklärt würden, könnten wir die offene See von einem Ort, der durch unsere unerbittliche Jagd auf Fisch fast leer gefischt ist, in eine blühende Wildnis verwandeln, die unseren Küstengewässern zu mehr Fischreichtum verhelfen und uns allen mit ihrer Biodiversität bei unseren Bemühungen helfen würde, CO_2 zu binden. Die Hochsee würde zum größten Naturschutzgebiet weltweit werden, und ein Ort, der niemandem gehört, würde sich in einen Garten Eden verwandeln, der von allen umsorgt wird.

Aber wir haben den Punkt schon überschritten, an dem diese Form von Herangehensweise ausreichen würde: Neunzig Prozent der Fischpopulationen sind entweder überfischt oder bis an die Grenzen ihrer Kapazitäten befischt. Das zeigt sich anhand der dokumentierten weltweiten Fangmenge. Bereits Mitte der 1990er-Jahre erreichten wir einen weiteren Höhepunkt – den *peak catch*, die höchstmögliche Fangrate –, und zwar noch während der Dreharbeiten zu *Unser blauer Planet*. Ab dem Zeitpunkt ist es uns nie mehr gelungen, dem Ozean mehr als 84 Millionen Tonnen Fisch abzuringen. Dennoch wurde die Nachfrage nach Fisch mit wachsender Weltbevölkerung und zunehmendem Durchschnittseinkommen natürlich immer größer. Wo haben wir unseren zusätzlich benötigten Fisch herbekommen? Auch hier haben wir Menschen unsere *Tragfähigkeit* wieder außer Acht gelassen. Die Fischzucht in Aquakulturen ist seit Mitte der 1990er-Jahre exponentiell gewachsen. 1995 stammten elf Millionen Tonnen Fisch und Meeresfrüchte aus Aquakulturen.[53] Wir haben unsere Fisch-Erträge mithilfe von Aquakulturen verdoppelt. Grundsätzlich wäre es möglich, auf Aquakulturen zurückzugreifen, um die Nachfrage nach Wildfang global, da, wo es notwendig erscheint, zu reduzieren, aber ein Großteil der Fischzuchtindustrie basiert immer noch auf umweltschädlichen Geschäftspraktiken. Küstenbiotope wie Mangrovenwälder und Seegraslandschaften wurden zerstört, um Platz für Fischfarmen entlang der Küsten zu machen. Die Aufzucht von hauptsächlich Fisch, Garnelen und Muscheln findet oft auf engstem Raum statt, wo sich schnell Krankheiten ausbreiten, was die Farmer zwingt, Antibiotika und Desinfektionsmittel einzusetzen, die sich wiederum im Meerwasser verbreiten können, das die Farmen umgibt. Raubfische wie Lachs wurden mit mehreren Hundertausenden Tonnen kleiner Fische gefüttert, die dem Ozean entnommen werden, wodurch den wilden Fischpopulationen die Nahrungsquelle entzogen wird, eine Arbeitspraktik, die für den Ozean genauso schlimm ist wie die Überfischung. Solche Farmen produzieren in der Regel große Mengen an Abwasser, die aus den Teichen in das sie umgebende Wasser entweichen. 2007 produzierte allein Chinas Krabbenfischerei 43 Milliarden Tonnen Abwasser, überdüngte damit die flacheren Gewässer und löste auf diese Weise eine Algenblüte aus, die den Küstengewässern den lebensnotwendigen Sauerstoff entzog. Manche Farmen werden mit Toxinen überspült, die von Flüssen herbeigetragen werden, und es kommt immer wieder zu Lebensmittelvergiftungen. Es geschieht auch immer wieder, dass nicht einheimische Zuchtfische entkommen, die dann in den empfindlichen Ökosystemen fremder Gewässer großen Schaden anrichten.

Zumindest kann dem Sektor der marinen Aquakulturen zugutegehalten werden, dass viele Betreiber auf diese Probleme eingehen.[54] Diese Farmen zeigen uns, wie wir bald nachhaltig Fisch und Meeresfrüchte züchten könnten. Ihre Fischteiche befinden sich weiter draußen im Meer, um die Folgen der Aquakultur zu mindern, manche sogar mehrere Kilometer vom Festland entfernt, um sich stärkere Strömungen zunutze zu machen. Die darin gezüchteten Fische werden in viel niedrigerer Bestandsdichte gehalten, um Krankheiten zu vermindern, und sie werden geimpft, damit keine Antibiotika ins Meer geraten. Raubfische werden mit Öl von Aquakultur-Fischen und mit Protein gefüttert, das von städtischen Insektenfarmen stammt, die ihre Milliarden von Fliegen auf den Lebensmittelabfällen der Küstenstädte züchten. Diese Fischfarmen sind mehrschichtig aufgebaut, Käfige mit Seegurken und Seeigeln – beides wird in Asien gern gegessen – werden unter den Fischparzellen angebracht, wo sich die Tiere von den herabfallenden Exkrementen ernähren. Um die Parzellen herum sind Schnüre mit (Mies-)Muscheln sowie Büschel von essbarem Seegras aufgehängt, und diese profitieren ihrerseits von der überschüssigen Nahrung und den Exkrementen, die von den Oberflächenströmungen herangetragen werden.

Küstengemeinden weltweit würde sich ein atemberaubendes Potenzial bieten, wenn sie diese nachhaltigen Methoden anwendeten, um Nahrungsangebot und Einkommen, die sie beides vom Meer beziehen, zu steigern, ohne dabei ihre Umwelt zu schädigen. Bald schon könnten Unterwasserfarmen vor der Küste ganz in der Nähe entstehen.

Und vielleicht gesellen sich ja noch die Algenkultivierer dazu. Die Braunalge Kelp ist die am schnellsten wachsende Meerespflanze der Erde, ihre breiten, braunen Wedel können an einem Tag bis zu einem halben Meter wachsen. Kelp gedeiht in kühlem, nährstoffreichem Küstengewässer und bildet ausgedehnte Unterwasserwälder, die sich einer beeindrucken Biodiversität rühmen können. Durch einen dieser Wälder zu schwimmen und dabei die emporragenden, lederartigen Wedel zur Seite zu schieben ist eine ganz außergewöhnliche Erfahrung. Nie weiß man, was sich einem als Nächstes offenbart, wenn der Kelp über die

Tauchermaske streift! Diese Wälder werden gern von Seeigeln heimgesucht, und in den Gebieten, wo wir Menschen ihre Fressfeinde wie zum Beispiel den Seeotter ausgemerzt haben, sind den Seeigeln ganze Kelpwälder zum Opfer gefallen. Aber wir könnten diese Wälder auch wiederbeleben und wir würden erheblich davon profitieren. Da der Kelp nach oben wächst, würde er Lebensraum von Wirbellosen und Fischpopulationen werden und außerdem riesige Mengen an Kohlenstoff aufnehmen können. Experimente konnten nachweisen, dass jede Tonne trockenen Kelps eine Tonne Kohlenstoffdioxid speichert. Wir könnten den stetig nachwachsenden Kelp auf nachhaltige Weise ernten und ihn als neue Bioenergiequelle nutzen. Und anders als Bioenergiepflanzen auf dem Festland würden die nachwachsenden Kelpwälder nicht mit uns oder der Natur auf dem Land um Platz konkurrieren. Kombinieren wir die Aufforstung von Kelpwäldern mit der CCS-Technologie (CO_2-Abscheidung und -Speicherung), erschließt sich uns ein völlig neues Gebiet. An diesem Punkt angelangt, könnten wir der Atmosphäre mit der Erzeugung von Energie Kohlenstoff entziehen.[55] Alternativ könnte Kelp auch als Nahrungsmittel für Menschen, als Futtermittel für die Viehwirtschaft oder wegen seiner nützlichen biochemischen Eigenschaften geerntet werden. Zurzeit führen Forschergruppen großangelegte Untersuchungen zur Umsetzbarkeit der Aufforstung der Meere durch. Wir werden also bald erfahren, ob das eine ernst zu nehmende Option ist. Eines ist allerdings jetzt schon sicher: Wenn wir mit unserem Raubbau am Meer aufhören und damit anfangen, Fischfang auf eine Weise zu betreiben, die dem Leben im Meer förderlich ist, wird es uns dabei helfen, in einem Tempo und Ausmaß die Biodiversität wiederherzustellen und den Planeten zu stabilisieren, wie wir es uns auf uns allein gestellt nicht einmal hätten erträumen können.

Eine unter ökologischen Gesichtspunkten geführte Fischereiwirtschaft, ein funktionierendes Netzwerk von Meeresschutzgebieten, Unterstützung für die lokale Bevölkerung, die ihre Küstengewässer nachhaltig bewirtschaften möchte, und die Wiederherstellung von Mangrovenwäldern, Seegraswiesen, Salzmarschen und Kelpwäldern auf der ganzen Welt sind die Schlüsselfaktoren, um das zu erreichen.

Wie wir weniger Platz einnehmen

Dass wir Menschen unsere Territorien während des Holozäns ausweiteten und natürliche Lebensräume in landwirtschaftliche Nutzflächen umwandelten, ist die bei Weitem größte direkte Ursache für den gegenwärtigen Biodiversitätsverlust auf der Erde. Ein erheblicher Teil dieser Umwandlung hat erst in jüngster Vergangenheit stattgefunden. Noch 1700 bestand rund eine Milliarde Hektar der Erdoberfläche aus Agrar- und Weideland. Die von uns heute für Anbau und Viehwirtschaft genutzten Flächen betragen knapp fünf Milliarden Hektar, eine Fläche, die so groß ist wie Nordamerika, Südamerika und Australien zusammen.[56] Das bedeutet, dass wir gegenwärtig über die Hälfte der bewohnbaren Fläche des Planeten nur für uns selbst beanspruchen. Um in den letzten drei Jahrhunderten die zusätzlichen vier Milliarden Hektar hinzugewinnen zu können, haben wir saisonale Trockenwälder, Regenwälder, Wald- und Buschland abgeholzt, Feuchtgebiete trockengelegt und Graslandschaften eingezäunt. Diese Zerstörung von Lebensraum war nicht nur die Hauptursache für den Biodiversitätsverlust, sondern war und ist immer noch eine der Hauptursachen für die Treibhausgasemissionen. Alle Landpflanzen und das Erdreich zusammengenommen enthalten zwei- bis dreimal mehr Kohlenstoff als die Atmosphäre.[57] Indem wir Bäume gefällt, Wälder niedergebrannt, Feuchtgebiete trockengelegt und natürliche Graslandschaften umgepflügt haben, haben wir bislang zwei Drittel des seit Urzeiten gespeicherten Kohlenstoffs freigesetzt. Die Zerstörung der Natur ist uns teuer zu stehen gekommen. Auch nach der Urbarmachung sind moderne, industrielle Landwirtschaftsflächen kein Ersatz für die Natur. Wenn wir den Blick über landwirtschaftliche Nutzflächen schweifen lassen, meinen wir, eine natürliche Landschaft zu sehen, aber eigentlich ist sie sehr unnatürlich. Landwirtschaftliche Flächen und natürliche Lebensräume funktionieren auf sehr unterschiedliche Weise. Natürliche Lebensräume haben sich dahingehend entwickelt, dass sie selbst erhaltend funktionieren. Die Pflanzen eines Ökosystems kooperieren miteinander, um alle wertvollen, zum Leben benötigten Zutaten aufzunehmen und zu speichern: Wasser, Kohlenstoff, Stickstoff, Phosphor, Kalium etc. Solche Gemeinschaften müssen selbst erhaltend und zukunftsträchtig sein. Mit der Zeit speichern die Pflanzen Kohlenstoff, ihre Strukturen werden komplexer, artenreicher, und die Erdschichten werden mit organischen Substanzen angereichert.

Die moderne, industrielle Landwirtschaft unterscheidet sich sehr davon. Wir müssen sie stützen. Wir geben ihr alles, was sie unserer Ansicht nach braucht, und nehmen ihr alles, von dem wir denken, dass sie es nicht braucht. Wenn der Boden nährstoffarm ist, fügen wir Düngemittel hinzu, manchmal so viel, dass es sich toxisch auf die Mikroorganismen im Boden auswirkt. Wenn es nicht genug Wasser gibt, holen wir es von woanders her und reduzieren damit das Wasser in den natürlichen Systemen. Wenn unerwünschte Pflanzen auf diesen Flächen auftauchen, töten wir sie mit Herbiziden ab. Wenn Insekten das Wachstum unserer Pflanzen verlangsamen, eliminieren wir sie mit Pestiziden. Am Ende der Vegetationsperiode reißen wir oft alle Pflanzen raus und graben den Boden um, sodass wir ihn Luft und Sonne aussetzen und damit seinen Kohlenstoffspeicher leeren. Wir lassen Herden von Tieren jahrelang Grasflächen abweiden, bis das Gras keine Reserven mehr hat und ausgelaugt ist. Landwirtschaftliche Flächen müssen versorgt werden. Sie besitzen keinen immanenten Antrieb für Arterhalt und zukünftiges Wachstum. Im Laufe der Zeit geben die meisten industriell genutzten Landwirtschaftsflächen Kohlenstoff ab, ihre Strukturen büßen Komplexität ein, sie verlieren ihren Artenreichtum und ihre organischen Substanzen.[58]

So gern wir Hügellandschaften mit offenen Feldern, Weinbergen und Obsthainen anschauen und so schön wir sie auch finden mögen, im Vergleich zur Natur, die sie ersetzt haben, sind es sterile Landschaften. Wir können nicht darauf hoffen, den Biodiversitätsverlust zu beenden und nachhaltig auf der Erde zu wirtschaften, solange wir nicht mit dem stetigen Ausbau unserer industriellen Landwirtschaft aufhören. Tatsächlich müssten wir, wenn wir der Natur die Möglichkeit geben wollen, sich zu erholen, noch weiter gehen und aktiv den Anteil der Erdoberfläche, den wir beanspruchen, deutlich reduzieren. Aber das ist keinesfalls einfach. Schließlich müssen wir alle essen, und mit stetig wachsender Erdbevölkerung und immer höheren Lebensstandards wird auch der Nahrungsbedarf steigen. Wie wir später noch sehen werden, wird es sicherlich helfen, sich mit der unglaublichen Menge an Nahrungsmitteln, die wir achtlos auf den Müll werfen, auseinanderzusetzen, aber selbst dann – das haben

Fachleute aus der Nahrungsmittelindustrie ausgerechnet – werden wir in den nächsten vier Jahrzehnten mehr Nahrungsmittel herstellen müssen, als alle Bauern und Bäuerinnen zusammengenommen während des gesamten Holozäns geerntet haben. Daraus ergibt sich eine entscheidende Frage: Wie lässt sich mehr Nahrung aus weniger Land erwirtschaften?

Es gibt einige kreative Landwirte in den Niederlanden, die diese Frage wohl am ehesten beantworten könnten. Die Niederlande gehören zu den Ländern mit der höchsten Bevölkerungsdichte der Welt. Auf der knapp bemessenen Landfläche verteilen sich Landwirtschaftsbetriebe, die bereits viel kleiner sind als in vielen anderen Industrieländern, und es gibt keinen Platz für den weiteren Ausbau. Niederländische Landwirte und Landwirtinnen sind also aus der Not heraus Experten darin geworden, aus jedem einzelnen Hektar besonders viel herauszuholen. Dies geschah zwar in erheblichem Umfang zulasten der Umwelt, aber einige dieser bäuerlichen Familienbetriebe erzählen von einer Geschichte des Wandels in den letzten achtzig Jahren, und sie könnten als Inspiration für die Landwirtschaft auf dem gesamten Globus dienen.

In den Niederlanden machte sich bei den Familien nach den Traumata des Zweiten Weltkriegs in den 1950er-Jahren ein großes Bedürfnis nach Autarkie breit sowie nach ausreichend Ackerland, um ihr eigenes Essen anbauen zu können. In der Regel hielten sie auf ihren bescheidenen Bauernhöfen ein paar Tiere, bauten etwas Getreide und Gemüse an. Als die Bauernhöfe in den 1970er-Jahren an die nächste Generation vererbt wurden, gingen die Nachfolger zur industriellen Landwirtschaft über und nutzten in zunehmendem Maße alle nur erhältlichen Düngemittel, Gewächshäuser, Maschinen, Pestizide und Herbizide. Jeder landwirtschaftliche Betrieb spezialisierte sich auf ein oder zwei Getreidesorten, und den Familien gelang es, ihre Ernteerträge zu steigern. Aber ihre Produktivität war von Diesel und Chemikalien abhängig. Biodiversität, Wasserqualität und andere Umweltfaktoren verschlechterten sich in Holland ungemein – wie ja auf dem ganzen übrigen Planeten auch. Um die Jahrtausendwende übernahmen ihre Kinder die Höfe, und in dieser Generation gab es einige Pioniere mit neuen Ambitionen: Sie wollten weiterhin die Ernteerträge steigern, aber zugleich ihren ökologischen Fußabdruck verkleinern. Die neuen Jungbauern errichteten Windräder oder entschieden sich für geothermische Tiefenbohrungen unter ihren Betrieben, um ihre Gewächshäuser mit erneuerbaren Energien zu beheizen. Sie installierten Klimaautomatiken, um für die perfekte Temperatur in den Gewächshäusern zu sorgen und gleichzeitig Wasser- und Energieverlust zu verringern. Sie begannen, das Regenwasser, das auf ihren Gewächshäusern landete, zu sammeln. Sie pflanzten ihr Getreide nicht in den Boden, sondern legten Rinnenkulturen an, die mit nährstoffreichem Wasser gefüllt sind, um Investitionen und Verluste zu verringern. Sie ersetzten Pestizide durch das maßvolle Aussetzen natürlicher Feinde, damit selbst gezogene Bienenvölker das Getreide gefahrenlos bestäuben konnten. Sie begannen damit, jeden Quadratmeter Boden auf Wasser- und Nährstoffgehalt zu untersuchen, wenn sie auf den Feldern arbeiteten, damit ihre Ackerböden bestmöglich mit Feuchtigkeit versorgt und gesund blieben. Sie lernten, ihren Dünger und sogar das Verpackungsmaterial für ihr Getreide selbst zu machen, indem sie Stängel und tote Blätter verarbeiten, die nach der Ernte übrig blieben.

Diese innovativen und nachhaltigen Landwirtschaftsbetriebe gehören heute weltweit zu den Nahrungsmittelproduzenten mit den höchsten Erträgen und der geringsten Umweltbelastung. Wenn alle Landwirtschaftsbetriebe in Europa und überall sonst in der Welt mit dem Ethos dieser niederländischen Pionierfamilien vorgingen und ihre Böden auf diese Weise bewirtschafteten, könnten wir ohne Weiteres viel mehr Nahrung auf viel weniger Land produzieren.[59]

Jedoch sind diese Hightech-Ansätze sehr teuer in der Umsetzung. Sie mögen eine Inspiration für große Nahrungsmittelunternehmen sein, die über einen Großteil der Landwirtschaftsflächen weltweit walten, helfen aber mittelständischen Betrieben oder Subsistenzwirtschaften nicht weiter. Für diese Landwirtschaftsbetriebe gibt es effektive Lowtech-Verfahren, also technisch einfachere Methoden, um Ernteerträge zu maximinieren und die Umweltbelastung zu reduzieren. Die *regenerative Landwirtschaft* ist eine kostengünstige Methode, um die ausgelaugten Böden wiederzubeleben, indem der Ackerkrume wieder kohlenstoffreiche Bodensubstanzen zugefügt werden.[60] Landwirte, die regenerative Landwirtschaft betreiben, bestellen oder pflügen ihre Felder nicht mehr, weil das die Ackerkrume freilegt und dadurch Kohlenstoff in die Atmosphäre freigesetzt wird. Schrittweise reduzieren sie den Einsatz von Düngemitteln, da diese der Biodiversität des Bodens abträglich sind und ihn daran hindern, auf eine gesunde Weise zu funktionieren. Sie säen verschiedene »Deckfrüchte« nach der Ernte, um den Boden vor direktem Sonnenlicht und Regen zu schützen und um durch die Wurzeln der Pflanzen Nährstoffe zurück in den Boden zu leiten. Im Laufe der Jahre pflanzen sie abwechselnd, in einem Zyklus mit bis zu zehn verschiedenen Getreidesorten, unterschiedliche Nutzpflanzarten, die der Erde jeweils andere Nährstoffe entziehen, wodurch die Bodenfruchtbarkeit erhalten bleibt. Die sogenannte Fruchtfolge reduziert auch den Schädlingsbefall, sodass der Gebrauch von Pestiziden verringert werden kann. Auch der Anbau von Zwischenfrüchten ist möglich, das heißt, Reihen mit mindestens zwei Pflanzenarten wechseln sich ab und sorgen dafür, dass dem Boden Nährstoffe zugeführt werden, anstatt ihn auszubeuten. Diese Methoden beleben nährstoffarme Böden aufs Neue, machen den Gebrauch von Düngemitteln überflüssig und scheiden Kohlenstoff aus der Luft ab, um ihn dem Boden zurückzuführen. Es gibt schätzungsweise eine halbe Milliarde Hektar Felder weltweit, die aufgrund von Bodenverarmung aufgegeben wurden und größtenteils in den ärmeren Ländern der Welt gelegen sind. Die regenerative Landwirtschaft könnte dabei helfen, sie wieder in landwirtschaftliche Nutzflächen zurückzuverwandeln und auf diese Weise geschätzte zwanzig Milliarden Tonnen Kohlenstoff zu binden.

Zusätzlich zur Feldwirtschaft gibt es mittlerweile eine ganze Bewegung von Landwirten und Landwirtinnen, die Nahrung an Orten produziert, die wir eigentlich für andere Zwecke nutzen. *Urban Farming* oder auch urbane Landwirtschaft bezeichnet die Praxis, zu wirtschaftlichen Zwecken Nahrungspflanzen innerhalb von Städten anzubauen. Urban Farming wird auf Hausdächern betrieben, in verlassenen Gebäuden, unterirdisch, auf Fenstersimsen am Arbeitsplatz, auf Außenmauern von städtischen Gebäuden, in Schiffscontainern, auf Industriebrachen und sogar auf Parkplätzen, wodurch zusätzlicher Schatten für Autos entsteht. Urban Farming wird oft mit Klimaautomatik, energiesparendem Licht und Hydroponik – also Anbau von Pflanzen nicht in Böden, mithilfe mineralischer Nährlösungen – betrieben, um die Wachstumsbedingungen zu optimieren und die Notwendigkeit, Erde, Wasser und Nährstoffe hinzuzufügen, auf ein Minimum zu reduzieren. Städtische Bauernhöfe nutzen nicht nur verschwendeten Platz, sondern befinden sich vorzugsweise in der Nähe ihrer Kunden, sodass durch den Transport entstehende Schadstoffemissionen erheblich reduziert werden.

Eine große Bewegung, die sich aus diesem Ansatz heraus entwickelt hat, ist *Vertical Farming*, auch *Vertikale Landwirtschaft* genannt; hier werden verschiedene Pflanzen, oft Salate, auf mehreren übereinandergelagerten Ebenen angebaut, mit LEDs beleuchtet und über Zuleitungsrohre mit Nährstofflösungen versorgt. Die mehrstöckigen Gebäude, sogenannte Farmscrapers, zu errichten, ist eine teure Angelegenheit, aber sie haben ihre Vorteile. Sie vervielfachen den Ertrag pro Hektar bis zur zwanzigfachen Menge. Wetterschwankungen können ihnen nichts anhaben, und sie können hermetisch verschlossen werden, wodurch sie ohne Herbizide und Pestizide auskommen. Es gibt bereits mehrere kommerzielle Betriebe, die Kunden in den umliegenden Städten mit Lebensmitteln wie Salat in kleinen Mengen, dafür von hoher Qualität beliefern.

*

Mit den Zugewinnen, die uns all diese Innovationen in der Landwirtschaft bescheren, können wir Ernteerträge sicherlich weltweit steigern und gleichzeitig die Schadstoffemissionen senken. In Wahrheit werden uns aber all diese Fortschritte, auch wenn wir zusätzlich noch gegen die Verschwendung von Lebensmitteln angehen, nicht viel weiterbringen. Wenn neun bis elf Milliarden Menschen nachhaltig auf der Erde leben sollen, dann werden wir unsere Essgewohnheiten ändern müssen. Das, was wir essen, wird wichtiger werden als die Menge, die wir essen. Auch hier liefert die Natur die besten Erklärungen.

Auf den weiten Ebenen Afrikas verbringen die Thomson-Gazellen-Herden den Großteil des Tages damit, Gras zu fressen. Dafür verbrennen sie Energie auf der Suche nach den besten Grasbüscheln und beim Kauvorgang, wenn sie die harten Halme abbeißen, die äußere Schicht weich kauen, um an die innenliegenden Nährstoffe zu kommen. Sie fressen nur die Halme über dem Boden und lassen den Wurzelstock und den Vegetationskegel unter der Erde stehen. Sie verlieren weitere Energie in Form von Wärme, während sie das Gras in ihren Mägen verdauen, und ein Großteil der Ballaststoffe im Gras wandert unverdaut durch ihre Körper und wird als Kot ausgeschieden. Wie alle Pflanzenesser sind Gazellen nur in der Lage, einen Teil der Energie der Pflanzen, die sie essen und die ihre Energie wiederum von der Sonne beziehen, zu verwerten. Da gibt es also eine Unwirtschaftlichkeit, einen Energieverlust zwischen den Pflanzen und den Herbivoren. Das erklärt auch, warum Kühe und Antilopen den Großteil ihres Tages mit Fressen verbringen.

Diesen Energieverlust gibt es auf den verschiedenen Ebenen einer Nahrungskette auch zwischen Herbivoren und Karnivoren. Geparden sind die einzigen Raubtiere, die schnell genug sind, um eine Thomson-Gazelle in vollem Lauf anspringen und schlagen zu können. Sie einen Großteil des Tages damit, nach einer solchen Gelegenheit Ausschau zu halten. Doch meistens gelingt es ihnen nicht, die Gazellen zu fangen. Und wenn ihre Verfolgungsjagd von Erfolg gekrönt ist, dann können sie nur einen kleinen Anteil der Energie, welche die Gazelle aus dem Gras bezogen hat, verwerten. Denn der Großteil der Energie wird schon von der Gazelle verbraucht worden sein, als sie herumgelaufen ist und auf Grassuche war, als sie mit den anderen Tieren ihrer Herde interagiert hat und natürlich auch, als sie nach dem Gepard Ausschau gehalten hat und dann vor ihm flüchten musste. Zudem würde der Gepard normalerweise nur das Fleisch der Gazelle fressen und sich dadurch den gesamten Anteil der Energie, die in Knochen, Nerven, Haut und Haar enthalten ist, entgehen lassen.

Dieser Energieverlust wächst, je höher wir in der Nahrungskette aufsteigen, das erklärt die Anzahl von Tieren, die in der Natur vorkommen. Für jedes einzelne Raubtier in der Serengeti gibt es mehr als einhundert Beutetiere. Die Gegebenheiten der Natur haben zur Folge, dass große Raubtiere schlichtweg nicht in großer Zahl vorkommen können.

Wir Menschen sind weder Herbivoren noch Karnivoren. Wir sind Omnivoren und anatomisch dafür ausgestattet, sowohl Tiere als auch Pflanzen verdauen zu können. Dadurch, dass Menschen auf der ganzen Welt immer wohlhabender werden, essen sie jedoch immer mehr und verändern auch ihre sonstigen Ernährungsgewohnheiten. Die Menschen konsumieren jedes Jahr mehr Fleisch, und hier liegt das Hauptproblem unseres wenig nachhaltigen Bedarfs an landwirtschaftlichen Nutzflächen. In meiner Jugend waren Nahrungsmittel relativ teuer. Wir aßen weniger, als wir es im Durchschnitt heute tun, und vor allem aßen wir weniger Fleisch. Fleisch war ein seltenes Vergnügen.

Erst in jüngster Zeit, seitdem die Welt wohlhabender geworden ist, sind viele Menschen dazu übergegangen, täglich Fleisch zu essen. Und auch die Fleischproduktion wurde industrialisiert, wodurch Fleisch günstiger wurde. Der Fleischverbrauch sowie der Verzehr vieler anderer Nahrungsmittel sind nicht überall auf der Welt gleich hoch. Heutzutage beträgt in den USA der durchschnittliche Pro-Kopf-Verbrauch von Fleisch über 120 Kilo pro Jahr. In europäischen Ländern wird zwischen 60 und 80 Kilo Fleisch pro Jahr konsumiert. In Kenia essen Menschen im Durchschnitt 16 Kilo Fleisch, und in Indien, einem Land, in dem aufgrund religiöser Überzeugungen Vegetarismus weitverbreitet ist, werden pro Kopf weniger als 4 Kilo Fleisch im Jahr verzehrt.[61]

Ein Stück Fleisch auf unserem Teller braucht zu seiner Produktion eine riesige Landfläche. Aktuell werden fast 80 Prozent der landwirtschaftlichen Nutzflächen weltweit für die Fleisch- und Milchproduktion genutzt – das entspricht vier der fünf Milliarden Hektar landwirtschaftlicher Nutzflächen, eine Fläche so groß wie Nord- und Südamerika zusammen. Erstaunlicherweise steht auf einem Großteil dieser Fläche gar kein Vieh. Es wird für den Anbau von Nutzpflanzen wie Soja gebraucht, die häufig in einem anderen Land produziert und genauso häufig ausschließlich als Futtermittel für Rinder, Geflügel und Schweine eingesetzt werden. Die Fläche, die tatsächlich für die Viehhaltung benötigt wird, ist schwer zu bestimmen. Auch wenn die in wohlhabenderen Ländern lebenden Menschen in ihrem Land erzeugtes Fleisch kaufen oder bestellen, kann trotzdem ein Teil des Futters, das für diese Tiere benötigt wird, aus tropischen Ländern stammen, wo wiederum Wälder zerstört werden, um Futterpflanzen für diese Tiere anzubauen. In diesen tropischen

Ländern schreitet die Ausbreitung landwirtschaftlicher Flächen immer weiter fort, die Hauptursache dafür ist der weltweit immer größer werdende Appetit auf Fleisch.

Von allen Fleischsorten ist die Herstellung von Rindfleisch die umweltschädlichste. Rindfleisch macht etwa ein Viertel der Fleischerzeugnisse und vierzig Prozent der Kalorien aus, die wir zu uns nehmen, beansprucht aber sechzig Prozent unserer landwirtschaftlichen Flächen. Die Rindfleischproduktion nimmt pro Kilogramm fünfzehn Mal mehr Landfläche in Anspruch als Schweinefleisch oder Geflügel. Es wird schlichtweg nicht möglich sein, dass zukünftig alle Bewohner dieses Planeten die Menge an Fleisch essen, die heute von Menschen in den wohlhabendsten Ländern konsumiert wird. Unsere Erdoberfläche reicht dazu einfach nicht aus.

Es gibt bereits eine Fülle von Studien, die untersucht haben, welche Ernährungsweise fair, gesund und nachhaltig sein könnte, sowohl für die Menschheit als auch für den Planeten. Es herrscht Einigkeit darüber, dass wir unsere Ernährungsgewohnheiten ändern müssen und zukünftig vor allem pflanzliche Nahrung und wesentlich weniger Fleisch konsumieren sowie vor allem auf rotes Fleisch verzichten sollten.[62] Auf diese Weise wird nicht nur der Bedarf an landwirtschaftlicher Nutzfläche reduziert, wir produzieren auch weniger Treibhausgase, und es kommt außerdem unserer Gesundheit zugute. Wenn wir anfingen, weniger Fleisch zu essen, könnten Studien zufolge Herzkrankheiten mit Todesfolge, Fettleibigkeit und bestimmte Krebsarten um bis zu zwanzig Prozent reduziert und damit 2050 Milliarden von Dollar im Gesundheitswesen weltweit eingespart werden.[63]

Der Verzehr von Fleisch und die Aufzucht von Tieren stellen jedoch für viele Menschen einen wichtigen Teil ihrer Kultur,

Tradition und des gesellschaftlichen Lebens dar. Die Fleischproduktion bildet außerdem für Hunderttausende von Menschen weltweit die Existenzgrundlage, und in vielen Gegenden gibt es heutzutage gar keine Alternativen. Wie schaffen wir den Übergang von unserem gegenwärtigen Zustand zu einer Lebensweise, die hauptsächlich auf pflanzliche Ernährung ausgerichtet ist? Aus meiner Sicht ist das die zweitgrößte Herausforderung, der wir uns in den nächsten Jahrzehnten stellen müssen. Zusammen mit der Herausforderung, fossile Brennstoffe aus unserem Leben zu verbannen, werden wir auch unsere Abhängigkeit von Fleisch- und Milchprodukten verringern müssen. Immerhin haben wir damit schon angefangen. Jüngste Studien zeigen, dass ein Drittel der Briten entweder ganz auf Fleischkonsum verzichtet oder ihn reduziert hat, und 39 Prozent der US-Amerikaner aktiv versuchen, mehr pflanzliche Alternativen in ihre Ernährung einzubinden.[64] Eine ähnliche Tendenz zeigt sich in vielen anderen Ländern. Mir ist es in den letzten Jahren selbst so ergangen, dass ich, ohne dass ich es mir zu einem bestimmten Zeitpunkt vorgenommen hätte, meinen Fleischverzehr allmählich eingestellt habe. Weder könnte ich sagen, dass ich das mit Vorsatz gemacht habe, noch, dass ich mich dadurch besonders tugendhaft fühle, aber als mir bewusst wurde, dass mir das Fleisch nicht fehlt, war ich überrascht. Die Lebensmittelindustrie arbeitet aktuell daran, diesem Trend mit vegetarischen und veganen Alternativen Rechnung zu tragen.

Große Fast-Food-Ketten und Supermärkte experimentieren jetzt alle mit *alt-proteins* – also mit Fleischersatzprodukten, mit Nahrung, die so aussieht, sich so anfühlt und schmeckt wie Fleisch oder

Milchprodukte, aber ohne Beeinträchtigungen des Tierwohls und ohne die umweltschädlichen Aspekte der Tierhaltung erzeugt werden.

Pflanzliche Alternativen zu Milch, Sahne, Hühnchen und Burger lassen sich heute schnell finden, manche kommen dem Original auf beeindruckende Weise sehr nah, und sie beinhalten alle Nährstoffe, die wir benötigen. Auch wenn viele dieser Produkte aus Soja gemacht sind, nehmen wir, wenn wir Soja selbst essen, die Position der Herbivoren anstelle der Karnivoren ein, und auf diese Weise wirkt sich der Soja-Konsum bei Weitem weniger umweltschädlich aus, als wenn wir Tiere essen, die mit Soja gefüttert wurden.

Es wird ein Zeitpunkt kommen, an dem auch *Clean Meat* oder In-vitro-Fleisch in unseren Regalen landen wird. Es handelt sich dabei um Erzeugnisse, die aus echtem Tiergewebe gewonnen und als unabhängige Zellkulturen gezogen werden. Zur Herstellung von In-vitro-Fleisch müssen wir kein Tier schlachten, und sie ist zudem sehr effizient. Die Kulturen wachsen auf einem optimalen Nährboden, der aus wichtigen Nährstoffen besteht. Sie benötigen nicht viel Wasser, Energie oder Raum, und das Tierwohl ist bei Weitem nicht so gefährdet.

Noch weiter in der Zukunft besteht die Chance auf Fortschritte in der Biotechnologie, die es uns ermöglichen werden, mithilfe von Mikroorganismen fast jedes Protein oder komplexe ökologische Lebensmittel auf Bestellung herzustellen. Für die mit erneuerbaren Energien betriebene Herstellung würden manche nichts anderes als Luft und Wasser benötigen.

Aktuell sind die Produktionskosten für einen Großteil dieser Proteinersatzprodukte sehr hoch, da die Technologien noch nicht ausgereift sind, und bislang konnten noch nicht bei all diesen Produkten ihre Unbedenklichkeit, das heißt, ihre Eignung für den Menschen bestätigt werden. An anderen wird kritisiert, dass sie übermäßig verarbeitet (hochprozessiert) sind. Aber es gibt Prognosen, die eine Revolution in unseren Nahrungsmittelversorgungsketten vorhersagen, sobald die Herstellung dieser Ersatzprodukte so günstig wird wie Rindfleisch, Geflügel, Schwein, Milch und ja, auch Fisch.[65] Der Großteil einfach ersetzbarer Nahrungsmittel wie Rinderhack, Wurstwaren, Hühnerbrust und Milchprodukte könnte innerhalb von wenigen Jahrzehnten durch die Herstellung pflanzlicher Ersatzprodukte ausgetauscht werden. Auch wenn Feinschmeckerprodukte wie Entrecote, Käsespezialitäten und geräucherte Delikatessen weiterhin auf die traditionelle Weise hergestellt würden, wäre die Erdbevölkerung in der Lage, sich mit deutlich weniger Landfläche zu ernähren und dabei deutlich weniger Energie und Wasser zu verbrauchen, wodurch deutlich weniger Treibhausgase entstehen würden. Die Revolution der pflanzlichen Ersatzprodukte könnte sich als maßgeblicher Impuls für unsere Bestrebungen herausstellen, ein nachhaltiges Leben auf der Erde zu führen.

Schätzungen der Ernährungs- und Landwirtschaftsorganisation der Vereinten Nationen (FAO) zufolge werden wir, wenn wir das aktuelle Tempo beibehalten, mit dem die Landwirtschaft immer effizienter gestaltet wird, bis 2040 *peak farm* erreicht haben;[66] das heißt, an diesem Punkt angelangt, werden wir womöglich zum ersten Mal seit der Erfindung der Landwirtschaft vor zehntausend Jahren aufhören, der Erde noch mehr Landfläche abzuringen. Aber wenn wir unsere Ernteerträge auf nachhaltige Weise drastisch steigern, ausgelaugte Böden wiederbeleben, neu geartete Anbauflächen nutzen, weniger Fleisch essen und auf die

Vorzüge pflanzlicher Ersatzprodukte zurückgreifen, wären wir womöglich in der Lage, noch viel weiter zu gehen und den Landraub rückgängig zu machen. Laut Schätzungen wäre die Menschheit dann in der Lage, sich von nur noch der Hälfte der aktuell benötigten Landfläche zu ernähren – wir würden uns mit einer Fläche so groß wie Nordamerika begnügen. Und das wäre von unschätzbarem Wert, denn wir haben einen dringenden Bedarf an all diesen frei werdenden Landflächen. Sie bilden den Rahmen für unsere tatkräftigen Bemühungen, die Biodiversität zu steigern und Kohlenstoff zu binden. Und die landwirtschaftlichen Betriebe, die sich am meisten in die saubere, grüne Revolution einbringen werden, spielen dabei eine ganz entscheidende Rolle.

Zurück zu wilden Landflächen

Es gab eine Zeit, da war ein Großteil des alten Europas mit tiefen, dunklen Wäldern bedeckt. Die kleinen, unerfahrenen Bauerngemeinschaften, die über den Kontinent verteilt lebten, betrachteten den Wald als so etwas wie feindliches Gebiet, als etwas, das es ihnen schwer machte, ihre kargen Felder anzulegen und sich davon zu ernähren; er war ein Ort der Angst, in dem es spukte und wilde Tiere hausten. Sie erzählten ihren Kindern vorm Schlafengehen Märchen, die ihnen Angst machen und sie davon abhalten sollten, allein in den Wald zu gehen. Wölfe würden sie fressen. Sie würden nie mehr herausfinden, weil der Wald sie mit seiner Magie in die Irre führen würde. Hexen warteten dort auf sie. Holzfäller und Jäger, die den Wald bezwangen, wurden als Helden angesehen. Der wilde Wald, der mit seinem grenzenlosen Wachstum schlafenden Prinzessinnen zum Verhängnis wurde und leere Schlösser überwucherte, symbolisierte das allgegenwärtige Böse.

Die Bauernfamilien kämpften mit aller ihnen zur Verfügung stehenden Macht gegen den Wald an, setzten auf Brandrodung und fällten reihenweise Kastanien, Eichen und Kiefern, vertrieben den Wald von den Flussufern hoch auf die Talhänge. Sie töteten die darin lebenden wilden Tiere und hängten deren Köpfe als Trophäen an die Wände. Sie lernten, den Baumbewuchs zu verändern, Eschen, Haselnusssträucher und Weidenbäume bis auf den untersten Stamm herunterzutrimmen, um ein Dickicht aus langen, schmalen Stämmen zu erzeugen, mit denen sie Einzäunungen, Reetdächer und Bettpfosten herstellen konnten. Ihre Bauernhöfe wurden größer, und die Bewohner wurden immer mehr. Die Angst schwand. Der Wald war gezähmt.

Die Entwaldung ist etwas Menschengemachtes. Sie ist ein Ausdruck unserer Macht.

Der Zusammenhang zwischen Fortschritt und der Abholzung des Waldes ist so offensichtlich, dass es ein anerkanntes Modell gibt, um ihn zu definieren. Die *forest transition theory* – die Theorie der Waldtransformation – beschreibt, wie über einen gewissen Zeitraum in sich entwickelnden Ländern Entwaldung und Aufforstung zumeist aufeinander folgen. Solange die menschlichen Populationen gering sind und als kleine Subsistenzwirtschaftsgemeinschaften verstreut leben, geschieht nicht viel mehr, als dass sie den Wald fragmentieren. Aber auch diese Fragmentierung bringt Wind und Licht in das Waldgebiet, wodurch das Innenleben des Waldes verändert wird, was wiederum Einfluss auf das Artenspektrum hat. Je stärker fragmentiert ein Wald ist, desto weniger ist er in der Lage, den ursprünglichen Altbestand zu schützen. Wenn Bauern und Bäuerinnen dann anfangen, Handel mit ihren Erzeugnissen zu betreiben, ist das der Beginn einer Marktwirtschaft: Aus den Bauernhöfen werden Unternehmen, Anzahl und Größe der Nutzflächen wachsen. Der Wert kultivierten Landes steigt schnell in die Höhe, und der verbliebene Wald wird zur Zielscheibe. Der vormals weitläufige Wald schrumpft schnell auf fragmentierte Waldstücke und vereinzelte Wäldchen zwischen den Feldern. Im Laufe der Zeit sorgen landwirtschaftliche Methoden für immer höhere Ernteerträge, immer mehr Menschen, die das urbane Leben suchen, ziehen vom Land in die Städte, landwirtschaftliche Erzeugnisse und Holz werden zunehmend aus dem Ausland importiert, und dadurch gibt es weniger Bedarf an Landwirtschaftsflächen. Grenzertragsböden werden als Erstes aufgegeben, und der Wald erobert sich das Land zurück.

In einem Großteil Europas war diese Transformationsphase der Wiederbewaldung, in der die Nettofläche des Waldes allmählich wieder zunimmt, zur Zeit des Zweiten Weltkriegs erreicht. Auch der Osten der USA, der nach der Ankunft der Europäer in bemerkenswertem Tempo kahl geschlagen wurde, begann in der ersten Hälfte des 20. Jahrhunderts mit der Aufforstung. Seit 1970 haben sich bislang der Westen der USA, einige mittelamerikanische Staaten sowie Teile von Indien, China und Japan dem angeschlossen. Es sei jedoch angemerkt, dass all diese Länder die Aufforstung hauptsächlich dank der Globalisierung vorantreiben konnten, da sie zunehmend landwirtschaftliche Erträge und Holz aus Entwicklungsländern importierten. Somit ist es kaum verwunderlich, dass die Bäume in den Tropen immer noch aktiv abgeholzt werden. Viele Länder in diesen Breitengraden müssen für die Märkte der reicheren Länder der Welt und deren Bedarf nach Rindfleisch, Palmöl und Holz herhalten und schlagen den tiefsten, dunkelsten und wildesten aller Wälder kahl – den tropischen Regenwald. Sollten wir ihnen dazu raten, ihre Arbeit so schnell wie möglich zu beenden? Tatsächlich können wir es uns nicht mehr leisten zu warten. Wenn die Abholzung in dem bisher üblichen Tempo weiterginge, würden die daraus resultierenden Kohlenstoffemissionen und der Artenverlust katastrophale Ausmaße für die ganze Welt annehmen. Wir müssen jegliche Abholzung weltweit sofort stoppen und die Länder, die ihre Wälder noch nicht vollständig kahl geschlagen haben, mit unseren Investitionen und durch unseren Handel unterstützen, damit sie dennoch vom finanziellen Wert ihrer Ressourcen profitieren können, ohne sie zu verlieren.

Das ist einfacher gesagt als getan. Die Natur auf dem Festland zu erhalten ist ein Unterfangen, das sich erheblich von der Erhaltung der Meere unterscheidet. Die internationalen Gewässer gehören niemandem. Über die Küstenmeere, auch Hoheitsgewässer genannt, können die Regierungen der jeweiligen Anrainerstaaten je nach Zustand der Gewässer umfassende Entscheidungen fällen. Das Festland hingegen ist da, wo wir leben. Es ist in Milliarden von unterschiedlich großen Grundstücken unterteilt, die von einer Heerschar von gewerblichen, staatlichen, kommunalen und privaten Parteien besessen, ver- und gekauft werden. Der Wert des Landes wird von Märkten bestimmt. Der Kern des Problems besteht darin, dass wir heutzutage überhaupt keine Möglichkeit haben, den Wert der Natur und ihre globalen wie auch ihre regionalen ökologischen Verdienste zu bemessen. Hundert Hektar bestehenden Regenwaldes haben auf dem Papier weniger Wert als hundert Hektar einer Palmölplantage. Deshalb wird die Zerstörung von Natur als etwas Lohnenswertes angesehen. Die einzige praktikable Möglichkeit, etwas an dieser Situation zu ändern, besteht darin, die Bedeutung von eigentlichem Wert zu verändern.

Das *REDD+*- Programm der Vereinten Nationen ist der Versuch, genau diesen Ansatz umzusetzen.[67] Es handelt sich dabei um eine Methode, den letzten Regenwäldern der Welt ihren tatsächlichen Wert zuzuschreiben, indem ein Preis für die gigantische Menge an Kohlenstoff, die sie speichern, festgesetzt wird. Auf diese Weise wird es möglich, die Menschen und Regierungen, die ihren natürlichen Zustand bewahren, dafür zu entschädigen, was zum Teil durch Klimakompensationen finanziert wird. In der Theorie sollte REDD+ funktionieren. In der Praxis sieht es jedoch so aus, dass die komplizierten Verhältnisse von Bodenbesitz und Bodenwert schwierige Fragen aufgeworfen haben. Indigene Völker haben protestiert, dass REDD+ den Wert des Waldes auf nichts anderes als ein Dollarzeichen reduziert und eine neue Form von Kolonialismus fördert. Das Geld, das damit gemacht werden kann, hat sogenannte *carbon cowboys* aus anderen Ländern auf den Plan gerufen, die sich plötzlich einfinden, um sich Anteile eines Regenwaldgebiets zu sichern, da es an Wert gewinnt. Andere befürchten, dass, wenn ein System geschaffen wird, mit dem der gespeicherte Kohlenstoff in den Tropen ausgeglichen werden kann, die Großindustrien REDD+ ins Feld führen werden, um ihren weiteren Gebrauch fossiler Brennstoffe zu rechtfertigen.

Wenn etwas an Wert gewinnt, wird die Gier im Menschen wachgerufen, das ist ein trauriger Fakt. Während REDD+ von seinen bereits bestehenden Projekten in Südamerika, Afrika und Asien lernt, besteht Hoffnung darauf, dass man herausfinden wird, wie sich dieses Konzept verbessern lässt. Wir brauchen so etwas wie REDD+. Es ist ein mutiger Versuch, gegen die grundlegende Unterbewertung der Natur anzugehen, und wir dürfen nicht aufgeben. Die Wahrheit, die diesem Ansatz zugrunde liegt, verstehen wir alle instinktiv. Die letzten Wälder, Regenwälder,

Feuchtgebiete, Graslandschaften und Gehölze der Erde sind in Wirklichkeit unbezahlbar. Wir können es uns nicht leisten, diese Kohlenstoffspeicher freizugeben. Sie leisten ökologische Dienste, auf die wir nicht verzichten können. Sie sind Heimat für eine Biodiversität, die wir nicht verlieren dürfen. Wie können wir all das in unserem Wertesystem darstellen?

Vielleicht müssen wir die Währung ändern. Wenn wir der Natur nur anhand der Menge von Kohlenstoff, die sie abscheidet und speichert, ihren Wert zuschreiben, dann wird Kohlenstoff das Einzige, was für uns von Bedeutung ist. Dadurch wird der Wert, den die Natur für uns hat, nicht nur zu stark vereinfacht dargestellt, es könnte, was schlimmer wäre, dazu führen, dass wir schnell wachsenden Eukalyptusplantagen den gleichen Wert zusprechen wie artenreichen Wäldern. Wir würden möglicherweise die für die Nahrungsmittelversorgung nicht mehr benötigten landwirtschaftlichen Nutzflächen für den Anbau von Bioenergie-Monokulturen einsetzen, anstatt Wälder wieder aufzuforsten. Die CO_2-Abscheidung und -Speicherung ist überaus wichtig, aber sie ist nicht alles. Sie wird das sechste Massenaussterben nicht aufhalten. Um eine stabile und gesunde Welt zu erschaffen, sollten wir vor allem die Biodiversität wertschätzen. Schließlich ist es doch so, dass, je höher die Biodiversität bei uns ist, automatisch mehr Kohlenstoff gespeichert wird, denn je artenreicher ein Lebensraum ist, desto besser kann er diese Aufgabe erfüllen. Wie sähe eine Welt aus, in der Biodiversität ihren angemessenen Wert hätte und Grundbesitzer dazu angehalten würden, diesen Wert überall und auf jede erdenkliche Weise zu steigern?

Es wäre eine magische Welt. Aus dem Primärregenwald, gemäßigten Altbestandswäldern, intakten Feuchtgebieten und natürlichen Graslandschaften würden die wertvollsten Grundstücke der Welt! Die Besitzer dieser natürlichen Landschaften würden dafür belohnt werden, diese weiterhin zu beschützen. Die Abholzung von Wäldern würde sofort aufhören. Wir würden schnell begreifen, dass der beste Ort, um Palmöl oder Soja anzupflanzen, nicht die Landfläche ist, auf der noch unberührter Regenwald steht, sondern die Fläche, die vor Jahren schon abgeholzt wurde – es gibt schließlich genug davon.

Wir würden dazu ermutigt werden, Möglichkeiten zu finden, die pure Wildnis zu nutzen, ohne ihren Artenreichtum oder ihre Speicherfähigkeit von Kohlenstoff zu reduzieren. Und solche Methoden gibt es. Die achtsame, respektvolle Erforschung unberührter Regenwälder, auf der Suche nach unbekannten Substanzen, von denen wir uns neue Heilmittel für Krankheiten versprechen, oder nach industriell nutzbaren Materialien und Nahrungsmitteln, wäre akzeptabel, vorausgesetzt, dass die ortsansässigen Gemeinden ihre Zustimmung gäben und der daraus resultierende Gewinn dieser Güter Einkommen für diejenigen generieren würde, die den Wald schützen. Nachhaltige Abholzung[68] ausgewählter Bäume und ihr umsichtiger Abtransport wären erlaubt, denn es hat sich gezeigt, dass sie zum Erhalt der Biodiversität beiträgt.[69] Ökotourismus, der es uns ermöglicht, all diese geschützten Naturwunder kennenzulernen, könnte diesen naturbelassenen Orten ein beachtliches zusätzliches Einkommen verschaffen, ohne gravierende Auswirkungen auf die Umwelt zu haben. Je mehr wilde Natur wir zukünftig hätten, umso weniger konzentrierten sich die Touristen an einem Ort.

Und es gäbe einen wunderbaren Beweggrund, alle Landflächen, die an ursprüngliche Natur angrenzen, zu renaturieren

und zu vergrößern. Diese Initiativen sollten am besten von Einheimischen und indigenen Völkern in und um unsere ursprünglichsten Gebiete herum geleitet werden. Erfahrungen aus verschiedenen Naturschutzprojekten haben nämlich gezeigt, dass positive Veränderungen nur dann langfristig funktionieren, wenn die Einheimischen in die Entwicklung der Konzepte voll integriert werden und die Vorteile zunehmender Biodiversität direkt zu spüren bekommen. Eine Geschichte aus Kenia veranschaulicht dies. Die Massai sind ein Hirtenvolk, das seit Hunderten von Jahren sein Vieh und seine Ziegen Seite an Seite mit den wilden Tieren auf den Graslandschaften der Serengeti grasen lässt. Sie essen die wilden Tiere um sie herum nicht. Sie tolerieren sogar, dass die dort vorkommenden Raubtiere einige ihrer Rinder jedes Jahr reißen.

Als Kenia sich entwickelte, wuchs die Massai-Bevölkerung. Dadurch gab es mehr Vieh, und die Überweidung durch das Vieh stellte allmählich ein Problem dar. Ihre Nachbarn, die wilden Tiere, begannen zu verschwinden. Als Reaktion darauf taten sich einige Massai-Familien mit dem Ziel zusammen, Schutzgebiete zu erschaffen, damit die wilden Tiere zurückkehrten. Sie vereinbarten, ihre Rinder auf eine Weise über die Ebene zu treiben, die ein Vegetationsmosaik begünstigen würde, wodurch eine große Anzahl und Vielfalt von Herbivoren und infolgedessen auch Raubtieren angezogen werden würden. Während die Schutzgebiete zu ihrem ursprünglichen Zustand zurückfanden, vergaben die Familien Lizenzen an nachhaltige Safari-Lodges, die sich auf ihrem Land niederlassen wollten. Das Konzept ging auf. Je mehr Wildnis zurückkehrte, desto mehr Menschen besuchten die Safari-Lodges, und desto mehr nahmen die Massai-

Gemeinschaften ein. Nach nur wenigen Jahren begannen einige Massai-Familien, ihre Viehherden zu verkleinern, um die Flora und Fauna noch mehr zu stärken. Als ich 2019 diese Schutzgebiete besichtigte, bekam ich von der jüngeren Generation der Massai schnell zu hören, dass sie mittlerweile wilde Herden für wertvoller hielten als ihre eigenen. Massai-Gemeinschaften in den angrenzenden Gebieten haben die Erfolge ihrer Nachbarn aufmerksam verfolgt und fangen jetzt auch an, Schutzgebiete zu errichten. Innerhalb weniger Jahrzehnte wäre es dank eines Netzwerks von Schutzgebieten, die durch Wildtierkorridore miteinander verbunden wären, möglich, zu wilden Graslandschaften zurückzukehren, die von den Ufern des Viktoriasees bis zum Indischen Ozean reichen, da ganz einfach erkannt wurde, dass Biodiversität einen wahrhaftigen Gebrauchswert hat.

Es besteht Hoffnung, dass die Natur sogar in Gegenden zurückkehren kann, die vor sehr langer Zeit in Europa kultiviert wurden. Da die Nachfrage nach mehr Fläche für die Nahrungsmittelproduktion abnimmt, gibt es bei europäischen Regierungen Anzeichen dafür, ihre Subventionspolitik möglicherweise zu überdenken und den Landwirten Subventionen zukommen zu lassen, die ihre Nutzflächen auf eine auf Maximierung von Biodiversität und Kohlenstoffspeicherung ausgerichtete Weise bewirtschaften.[70] Dieser neue Ansatz könnte eine beachtliche Resonanz auf Millionen von Hektar europäischer Landwirtschaftsflächen auslösen. Die Rückkehr von Hecken anstelle der üblichen Einzäunungen wäre möglich. Die Agroforstwirtschaft, also der Anbau von Nutzpflanzen unter Bäumen, könnte auf einmal boomen. Teiche und Wasserwege könnten wiederhergestellt werden. Pestizide und Düngemittel verlören, weil sie beide der Biodiversität schaden, ihre Anziehungskraft. Stattdessen könnten Pflanzen angebaut werden, die tierische Schädlinge von der Nutzpflanze abhalten, und regenerative Techniken angewandt werden, die ihre Böden auf natürliche Weise mit Nährstoffen anreichern. Diese Annäherung an eine natürliche Landwirtschaft könnte den größten Zuspruch bei den Fleischproduzenten finden. Da Menschen immer mehr zu pflanzlicher Ernährung übergehen, werden sie vielleicht wählerischer, wenn sie doch ganz selten Fleisch kaufen, und achten dann mehr auf Qualität als Quantität. Sie würden sich dann eher für Rindfleisch, Lamm, Schwein oder Geflügel entscheiden, deren Haltung Kohlenstoffspeicherung und die Erhaltung der Natur miteinbezieht. Als Reaktion darauf könnte in der Milch- und Viehhaltung von Mastanlagen und Legebatterien mit importiertem Mastfutter auf Praktiken wie einen Hutewald umgesattelt werden, das heißt, Nutztiere würden das ganze Jahr über in einem Wald gehalten. Zwar wäre der Ertrag der Fleischproduktion wesentlich niedriger als in der Massentierhaltung, aber das umweltfreundliche Produkt könnte ein Gütesiegel tragen. Die Bäume in den Feldern könnten mehr als nur die Emissionen der Tiere kompensieren, sie würden auch Schatten und Schutz für die Tiere spenden, die der Gesundheit und dem Ertrag zugutekämen. Die Tiere wiederum würden die Böden düngen und unerwünschte Pflanzen fernhalten.

Die Nutztierhaltung im Hutewald funktioniert so gut, weil sie einen natürlichen Zustand nachbildet. In vorgeschichtlicher Zeit war Europa dicht mit Wald bewachsen, die Fläche bestand aus Waldweiden, einem Mosaik, worin sich Urwälder mit Auen

abwechselten. Diese Landschaft wurde von einer Gemeinschaft riesiger, kräftiger, wilder Rinder, die Auerochsen genannt werden, wilden, Tarpan genannten Pferden und Herden europäischer Bisons, Elchen und Wildschweinen geschaffen – all die Tiere, die auf den Mauern der Höhlen in Frankreich abgebildet sind. Sie lebten in einer natürlichen Gemeinschaft, und zwei kühne Landwirte aus Südengland haben versucht, dies nachzuahmen. Im Jahr 2000 gingen Charlie Burrell und Isabella Tree auf ihrer 1 400 Hektar großen Farm, dem Knepp Estate, ein Wagnis ein.[71] Da sie infolge der wachsenden Kosten für ihren Maschinenpark und den Einsatz von Agrochemikalien auf ihren Grenzertragsböden kurz vor dem Bankrott standen, entschieden sie sich, die konventionelle Landwirtschaft, wie sie sie ihr Leben lang betrieben hatten, aufzugeben und die Rückbesinnung zur Wildnis zum neuen Konzept ihres landwirtschaftlichen Betriebs zu machen. Sie öffneten ihre Felder, wählten unter Rindern, Ponys, Schweinen und Hirschen diejenigen Arten aus, die am ehesten den Arten gleichkamen, die vor Tausenden von Jahren auf dieser Landfläche gelebt hatten, und ließen sie das ganze Jahr über miteinander frei über die Felder streifen, ohne ihnen zusätzlich Futter zu verabreichen. Indem sie auf natürliche Weise Herbivoren miteinander vermischten, begannen diese, wie in der Wildnis zu interagieren. Dort ziehen zum Beispiel Zebras und Gnus im Teamwork zum Grasen über die weiten Ebenen. Die Zebras fressen das härtere, höhere Gras und lassen den Gnus das weichere grüne Gras, das sie verdauen können. Studien konnten nachweisen, dass Rinder, die auf diese Weise zusammen mit Eseln grasten, erheblich mehr Gewicht zulegen konnten, wenn sie zusammen fraßen, als wenn sie getrennt voneinander gehalten wurden. In einem natürlichen Lebensraum werden diese und noch viele andere einander ergänzende Faktoren wirksam. Sie sind ganz entscheidend dafür, wie ein Landschaftsbild geprägt wird, und sie begannen, das Knepp Estate zu verändern. Die Tiere, die wie die wilden Herden des vorgeschichtlichen Englands miteinander agierten, verwandelten die einförmigen Felder wieder in Sumpfgebiete, Dickichte, Heideland und Waldungen. Dadurch schoss die Biodiversität auf dem Farmland förmlich in die Höhe, und sie wurde innerhalb von nur fünfzehn Jahren zu einem der besten Orte Englands, wenn es um seltene heimische Pflanzen, Insekten, Fledermäuse oder Vögel geht.

Charlies und Isabellas Freiland-Farm produziert immer noch Nahrung. Jedes Jahr schätzen sie ab, wie viele Tiere die sich immer noch verändernde Landschaft ernähren kann, und nehmen die überschüssigen Tiere heraus. Eigentlich übernehmen sie die Funktion des Raubtiers an der Spitze der Nahrungskette.

Knepp ist kein Naturschutzprojekt, das heißt, es hat keine bestimmte Zielart, die es erhalten möchte. Knepp lässt die Tiere als Entwicklungsfaktoren der Landschaft fungieren, und sie erledigen ihre Aufgabe auf ganz hervorragende Weise. Zusätzlich zu ihrer rekordverdächtigen Biodiversität speichert die Farm heute tonnenweise Kohlenstoff in ihren immer nährstoffreicheren Böden, und die sich verändernden Wasserläufe sorgen stromabwärts für weniger Überschwemmungen.

Das Knepp Estate, ein landwirtschaftlicher Betrieb, der Viehwirtschaft betreibt, ist wohl der Ort schlechthin, der dem alten, natürlichen Großbritannien am nächsten kommt. Viele Menschen sind daran interessiert, ihn zu besichtigen. Öko-Safaris und ein Naturcampingplatz ergänzen zusätzlich zu den Erträgen der

Fleischproduktion und den Subventionen die Einnahmen, wodurch die Farm endlich wirtschaftlich arbeitet.

Freilandhöfe im ursprünglichsten Sinne könnten in einer Epoche, in der Biodiversität angemessen vergütet wird, zur Normalität werden. Jede Form einer durchmischten Herde, die stellvertretend für die ursprüngliche Tiergemeinschaft agiert, würde dazu beitragen, dass der Lebensraum in seinen natürlichen Zustand zurückkehrt. Wenn Tourismus keine Option wäre, um das Einkommen aufzubessern, könnten Landwirte vielleicht einem anderen zusätzlichen Lebensunterhalt nachkommen, beispielsweise der Erzeugung erneuerbarer Energien. Die riesigen Windräder, die heutzutage hergestellt werden, könnten auf offener Graslandschaft stehen oder sogar, wie es gerade in Deutschland bewiesen wurde, über einem Wald, ohne die sich entwickelnde Natur zu stören. Die landwirtschaftliche Tierhaltung der Zukunft könnte, mit der richtigen Unterstützung, mehr als nur Nahrungsproduktion sein. Sie könnte gleichzeitig auch Grundbau-Ingenieurwesen, Kohlenstoffhandel, Forstwirtschaft, Reiseveranstalter, Energielieferantin und Naturverwaltung werden – sie würde als sachkundige Hüterin über das natürliche Potenzial und den nachhaltigen Wert ihrer Landflächen wachen und daraus Wert schöpfen.

Möglicherweise könnte der Freilandhof-Ansatz mit der richtigen Motivation dazu führen, dass sich ganze Landschaften verändern. Je größer die Fläche ist, die Biodiversität zur Verfügung steht, desto mehr wirft sie in den meisten Fällen auch ab. Wären benachbarte Grundbesitzer bereit, ihre Erträge zu teilen, könnten sie sich zusammenschließen und große, grenzenlose Naturparks erschaffen, die in vielerlei Hinsicht den Schutzgebieten der

Massai ähnelten. Es gibt bereits solche Zusammenschlüsse, die in gemeinsamen Projekten Hunderttausende von Hektar vereinen, um die Biodiversität der Great Plains im Westen der USA und die schroffen, bewaldeten Täler der Karpaten in Europa zu steigern.[72] Es ist möglich.

Wenn man in noch größeren Dimensionen denkt, eröffnen sich Möglichkeiten für die wohl spektakulärsten und umstrittensten Ambitionen der Rückbesinnung auf Wildnis überhaupt – die Wiedereinführung von großen Raubtieren. In einer Welt, in der die Erhöhung von Biodiversität und Kohlenstoffspeicherung belohnt wird, kann das, unter der Voraussetzung, dass ausreichend Lebensraum vorhanden ist, sinnvoll sein, denn wir können aufgrund des *trophische Kaskade* genannten Effekts durchaus Nutzen daraus ziehen. Das berühmteste Beispiel hierfür ist die Wiedereinführung von Wölfen in den Yellowstone Nationalpark 1995. Bis zur Rückkehr der Wölfe verbrachten große Hirschrudel viel Zeit damit, Strauchwerk und junge Bäume in den Flusstälern und Schluchten abzuäsen. Als die Wölfe auftauchten, war damit Schluss, nicht weil die Wölfe viele Hirsche aßen, sondern weil die Hirsche Angst vor den Wölfen hatten. Die Routine der Hirschrudel veränderte sich. Sie zogen mehr umher und hielten sich nicht so lange auf offenem Gelände auf. Innerhalb von sechs Jahren wuchsen die Bäume nach und sorgten für Schatten am Wasser, in dessen Schutz sich Fische versammelten. Espen, Weiden und Pappeln trieben auf dem Grund und an den Talhängen aus. Die Anzahl der Waldvögel, Biber und Bisons nahm zu. Die Wölfe jagten auch Kojoten, sodass es den Hasen- und Mäusepopulationen besser ging, wodurch die Bestände von Füchsen, Wieseln und Falken wuchsen. Sogar die

Anzahl der Bären nahm zu, denn sie profitierten von den Resten der Tiere, die von den Wölfen gerissen worden waren. Im Herbst ergötzten sie sich zudem an den Beeren der Bäume und Sträucher, die sonst nie Früchte getragen hätten.[73]

Das Fazit ist eindeutig: Damit die sich Biodiversität in einer Landschaft wie dem Yellowstone Nationalpark erhöhen konnte, reichte die Einwilderung von Wölfen. Das nehmen sich die Europäer jetzt zu Herzen, denn sie müssen sich damit auseinandersetzen, wie sie mit den zwanzig bis dreißig Millionen Hektar aufgegebener landwirtschaftlicher Nutzflächen umgehen, die im Rahmen der andauernden *forest transition* bis 2030 erwartet werden. Es geht dabei um ein Gebiet, das so groß wie Italien ist. Wenn Wälder bald wieder den Platz von ehemals landwirtschaftlich genutzten Flächen einnehmen, wäre es doch besser, wenn sie so artenreich und kohlenstoffabsorbierend wie möglich wären.

Die Rückkehr der Natur ist im Begriff, zu einer praktikablen politischen Option für Regierungen zu werden, die den wahrhaftigen Wert der Natur sowie ihren Beitrag zu Stabilität und Wohlbefinden begreifen.

Alle Anreize sind geschaffen, um bis zum Ende dieses Jahrhunderts eine im Vergleich zum Anfang des 21. Jahrhunderts viel wildere Welt zu erschaffen. Skeptiker brauchen nur einen Blick auf Costa Rica zu werfen, um zu begreifen, was mit der richtigen Motivation alles möglich ist. Vor hundert Jahren waren über drei Viertel der Landesfläche von Costa Rica mit Wald bedeckt, ein Großteil davon war tropischer Regenwald. Bis zu den 1980er-Jahren hatten unkontrollierter Kahlschlag und die Nachfrage nach Ackerland dafür gesorgt, dass der Waldbestand des Landes auf gerade mal ein Viertel geschrumpft war. Die Regierung

beschloss zu handeln, da sie Sorge hatte, dass die fortlaufende Abholzung dem ökologischen Nutzen ihrer ursprünglichen Natur schaden würde, und sie bot Landbesitzern Subventionen an, wenn sie wieder heimische Bäume anpflanzten. Es dauerte nur 25 Jahre, bis die Hälfte Costa Ricas wieder mit Wald bedeckt war. Costa Ricas wilde Landschaften haben jetzt einen erheblichen Anteil am Einkommen des Landes, und sie tragen ganz wesentlich zur Identität des Landes bei.

Man stelle sich nur vor, das gelänge uns weltweit. Eine 2019 veröffentlichte Studie zeigt auf, dass die Rückkehr der Bäume theoretisch bis zu zwei Drittel der Kohlenstoffemissionen absorbieren könnte, die durch unser Tun in die Atmosphäre gelangt sind.[74] Die Renaturierung der Landflächen liegt in unserer Macht, und es würde sich zweifelsohne lohnen. Das Erschaffen von wilden Landschaften rund um den Globus hätte die Rückkehr der Biodiversität zur Folge, und die Biodiversität würde das tun, was sie am besten kann: den Planeten stabilisieren.

Den Höchststand der Welt-
bevölkerung fest vor Augen

Bis hierher hat sich meine Vision mit der Reduzierung unseres ökologischen Fußabdrucks und damit befasst, wie wir der Wildnis auf sinnvolle Weise zur Rückkehr verhelfen können. Wenn wir all diese Maßnahmen gewissenhaft umsetzen, dann werden wir der Erde sicherlich bei Weitem weniger schaden. Sogar diejenigen, die großen materiellen Wohlstand anhäufen konnten und gegenwärtig den größten Fußabdruck hinterlassen, würden einen nachhaltigeren Lebensstil führen. Der Fußabdruck der gesamten Menschheit würde also gleichmäßiger verteilt. Für die Umsetzung der hehren Ambitionen des Donut-Modells, nämlich die Erschaffung einer stabilen Welt, in der ein jeder und eine jede ihren oder seinen gerechten Anteil an den endlichen Ressourcen erhält, müssen wir aber auch der Anzahl unserer eigenen Bevölkerung Rechnung tragen.

Als ich geboren wurde, waren wir weniger als zwei Milliarden Menschen auf diesem Planeten – heute sind es fast viermal so viel. Seit 1950 ist die Weltbevölkerung stetig und schnell gewachsen, nun verlangsamt sich das Wachstum jedoch. Prognosen der Vereinten Nationen sagen derzeit voraus, dass es bis 2100 zwischen 9,4 und 12,7 Milliarden Menschen auf der Erde geben wird.[75]

217

In der Natur bleiben Tier- und Pflanzenpopulationen hinsichtlich ihrer Anzahl in jedem beliebigen Lebensraum über die Zeit
hinweg relativ unverändert und im Gleichgewicht mit den anderen Tier- und Pflanzenarten desselben Lebensraums. Wenn zu
viele Lebewesen gleichzeitig da sind, wird es für jedes einzelne
schwieriger, das zu bekommen, was seine Art von diesem Bio-
top braucht, was zur Folge hat, dass einige sterben oder diesen
Lebensraum ganz verlassen. Wenn zu wenige Lebewesen geboren werden, gibt es für alle von allem in Hülle und Fülle, und sie
werden sich ordentlich vermehren, bis sie wieder ihr volles
Potenzial erreicht haben.

Die Bevölkerung jeder einzelnen Art nimmt leicht zu oder
leicht ab und pendelt sich um eine Anzahl herum ein, die der
Lebensraum unendlich ernähren kann. Diese Zahl – die Tragfähigkeit eines Lebensraums für eine bestimmte Spezies – stellt
die Quintessenz des ökologischen Gleichgewichts dar.

Wie hoch ist die Tragfähigkeit der Erde bei Menschen? Trotz
begründeter Voraussagen und besorgter Warnungen großer
Denker und Denkerinnen im Laufe unserer Geschichte haben
wir unsere natürliche Obergrenze bisher noch nicht erreicht. Es
scheint, als würden wir immer neue Möglichkeiten finden oder
erfinden, um uns die Umwelt zunutze machen zu können und
immer mehr lebensnotwendige Güter wie Nahrung, ein Obdach
oder Wasser für immer mehr Menschen zur Verfügung zu stellen.
Es ist eigentlich noch viel beeindruckender als das. Mühelos sorgen wir für viel mehr als die wichtigsten Lebensnotwendigkei-
ten – wir haben Schulen, Geschäfte, Unterhaltung, öffentliche
Einrichtungen –, obwohl unsere Bevölkerung in sagenhafter Geschwindigkeit wächst. Kann uns denn nichts aufhalten?

Die Katastrophe, die sich um uns herum anbahnt, deutet darauf hin, dass dies doch geschieht. Der Biodiversitätsverlust, der Klimawandel, der Druck auf die planetaren Grenzen, alles weist schlussendlich darauf hin, dass wir uns mit großen Schritten der Grenze der Tragfähigkeit der Erde nähern. Seit 1987 wird jedes Jahr der *Earth Overshoot Day* oder auch Erdüberlastungstag ausgerufen, der Tag im Kalenderjahr, an dem der Konsum der Menschen die Tragfähigkeit der Erde übersteigt, ihre Ressourcen im laufenden Jahr zu erneuern. 1987 war der Erdüberlastungstag am 23. Oktober. 2019 war es schon am 29. Juli so weit. Wir Menschen verbrauchen jetzt das 1,7-Fache dessen, was die Erde in einem Jahr erneuern kann.[76] Obwohl sechzig Prozent dieser Zahl auf das Konto unserer Kohlenstoffbilanz gehen, haben wir es doch mit einem deutlichen Indiz dafür zu tun, wie maßlos unsere Nachfrage nach natürlichen Ressourcen geworden ist. Diese Überschreitung ist die Quintessenz unserer fehlenden Nachhaltigkeit – wir überstrapazieren die Tragfähigkeit der Erde, indem wir ihre Kernressourcen verbrauchen. Die drohende Katastrophe ist das, was passiert, wenn die Erde angesichts unserer Überziehung einen Ausgleich einfordert.

Indem wir die Umweltbelastung unseres Verbrauchs auf allen weiter oben skizzierten Ebenen reduzieren, werden wir die Tragfähigkeit der Erde wieder effektiv steigern, sodass sich noch mehr Menschen diesen Planeten werden teilen können. Um allen den Anteil zu geben, der ihnen zusteht, und gemäß dem Donut-Modell ein besseres Leben zu ermöglichen, ist es jedoch unerlässlich, das Wachstum der menschlichen Bevölkerung einzudämmen. Glücklicherweise gibt es Indizien dafür, dass genau das geschieht, wenn sich die Lebensqualität von allen bessert.

Modell des demografischen Übergangs

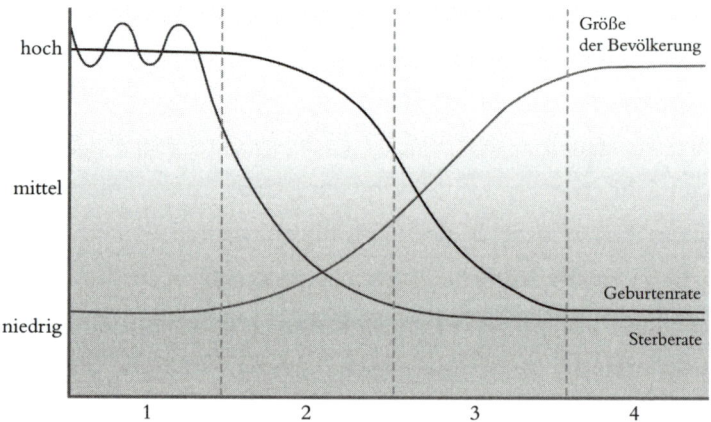

Mit dem Ausdruck *Demografischer Übergang* beschreiben Geografen den Verlauf der wirtschaftlichen Entwicklung von Staaten oder Gesellschaften. Er besteht aus vier Phasen, allerdings haben viele Länder noch nicht alle vier durchlaufen. In diesem Übergang zeichnet sich Fortschritt durch Veränderungen in den Geburten- und Sterberaten aus. Im Laufe ihrer Entwicklung erfahren Bevölkerungen eine Wachstumsexplosion, die dann abschwächt und sich stabilisiert – sozusagen eine Reifung. Japan hat den Übergang während des 20. Jahrhunderts vollzogen. Seit Jahrtausenden hatte sich Japan in Phase eins des Übergangs befunden: eine vorindustrielle Gesellschaft, die von der Landwirtschaft lebte und anfällig für Dürren, Überflutungen und Infektionskrankheiten war. Die Geburtenrate war hoch, aber die Sterberate war genauso hoch, weshalb sich an der Bevölkerungszahl nur wenig änderte und sie über die Jahrhunderte hinweg langsam zunahm.

Um 1900 herum hatte Japan es eilig damit, sich zu industrialisieren. Die japanischen Regierungen des 19. Jahrhunderts waren fest entschlossen gewesen, sich nicht von europäischen Nationen kolonisieren zu lassen, und hatten sich einer Politik verschrieben, die das Motto »reiches Land/starkes Militär« verfolgte. Es wurden enorme Investitionen in Wissenschaften, Maschinenbau, Verkehrswesen, Bildung und Landwirtschaft getätigt, wodurch sich Japans Gesellschaft veränderte. Die Industrialisierung führte Japan in Phase zwei, in der die Geburtenraten hoch bleiben, aber die Sterberaten sinken. Dank der Industrialisierung gab es Fortschritte in der Nahrungsmittelproduktion, in Bildung, Hygiene und im Gesundheitswesen zu verzeichnen, wodurch die Sterberate massiv zurückging. Da die Frauen aber immer noch so viele

Kinder bekamen wie früher – im Schnitt vier, fünf oder sechs –, begann die Bevölkerungszahl Japans rasch zu steigen. Sie verdoppelte sich zwischen 1900 und 1955 auf 89 Millionen Einwohner.

Direkt nach dem Zweiten Weltkrieg, aus dem Japan als besiegte Macht hervorging, die von den Alliierten besetzt wurde, war das Land gezwungen, seine militärischen Ambitionen aufzugeben und sich im Rahmen des Wiederaufbaus an der Weltwirtschaft auszurichten. Als die Große Beschleunigung und die Nachfrage nach Konsumgütern wie Waschmaschinen, Fernseher und Autos begannen, war Japan gut aufgestellt, um eine führende Rolle als Technologielieferant zu übernehmen. Zwischen den frühen 1950er- und 1970er-Jahren fand ein sogenanntes Wachstumswunder statt, die Städte wuchsen schnell, die Einkommen stiegen, das Bildungswesen wurde verbessert, und man verfolgte ambitioniertere Ziele. Während dieser Zeit sank jedoch die Geburtenrate plötzlich auf ein bedenklich niedriges Niveau. Eine Durchschnittsfamilie bekam 1975 nur noch zwei Kinder. Viele Lebensbereiche hatten sich für die meisten gebessert, aber sie waren jetzt auch teurer. Es gab weniger Platz, Geld und Zeit, um Kinder großzuziehen – und es gab weniger Anreize für große Familien, denn die Kindersterblichkeit war dank besserer Ernährung und medizinischer Versorgung zurückgegangen. Japan durchlief Phase drei, in der die Sterberate niedrig ist und die Geburtenrate sinkt. Mit immer kleiner werdenden Familien kam die Bevölkerungsexplosion zum Stillstand. Die Wachstumskurve erreichte ihren Maximalwert.

Im Jahr 2000 betrug die Einwohnerzahl Japans 126 Millionen. Und dabei ist es geblieben. Die Größe der Bevölkerung hat sich eingependelt. Japan befindet sich in Phase vier des Übergangs: Die Geburten- und die Sterberate sind beide niedrig, was zur Folge hat, dass sie sich gegenseitig aufheben und die Bevölkerungszahl stabil bleibt. Die Bevölkerungsexplosion in Japan war ein vorübergehendes, einmaliges Ereignis, das letztendlich durch die gesellschaftlichen Fortschritte der Großen Beschleunigung gestoppt wurde.

Dieser vierphasige demografische Übergang findet gegenwärtig in allen Staaten der Welt statt. Der große Satz, den die Menschheit während des 20. Jahrhunderts gemacht hat, war die Folge Hunderter von Staaten, die Phase zwei und drei des demografischen Übergangs durchliefen. Ein solcher Übergang lässt sich sehr wohl für die gesamte Weltbevölkerung festlegen. Die Wachstumsrate der Weltbevölkerung, die jedes Jahr anstieg, erreichte ihren Höhepunkt schon 1962, und seitdem ist sie Jahr um Jahr weitestgehend wieder gesunken. Das bedeutet, dass der Übergang der Phase drei zu diesem Zeitpunkt stattfand. Seit dieser Zeit ist eine Familie im Schnitt nur noch halb so groß. In den 1960er-Jahren bekamen Frauen üblicherweise fünf Kinder. Heute beträgt der Durchschnitt 2,5. Die Welt nähert sich dem Ende von Phase drei.[77]

Natürlich drängt sich die große Frage auf: Wann wird die Welt in Phase vier eintreten? Wann wird sich die Weltbevölkerung wie in Japan einpendeln? Das wird ein historisches Ereignis werden – der Tag, der von Demografen, also denen, die sich wissenschaftlich mit der Entwicklung von Bevölkerungen befassen, *peak human,* der Peak der Menschen, genannt wird. Es wird der Moment sein, in dem unsere Weltbevölkerung zum ersten Mal seit 10 000 Jahren, seitdem der Mensch mit dem

Ackerbau begann, nicht mehr wächst. Dieser Moment wird ein Meilenstein sein auf unserem Weg, das Gleichgewicht auf der Erde wiederherzustellen.

Allerdings sieht die Realität so aus, dass, auch wenn wir weltweit Phase 4 erreicht haben werden, es noch sehr lange dauern wird, bis die Menschen den absoluten Wachstumshöhepunkt erreichen; dies ist einem Phänomen geschuldet, das der schwedische Sozialwissenschaftler Hans Rosling den *inevitable fill-up* – das unvermeidliche Wachstum bis zu einem Höchststand – genannt hat.[78] Zunächst muss also die Familiengröße im Schnitt ausreichend schrumpfen, um den Kinder-Peak zu erreichen – der Punkt, ab dem die Anzahl der Kinder weltweit nicht mehr zunimmt. Dann müssen wir darauf warten, dass die zahlenmäßig stärkste Generation an Kindern überhaupt ihre zwanziger und dreißiger Jahre durchläuft – also den Zeitraum, in dem sie selbst Kinder haben werden –, bevor die Bevölkerung anfängt, sich einzupendeln. Im Grunde müssten wir erst einen Mutter-Peak mit der kleinstmöglichen Familiengröße überwinden, damit die Bevölkerung aufhört zu wachsen.

Hinzu kommt, dass die Gesamtbevölkerung auf der Erde durch etwas in die Höhe getrieben wird, das oberflächlich betrachtet ein positiver Trend ist, und ich sehe mich durchaus als Teil dieses Trends an – ich spreche von einer steigenden Lebenserwartung. Während Gesellschaften den demografischen Übergang durchlaufen, steigt die Lebenserwartung rapide. In Phase 1, wenn Kindersterblichkeit, Krankheiten und schlechte Ernährung ganz normal zum Leben dazugehören, werden Menschen um die vierzig Jahre alt. In der Phase 4 leben sie schon doppelt so lang. Es gibt Prognosen, nach denen es bis Mitte dieses Jahrhunderts mehr als doppelt so viele Menschen über 65 Jahre geben wird als Kinder unter fünf. Das unvermeidliche Wachstum bis zu einem Höchststand gibt unserer Bevölkerung eine enorme Eigendynamik – sie ist das Gegenteil der Trägheit, die sie noch zu Beginn des Wachstumsbooms vor einem Jahrhundert hatte –, und diese Dynamik macht es nahezu unmöglich, dass wir den Menschen-Peak noch in diesem Jahrhundert erreichen werden.

Die Hauptabteilung Wirtschaftliche und Soziale Angelegenheiten der Vereinten Nationen veröffentlichte zuletzt 2019 ihre Prognosen für die Weltbevölkerung. Demzufolge wird, wenn der demografische Übergang sich so abspielt wie erwartet, die menschliche Bevölkerung im frühen 22. Jahrhundert mit elf Milliarden Menschen ihren Höchststand erreichen und sich dort mit 3,2 Milliarden mehr Menschen als heute einpendeln. Es liegt in der Natur der Kurve, dass ab 2075 eine relativ geringe Bevölkerungszunahme zu erwarten ist, ein Zeitpunkt, der von uns aus gesehen nur 55 Jahre in der Zukunft liegt. Aber gibt es eine Möglichkeit, den Höchststand vielleicht eher zu erreichen und ihn niedriger zu halten?

China dachte, es hätte 1980 die Antwort darauf gefunden, als es seine Ein-Kind-Politik einführte. Einmal ganz abgesehen von den moralischen Aspekten, der schwierigen Umsetzung dieser Richtlinie und dem damit verbundenen soziokulturellen Bruch, gibt es wenige Beweise dafür, dass dieser Ansatz wirksamer ist als jener, der die demographische Entwicklung durch gerechter verteilten Wohlstand beeinflussen will. In dem Zeitraum, in dem die durchschnittliche Familiengröße in China von sechs Kindern auf etwas über eins fiel, verzeichnete das benachbarte Taiwan einen größeren Rückgang, ohne die Ein-Kind-Politik einzuführen, indem es einfach nur der Geschwindigkeit seines natürlichen Übergangs folgte.[79] Es scheint, als wäre die beste Strategie, unsere Bevölkerung zu stabilisieren, die Staaten zu unterstützen, die darauf aus sind, ihren demografischen Übergang zu beschleunigen. Konkret bedeutet das: Wir sollten den am wenigsten entwickelten Staaten helfen, die Ziele des Donut-Modells so schnell wie möglich zu erreichen, das heißt, wir sollten Menschen dabei unterstützen, den Ausbau eines Gesundheitsnetzwerks, eines Bildungswesens und eines Verkehrs- und sicheren Energieversorgungswesens voranzutreiben, um sich aus der Armut zu befreien und diese Länder attraktiver für Investoren zu machen; im Grunde genommen ist jede Hilfestellung gut, die für ein besseres Leben von Menschen sorgt. Zusätzlich zu all diesen sozialen Fortschritten sollte eine Ursache, die zur deutlichen Reduktion von Familiengrößen führt, besonders hervorgehoben werden: die Stärkung der Rolle der Frau.[80] Wo auch immer Frauen wählen dürfen, wo auch immer Mädchen länger in die Schule gehen dürfen, wo auch immer Frauen selbst über ihr Leben bestimmen können und sich nicht von Männern herumkommandieren lassen müssen, wo auch immer Frauen Zugang zu Verhütung und einem guten Gesundheitswesen haben, wo auch immer sie sich ihren Beruf aussuchen und nach höheren Zielen streben können, sinkt die Geburtenrate. Die Erklärung hierfür ist ganz einfach: Ein besseres Selbstverständnis führt zu Wahlfreiheit, und wenn das Leben mehr Auswahlmöglichkeiten für Frauen bereithält, dann besteht ihre Wahl oft darin, weniger Kinder zu haben. Je schneller und umfänglicher die Rolle der Frau gestärkt wird, desto schneller wird ein Land die Phasen 3 und 4 durchlaufen.

Diese Stärkung kann sehr unterschiedlich aussehen. In Indien gehen in manchen ländlichen Gebieten nur vierzig Prozent der über 14-jährigen Mädchen weiterhin zur Schule. Sie leben oft so weit von einer weiterführenden Schule entfernt, dass es den jungen Mädchen nicht gelingt, am Tag die Strecke zur Schule und wieder zurück nach Hause zurückzulegen und außerdem noch die Zeit für die ihnen aufgebürdeten Aufgaben im Haushalt aufzubringen. Mehrere Landesregierungen und Wohltätigkeitsorganisationen haben reagiert und Hunderttausende von Fahrrädern umsonst zur Verfügung gestellt; die dadurch gewonnene Freiheit hat sich spürbar auf die Anzahl der Mädchen ausgewirkt, die seitdem die Schule besuchen. Heutzutage bekommt man in den ländlichen Gebieten Indiens immer wieder ganze Gruppen von Mädchen zu sehen, die auf dem Rad den Weg vom Elternhaus zur Schule zurücklegen.

Untersuchungen des Wittgenstein Centre in Österreich zeigen auf, in welch drastischem Ausmaß vereinte multinationale Bestrebungen, das Bildungsniveau weltweit anzuheben, den Verlauf des Bevölkerungswachstums verändern würden.[81] In einer ihrer Prognosen errechneten die Wissenschaftler, was geschehen würde, wenn sich das Bildungswesen in den ärmsten Ländern der Welt noch in diesem Jahrhundert so schnell verbesserte wie in den Ländern, die sich im letzten Jahrhundert am schnellsten entwickelt haben. Durch die Beschleunigung wäre der Peak schon 2060 erreicht und hätte sich bei 8,9 Milliarden Menschen eingependelt. Eine erstaunliche Enthüllung: Es bestünde also die Möglichkeit, den Höchststand der menschlichen Bevölkerung um zwei Milliarden zu verringern und ihn sich fünfzig Jahre eher einpendeln zu lassen, indem wir einfach nur in Gesellschafts- und

Bildungssysteme investieren. Auch wenn diesen Annahmen einige Fehler zugrunde liegen könnten, zeigt das Modell, kombiniert mit Beispielen aus der realen Welt, doch sehr deutlich auf, welchen Weg wir einschlagen sollten, um der gesamten Menschheit eine Zukunftsperspektive zu geben, indem wir uns nämlich beeilen, den Lebensstandard der Bedürftigsten zu verbessern.

Die Menschen aus der Armut herauszuholen und die Rolle der Frau zu stärken ist der schnellste Weg, um diese Phase schnellen Bevölkerungswachstums zu stoppen. Und warum sollten wir das nicht anstreben? Es geht doch nicht nur um die Anzahl der Menschen auf diesem Planeten. Es geht darum, uns zu einer fairen und gerechten Zukunft für alle zu verpflichten. Den Menschen zu einem besseren Leben zu verhelfen müsste eigentlich für alle ein selbstverständliches Ziel sein. Wir haben es hier mit einer Win-win-Lösung zu tun, was auch das Motto ist, das uns auf unserem Weg zur Nachhaltigkeit immer wieder begleitet. Das, was wir tun müssen, um die Welt zu renaturieren und die Wildnis in die Welt zurückzubringen, entspricht oft auch den Vorhaben, die wir ohnehin immer verwirklichen sollten.

*

Sollten wir schlussendlich den Peak der Weltbevölkerung irgendwann erreicht haben, dann wird das ein Ereignis von großer Bedeutung sein. Was allerdings nicht unbedingt das Ende unserer Reise markieren wird, denn es gibt Anzeichen dafür, dass der demografische Übergang eine Phase fünf hat. Japans Bevölkerung nimmt jetzt ab. Prognosen zufolge wird die Einwohnerzahl bis 2060 auf hundert Millionen zurückgehen, was in etwa Japans

Einwohnerzahl in den 1960er-Jahren entspricht. Und der Anteil älterer Menschen wird in der japanischen Bevölkerung immer größer werden. Aus wirtschaftlicher Sicht stellt das ein erhebliches Problem dar. Die schrumpfende arbeitende Bevölkerung muss die Lebensgrundlagen für immer mehr ältere Menschen erwirtschaften. Dieser Prozess hat tatsächlich schon begonnen, und Japan steht als eines der ersten Länder der Welt, das mit dieser fünften Übergangsphase konfrontiert ist, vor der Aufgabe, diese Herausforderung zu meistern. Das gegenwärtig herrschende Dogma, dass das Bruttoinlandsprodukt immer, also unendlich, wachsen muss, verlockt Politker, wieder nach mehr Kindern zu rufen, damit es zukünftig wieder mehr Arbeitnehmer gibt. Manche Politiker fordern sogar, dass pensionierte Japaner und Japanerinnen wieder arbeiten gehen, um die Steuerlast der Bürger mittleren Alters zu verringern. Andere meinen, dass, wenn überhaupt ein Land auf dieser Erde, dann doch Japan dazu in der Lage sein sollte, Roboter und künstliche Intelligenz einzusetzen, um die Wirtschaft aufrechtzuerhalten. Könnten wir hingegen zu einer Weltwirtschaft übergehen, die weniger wachstumsabhängig ist, bestünde die Hoffnung, dass der unerbittliche Druck auf die wirtschaftliche Leistung abnimmt und dass Japan, gefolgt von anderen Ländern, ein komfortables Gleichgewicht aus weniger Menschen in einer reiferen und verlässlicheren Welt findet.

Wenn wir jetzt hart daran arbeiten, das Leben so vieler Menschen so gut wie möglich zu verbessern, kann die Bevölkerungszahl den optimistischsten Modellen zufolge bis zum Ende dieses Jahrhunderts wieder auf unser heutiges Level zurückgehen. Danach würde unsere Bevölkerung womöglich gemäßigter schrumpfen, da die Weltgemeinschaft weniger von unserer Welt abverlangt und ihren Bedürfnissen mit technologischen Lösungen entgegenkommt, wie sie es immer getan hat.

Aber es wird eine lange und schwierige Reise werden, bis wir an diesem Punkt anlangen, ohne vorher in eine Katastrophe geschlittert zu sein. Das sogenannte unvermeidliche Wachstum der menschlichen Bevölkerung, das uns noch viele Jahre bevorsteht, bringt es unvermeidlicherweise mit sich, dass die Entscheidungen, die wir heute treffen, langfristig von eminenter Bedeutung sein werden.

Wir müssen zusammenhalten und hart daran arbeiten, jedem Menschen so schnell wie möglich einen gerechten und angemessenen Lebensstandard zu ermöglichen.

Ein Leben
im Einklang mit der Natur

Eine Nachhaltigkeitsrevolution, die gemeinsamen Bemühungen, die Welt zu renaturieren, und die Initiativen, unser Bevölkerungswachstum einzudämmen, würden uns als Spezies mit der Natur zurück in Einklang bringen. Aber wie stünde es um unsere eigenen, individuellen Leben? In einer nachhaltigen Zukunft würden wir uns überwiegend pflanzlich ernähren und gesündere Alternativen zum Fleischkonsum entwickeln. Für die Befriedigung unserer Bedürfnisse würden wir auf umweltfreundliche Energien zurückgreifen. Banken und Pensionskassen würden nur in nachhaltige Unternehmen investieren. Wir hätten wahrscheinlich kleinere Familien. Wir wären in der Lage, unsere Holzwaren, Nahrungsmittel, Fisch und Fleisch wohlüberlegt auszusuchen, weil jeder Artikel mit einer ausführlichen Kennzeichnung versehen wäre. Wir würden nur sehr wenig Müll produzieren. Das wenige Kohlenstoffdioxid, das wir bei unseren Aktivitäten immer noch ausstießen, würde automatisch durch den Kaufpreis kompensiert, womit Renaturierungsprojekte auf der ganzen Welt finanziert werden könnten.

In einer nach diesen Maximen gestalteten Welt wäre es für uns einfacher, als es heute ist, ein Leben im Einklang mit der

Natur zu führen. Führende Unternehmer und Politiker sähen sich gezwungen, Produkte herzustellen und Gesellschaften aufzubauen, die uns allen helfen würden, mit einem kleineren ökologischen Fußabdruck zu leben. Nehmen wir zum Beispiel den Umgang mit Müll. Ich erinnere mich an eine Zeit vor unserer heutigen Wegwerfgesellschaft, als wir reparierten und wiederverwerteten, als wir kaum oder gar keinen Plastikmüll hatten und Lebensmittel ein wertvolles Gut waren. Die heutige Angewohnheit, alles wegzuwerfen, obwohl auf einem endlichen Planeten nichts einfach verschwindet, ist relativ neu. Abgesehen davon, dass Müll Verschwendung ist, richtet er oft Schaden an, wenn er sich anhäuft. Die belebte Welt ist grundsätzlich mit dem gleichen Problem konfrontiert, und wir wären wieder einmal gut beraten, ihre Lösungen zu kopieren. Denn in der Natur werden die Abfallstoffe eines Prozesses zur Nahrung für den nächsten. Alle Materialien werden in Zyklen wiederverwertet, beziehen viele unterschiedliche Spezies mit ein, und fast alles ist zu guter Letzt biologisch abbaubar.

Nicht nur die Wissenschaftler der Ellen MacArthur Foundation[82] forschen nach Wegen, um zu einer Kreislaufwirtschaft zu gelangen und Logik und Nutzwerte der Natur auf unsere Gesellschaft zu übertragen. Um einen Kreislauf zu erschaffen, müssen wir uns von dem derzeitigen *take-make-use-discard*-Modell (nehmen–machen–benutzen–wegwerfen) in der Herstellungsart verabschieden und es durch eines ersetzen, in dem Rohstoffe wie Nährstoffe betrachtet werden, die wie in der Natur wiederverwertet werden müssen. Dann wird auch deutlich, dass wir Menschen im Wesentlichen an zwei verschiedenen Kreisläufen beteiligt sind. Alles, was auf natürliche Weise abbaubar ist – Nahrung,

Holz, Kleidung aus natürlichen Stoffen –, ist Teil eines biologischen Kreislaufs. Alles, was nicht auf natürliche Weise abbaubar ist – Plastikmüll, synthetische Stoffe, Metalle –, ist Teil eines technischen Kreislaufs. Die Rohstoffe in beiden Kreisläufen – wie zum Beispiel Kohlefasern oder Titan – sind Elemente, die wiederverwertet werden müssen. Jetzt geht es darum, kluge Möglichkeiten zu finden, um all das umzusetzen. In dem biologischen Kreislauf sind Nahrungsmittelabfälle die Hauptkomponente. Wie wir gesehen haben, zieht die Nahrungsmittelproduktion aktuell die Abholzung von Wäldern, den Einsatz von Düngemitteln und Pestiziden sowie den Gebrauch von fossilen Brennstoffen für den Transport nach sich. Außerdem sind gute Nahrungsmittel so teuer, dass viele Menschen sich immer noch keine gesunde Ernährung leisten können. Dennoch geht weltweit ein Drittel aller Nahrung, die wir herstellen, verloren und wird weggeworfen.[83] In ärmeren Ländern mit weniger Infrastruktur entsteht ein Großteil der Verschwendung aufgrund von Ernteausfällen, Ernteschäden und schlechter Lagerung, noch bevor die Güter überhaupt in den Geschäften ankommen. In reicheren Ländern geschieht dies hauptsächlich nach der Ernte. Manches wird wegen vermeintlicher Unvollkommenheiten aussortiert, anderes wiederum wird als Überschuss weggeworfen, weil zu viel bestellt wurde, und eine große Menge wird schlichtweg nicht gegessen und deswegen weggeworfen. In einer vernünftigeren Welt würden Infrastruktur und Lagerung optimiert werden. Unternehmen könnten Überschüssiges als Viehfutter zur Verfügung stellen oder es an Insektenfarmen schicken, die Fliegen für Fisch- und Tierfutter heranzüchten. Sie könnten faserhaltigere Rückstände wie

Nussschalen zusammen mit Holzresten aus der Holzwirtschaft als Bioenergie-Treibstoff verwenden. Den daraus entstehenden Kohlenstoff könnten sie abscheiden und speichern, um Wärme und Elektrizität zu erzeugen. Sie könnten den Abfall sogar in einer sauerstofffreien Umgebung backen, um Pflanzenkohle herzustellen, eine holzkohleähnliche Masse, die als Baumaterial oder kohlenstoffarmer Treibstoff genutzt oder als Zusatz in den Boden eingebracht werden kann, um ihn mit Nährstoffen anzureichern, Kohlenstoff zu binden und unter der Oberfläche zu speichern.

Im technischen Kreislauf entstehen viele der zirkulären Nutzwerte aus der Koordinierung des Designs von Produkten. Unternehmen, die Produkte aus Plastik, Kunststoffen oder Metallen produzieren, könnten bei der Herstellung auf die Langlebigkeit ihrer Produkte achten, anstatt ihre Dauer absichtlich auf nur ein paar Jahre zu konzipieren. Sie könnten die verschiedenen Einzelteile so herstellen, dass diese einfach ausgetauscht, zerlegt, adaptiert und aktualisiert werden könnten. Die Produktion müsste viel stärker standardisiert sein, sodass unterschiedliche Anbieter Einzelteile herstellen und auswechseln könnten. Alle Produktlinien bräuchten einen Plan für eine intelligente Finanzierung und für den Rückbau aller eingesetzten Materialien. Ein solcher Kreislauf könnte die Entwicklung neuer Formen von Kunden-Lieferanten-Beziehungen anstoßen, zum Beispiel würden Kunden Waschmaschinen und Fernsehgeräte dann nur noch vom Hersteller mieten, so wie es heutzutage mit Telefonanlagen üblich ist, wobei der Schwerpunkt hier eher auf Reparierbarkeit und Recycling liegen würde.

In beiden Zyklen würden sämtliche Materialien oder Chemikalien, die nicht recycelt werden können oder von Natur aus umweltschädlich sind, mit der Zeit aus dem Wirtschaftskreislauf entfernt werden. An vorderster Stelle sind hier die menschengemachten Fluorkohlenwasserstoffe (FKWs) zu nennen, die gegenwärtig für die Kühlfunktion von Kühlschränken und Klimaanlagen eingesetzt werden. Wenn diese am Ende ihrer Lebensdauer aus den Geräten freigesetzt würden, gäben sie Treibhausgase, die rund 100 Gigatonnen Kohlendioxid entsprächen, in die Atmosphäre ab. 2016 wurde eine internationale Übereinkunft geschlossen, die den Weg frei gemacht hat, um FKWs in Chemikalien umzuwandeln, die nicht zur globalen Erderwärmung beitragen.[84]

Die Bestrebungen hin zu einer Kreislaufwirtschaft zielen auf eine Welt frei von Umweltverschmutzungen – ohne im Meer treibende Plastiktüten, ohne giftige Gase, die von Industrieschornsteinen ausgestoßen werden, ohne brennende Gummireifen, ohne Ölteppiche. Es könnte eine Welt sein, die sogar die Schäden unserer heutigen Wegwerfgesellschaft wiedergutmachen könnte. Unsere Deponien könnten zu einer Art Tagebau für gut bezahlte Unternehmen werden, um Nährstoffe für die Kreislaufwirtschaft auszugraben. Das Mikroplastik, das in riesigen Wirbeln durch den Ozean strudelt, könnte geborgen und zusammengepresst als Baumaterial für Meeresfarmen genutzt werden. Indem wir unseren Umgang mit Ressourcen verändern und uns an den natürlichen Zyklen des Lebensorientieren, könnten wir, und darüber sind sich immer mehr Menschen einig, Müll eliminieren.

Was wird aus den Orten, an denen wir leben? Bis 2050 werden voraussichtlich 68 Prozent der Weltbevölkerung in Städten leben. Es gab eine Zeit, da sahen Umweltschützer große Städte als Geißel des Planeten an, wo in hochkonzentrierter Form spritfressender Verkehr und Umweltverschmutzung überall auf der Welt für einen schlimmen ökologischen Fußabdruck sorgten. Mittlerweile wissen sie jedoch zu schätzen, dass dank der hohen Menschendichte in Großstädten das urbane Umfeld ein großes Potenzial für Nachhaltigkeit besitzt. Inzwischen lernen Stadtplaner ihre Städte fußgänger- und radfahrerfreundlich zu gestalten. Sie können effiziente, kohlendioxidarme öffentliche Verkehrsmittel in das Stadtbild integrieren. Einige Städte wie Kopenhagen bauen eine zentrale Fernwärmeversorgung aus, die ihre Heizenergie aus Geothermieanlagen bezieht oder aus Müllverbrennungsanlagen mit stadteigenem Müll. Große und teure Gebäude im Stadtzentrum müssen hohe Wärmedämmungs- und Energieeffizienzstandards einhalten. All das zusammengenommen bedeutet, dass Bewohner von Städten heutzutage oft erheblich niedrigere Kohlendioxidemissionen verursachen als Menschen, die auf dem Land wohnen.

Für die größten Städte der Welt ist der Anreiz hoch, noch viel weiter zu gehen. Auf dem Weltmarkt liefern sich Großstädte einen Konkurrenzkampf um die besten Talente. Eines der effektivsten Mittel, eine Stadt für Menschen attraktiv zu machen, besteht darin, sie so grün und angenehm wie möglich zu gestalten. Urbane Bepflanzungen schaffen nicht nur Raum für Freizeitaktivitäten, sondern tragen nachweislich dazu bei, die Temperaturen in Städten herunterzukühlen, die Luft zu reinigen und das seelische Wohlbefinden der Stadtbewohner zu steigern. Demzufolge begrüßen Städte die Natur, indem sie Parklandschaften ausweiten, baumgesäumte Straßen bauen und begrünte Dächer sowie umfassende Fassadenbegrünungen fördern. In Paris werden zurzeit hundert Hektar zusätzliche Grünflächen auf Dächern und an Mauern angelegt. In mehreren chinesischen Städten werden entlang von Flüssen in Stadtgebieten Feuchtbiotope geschaffen, um jahreszeitlich bedingte Überflutungen aufzunehmen und den Bewohnern mehr natürliche Räume zu bieten. London hat sich selbst zur ersten Nationalparkstadt der Welt erklärt und beabsichtigt, die Hälfte seines Stadtgebiets in natürliche Räume umzuwandeln und das Leben der Londoner grüner, gesünder und natürlicher zu gestalten.

Der Stadtstaat Singapur ist fest entschlossen, sich in eine *Stadt im Garten* zu verwandeln. Bei der Errichtung jedes neuen Gebäudes wird erwartet, dass das durch den Bau verloren gegangene Grün am Boden durch eine entsprechende Menge an Pflanzen über dem Boden ersetzt wird. Infolgedessen gibt es Dutzende von Gebäude in der Stadt, die speziell dafür konzipiert wurden, dass Pflanzen darauf wachsen, wie beispielsweise ein Krankenhaus, das höhere Genesungsraten von Patienten zu verzeichnen hat, seitdem es begrünt wurde. Singapur verbindet all seine Parklandschaften mit grünen Korridoren und hat auf hundert Hektar erstklassigen Geländes entlang der Küstenlinie ein Wasserreservoir und eine Gartenanlage geschaffen, in der sich unter anderem die fünfzig Meter hohen *Super Trees* befinden. Diese den Mammutbäumen nachempfundenen, nachts lila, blau oder rot leuchtenden Gebilde aus Stahl und Beton versorgen sich selbst über Fotovoltaikanlagen mit Strom, filtern die Luft und bewässern die Gärten mit gesammelten Niederschlägen.

Die Biologin Janine Benyus, Mitbegründerin des Biomimicry Institute, möchte diesen neuen, grüneren Ansatz mit in Stadt-

planungen einfließen lassen und stellt alle Städte vor diese Herausforderung. Demnach empfiehlt sie Folgendes: Wo sich heute eine Stadt befindet, war früher einmal ein natürlicher Lebensraum, daher sollte die Stadt zumindest die ökologischen Leistungen, die früher dort erbracht wurden, ausgleichen – die vormals erzeugte Solarenergie, die Nährstoffe, die dem Boden zugefügt wurden, die gereinigte Luftmenge, das erzeugte Wasser, den gespeicherten Kohlenstoff und die einst dort vorhandene Biodiversität. Es scheint, als nähmen Architekten ihre Herausforderung begeistert an. Die besten, aktuell gebauten nachhaltigen Gebäude sind in der Lage, Nettostrom aus erneuerbaren Energien zu erzeugen, sie reinigen die Luft in ihrem Umkreis, bereiten ihre eigenen Abwässer wieder auf, gewinnen dadurch Nährboden und dienen einer Vielzahl von Tieren und Pflanzen als feste Bleibe. Zukünftig könnten Städte möglicherweise etwas zurückgeben, anstatt nur zu nehmen.

Geben und Nehmen, darin besteht das Wesen des natürlichen Gleichgewichts. Wenn die Menschheit in ihrer Gesamtheit in der Lage ist, der Natur zumindest so viel zurückzugeben, wie sie ihr entnimmt, und einige ihrer Überziehungsschulden zu begleichen, werden wir alle ein Leben führen können, das im Einklang mit der Natur ist. Beispiele für diese neue Denkart finden wir gegenwärtig auf der ganzen Welt wieder. Wenn jedes Land sich so ehrgeizige Umweltziele setzte wie Neuseeland, wenn jedes Land einen solch hohen Lebensstandard wie Japan böte oder die Revolution der erneuerbaren Energien wie in Marokko begrüßte, wenn jedes Land wie Palau sein Küstenmeer verwaltete oder wie manche in den Niederlanden so effizient und nachhaltig Anbau betriebe würde, so wenig Fleisch wie die

Menschen in Indien äße, die Natur zurückbegrüßte wie in Costa Rica und bei der Bebauung von Städten die Natur mit einplante wie Singapur, wäre die gesamte Menschheit in der Lage, im Einklang mit der Natur zu leben. Aber jedes Land ist gefragt, und das mit dem größten Fußabdruck muss den größten Wandel vollziehen. Es wird nicht funktionieren, wenn manche Länder den Übergang vollziehen und andere nicht.

Und es gibt Widerstand. Sobald Nachhaltigkeit ins Auge gefasst wird, ist die Versuchung groß, nur darauf zu schauen, was wir verlieren, und das zu übersehen, was wir gewinnen. Aber in Wahrheit ist doch nur eine nachhaltige Welt voller Gewinne für alle. Indem wir uns nicht mehr von Kohle und Erdöl abhängig machen und erneuerbare Energien erzeugen, gewinnen wir an sauberer Luft und sauberem Wasser, an günstiger Elektrizität für alle sowie an ruhigeren und sichereren Städten. Indem wir unser Fischereirecht in bestimmten Gewässern verlieren, ist unser Gewinn ein gesunder Ozean, der uns dabei helfen wird, den Klimawandel zu besiegen, und uns schlussendlich sogar mit mehr Fisch und Meeresfrüchten, als wir bisher haben, versorgen wird. Indem wir auf einen Großteil unseres Fleischkonsums verzichten, gewinnen wir an Fitness und Gesundheit und an günstigerer Nahrung. Indem wir Landflächen an die Natur zurückgeben, gewinnen wir die Möglichkeit, uns auf lebensbejahende Weise mit der Natur neu zu verbinden, und zwar sowohl in fernen Ländern wie auch in unserer unmittelbaren Umgebung. Indem wir unsere Macht über die Natur verlieren, gewinnen wir an einer dauerhaft stabilen Natur für alle kommenden Generationen.

Die Weichen für eine bessere Zukunft sind also gestellt. Wir haben einen Plan. Wir wissen, was zu tun ist. Es gibt einen Weg zur Nachhaltigkeit. Dieser Weg könnte uns in eine bessere Zukunft für alle Lebensformen auf der Erde führen. Wir müssen unsere Politiker und Politikerinnen und Wirtschaftsmanager spüren lassen, dass wir genau wissen, worum es geht, und dass diese Vision für die Zukunft nicht nur etwas ist, das wir *brauchen*, sondern dass sie vor allem etwas ist, das wir *einfordern*.

Unsere größte Chance

Ich wurde in einer anderen Welt geboren. Und das meine ich nicht metaphorisch, sondern buchstäblich. Ich kam in einer Epoche zur Welt, die von Geologen Holozän genannt wird, und ich werde sie – wie jeder Einzelne, der heute lebt – im *Anthropozän* verlassen, dem Zeitalter des Menschen.

Der Begriff Anthropozän wurde 2000 von dem Chemiker Paul Crutzen und dem Biologen Eugen Stoermer vorgeschlagen und 2016 von einer Gruppe führender Geologen etabliert. In der Geologie ist es schon lange üblich, die Erdgeschichte in entsprechend benannte Zeitabschnitte zu unterteilen. Jeder dieser Abschnitte unterscheidet sich von allen anderen durch die Eigenschaften des Gesteins eines bestimmten Zeitalters – das drückt sich in der Abwesenheit einiger fossiler Arten, die es zuvor gegeben hatte, und dem Auftauchen neuer Arten auf.

So wird es sicherlich auch im Gestein, das heute geformt wird, geschehen. Es wird nicht nur weniger Arten als das Gestein vorweisen, das ihm vorangegangen ist, es wird auch Marker beinhalten, die völlig neu sind – Plastikfragmente, Plutonium von nuklearen Aktivitäten und eine weltweite Verbreitung von Knochen des domestizierten Haushuhns. Die Gruppe von Geologen legte nahe, den Beginn dieser neuen Epoche auf die 1950er-Jahre zu legen und sie Anthropozän zu nennen, da die Spezies Mensch mehr als alle anderen Arten diese Epoche prägt. Was für die Geologen und Geologinnen aus einer wissenschaftlichen Routine heraus die Benennung eines Phänomens war, ist für viele andere jedoch ein lebendiger Ausdruck des alarmierenden Wandels geworden, der uns bevorsteht. Wir haben uns zu einer globalen Kraft mit einer derartigen Macht entwickelt, dass wir Einfluss auf den gesamten Planeten nehmen. Das Anthropozän könnte sich sogar als erdgeschichtlich einmalig kurze geologische Zeitspanne entpuppen, die mit dem endgültigen Verschwinden der menschlichen Zivilisation endet.

Das muss aber nicht sein. Der Anbruch des Anthropozäns könnte auch den Beginn einer neuen und nachhaltigen Beziehung miteinander und mit dem Planeten einläuten. Das Anthropozän könnte eine Zeit werden, in der wir lernen, wie wir mit der Natur anstatt gegen sie arbeiten, eine Zeit, in der es keine große Unterscheidung mehr zwischen dem Natürlichen und dem Bewirtschafteten gibt, da aus uns achtsame Manager des gesamten Planeten werden und wir als solche auf die außergewöhnliche Widerstandsfähigkeit der Natur zurückgreifen, damit sie uns dabei unterstützt, die Biodiversität vom Rande des Abgrunds zu retten.

Letzten Endes hängt die Antwort auf die Frage, welche Version des Anthropozäns auf uns zukommt, von uns ab. Menschen mögen voller Erfindungsreichtum sein, aber sie sind auch streitsüchtig. Unsere Geschichtsbücher sind voller Berichte über Krieg und Machtkämpfe. Aber so können wir nicht weitermachen. Die Gefahren, die der Erde jetzt drohen, sind global und können nur bewältigt werden, wenn die Staaten ihre Differenzen überwinden und sich weltweit vereinen, um gemeinsam zu handeln. Es gibt Präzedenzfälle, die zeigen, dass uns das schon einmal gelungen ist. 1986 kamen die Walfangnationen der Welt zusammen und entschieden, das Abschlachten von Walen jeglicher Art zu beenden, um diese außergewöhnlichen und wunderbaren Tiere vor der Ausrottung zu bewahren. Einige der Abgesandten mögen dem Ende der Jagd zugestimmt haben, weil die Walbestände zu der Zeit so stark geschrumpft waren, dass es nicht mehr wirtschaftlich war, sie zu jagen. Aber andere taten dies sicherlich aufgrund der Appelle von Umweltschützern und Wissenschaftlern. Und die Länder sind sich heute immer noch nicht ganz einig. Dennoch wurden 1994 fünfzig Millionen Quadratmeter des Südpolarmeers zum Internationalen Walschutzgebiet erklärt. Als Folge dieser Restriktionen haben die Walbestände derart zugenommen wie seit Menschengedenken nicht mehr. Und ein wichtiges und einflussreiches Element in den komplexen Abläufen des Ozeans ist auf diese Weise wiederhergestellt worden und hat die ihm zustehende Position eingenommen.

In Zentralafrika, wo bis zu den 1970er-Jahren nur noch dreihundert Berggorillas überlebt hatten, sorgten grenzübergreifende Vereinbarungen zwischen verschiedenen afrikanischen Staaten dafür, dass es heute, dank der harten Arbeit und des Muts von Generationen von einheimischen Rangers, über tausend dieser wunderbaren Geschöpfe gibt.

Es liegt also in unserer Macht, auf internationaler Ebene zusammenzuarbeiten. Allerdings müssen wir heute Vereinbarungen treffen, die nicht nur für eine bestimmte Gruppe von Tieren gelten, sondern für die gesamte Natur weltweit. Es wird die

Arbeit unzähliger Ausschüsse und Konferenzen erfordern, es werden zahllose völkerrechtliche Verträge abgeschlossen werden müssen. Die Arbeit hat schon begonnen, und zwar unter der Federführung der Vereinten Nationen. Es finden riesige Konferenzen mit Zehntausenden von Menschen statt. Eine dieser Konferenzreihen befasst sich mit dem alarmierenden Tempo der Erderwärmung und den drohenden weltweiten und verheerenden Konsequenzen. Die Teilnehmer einer anderen Reihe sind mit dem Schutz der Biodiversität beauftragt, von der das eng verwobene Netz des Lebens abhängt.

Eine Arbeit, die wohl kaum entmutigender sein könnte und die wir in jeder Hinsicht unterstützen sollten. Wir müssen unsere Politiker und Politikerinnen auf regionaler, nationaler und internationaler Ebene drängen, eine Einigung zu erzielen und manchmal auch unsere nationalen Interessen im Sinne einer größeren und umfassenderen Sache zurückzustellen. Die Zukunft der Menschheit hängt vom Erfolg dieser Konferenzen ab.

Wir reden oft davon, den Planeten retten zu müssen, aber tatsächlich müssen wir das auch, um uns selbst zu retten. Die Natur wird mit oder ohne uns zurückkommen. Das zeigt sich in der ukrainischen Stadt Prypjat, die nach der Explosion des Kernreaktors in Tschernobyl aufgegeben werden musste. Als ich aus den dunklen und leeren Fluren einer dieser verlassenen Wohnkomplexe heraustrat, bot sich mir ein überraschender Anblick: In den 34 Jahren seit der Evakuierung hat sich ein Wald die verlassene Stadt zurückgeholt. Jetzt ist der Beton von Buschwerk aufgebrochen, und Efeu zersetzt die Ziegelsteine. Dächer geben unter dem Gewicht zunehmender Vegetation nach, und junge Pappeln und Espen haben sich ihren Weg durch den Straßenbelag gebahnt.

Bis zu sechs Meter hohe Baumkronen von Eichen, Kiefern und Ahorn werfen ihren Schatten auf Gärten, Parkanlagen und Boulevards. Darunter findet sich seltsam anmutendes Unterholz aus ungepflegten Zierrosen und Obstbäumen. Das Fußballfeld, das vor 34 Jahren als Landeplatz für die Militärhubschrauber diente, um die Einwohner der Stadt zu evakuieren, ist jetzt von einem Dickicht junger Bäume überzogen. Die Natur hat sich ihren Platz zurückerobert.

Das Gebiet, inklusive der Stadt und des zerstörten Reaktors, ist nun zum Schutzgebiet für Tiere erklärt worden, die anderswo selten anzutreffen sind. Biologen und Biologinnen brachten Wildkameras in den Fenstern der verlassenen Häuser an, mit denen sie wachsende Populationen von Füchsen, Elchen, Hirschen, Bisons, Braunbären und Marderhunden dokumentieren konnten. Vor ein paar Jahren wurden dort einige der fast ausgestorbenen Przewalski-Pferde ausgesetzt, und ihr Bestand wächst jetzt. Sogar Wölfe haben das Gebiet besiedelt und sind dort vor Waffen und Jägern sicher. Allem Anschein nach ist die Natur in der Lage, auch unsere gravierendsten Fehler zu überstehen, wenn wir sie gewähren lassen.

Die belebte Welt hat ja schon mehrfach ein Massenaussterben überlebt. Aber wir Menschen sollten nicht davon ausgehen, dass es auch uns gelingen wird. Wir haben es so weit geschafft, weil wir die intelligentesten Wesen sind, die jemals auf der Erde gelebt haben. Aber wenn die Menschheit weiterleben will, benötigen wir mehr als Intelligenz. Weisheit wird gefordert sein.

Homo sapiens, der wissende Mensch, muss jetzt aus seinen Fehlern lernen und seinem Namen Ehre machen. Wir, die wir heute leben, haben die schwierige Aufgabe, dafür zu sorgen, dass unsere Spezies überlebt. Wir dürfen die Hoffnung nicht aufgeben. Wir haben alle Werkzeuge, die wir benötigen, die Gedanken und Ideen von Milliarden bemerkenswerter Menschen und die unermesslichen Energiequellen der Natur, die uns dabei helfen, diese Aufgabe zu bewältigen. Und wir haben noch eines: die unter allen Lebewesen dieses Planeten vielleicht einzigartige Fähigkeit, uns eine Zukunft vorstellen zu können und darauf hinzuarbeiten.

Wir können jetzt schon einiges wiedergutmachen, unseren ökologischen Fußabdruck verkleinern, die Richtung, in die wir uns entwickeln, ändern und wieder zu einer Spezies werden, die im Einklang mit der Natur lebt. Wir brauchen aber den Willen dazu. Die nächsten Jahrzehnte werden unsere letzte Chance sein, um uns eine stabile Heimat zu erschaffen und die artenreiche, gesunde und wundervolle Welt wiederherzustellen, die wir von unseren fernen Vorfahren geerbt haben. Die Zukunft unseres Planeten, der, soweit wir wissen, der einzige Ort ist, an dem Leben in den unterschiedlichsten Formen möglich ist, steht auf dem Spiel.

Danksagung

Das Projekt *Ein Leben auf unserem Planeten* – sowohl das Buch als auch der Film (der bislang nur im englischen Original erschienen ist) – hat uns einige Jahre beschäftigt und wäre ohne die Unterstützung und Mitwirkung vieler Kollegen und Kolleginnen nicht möglich gewesen.

Die Idee dazu kam uns im Gespräch mit Colin Butfield vom Worldwide Fund for Nature (WWF) und meinen alten Freunden Alastair Fothergill und Keith Scholey von Silverback Films. Ich bin allen dreien zu großem Dank verpflichtet. Sie haben ganz entscheidend zum inhaltlichen Aufbau dieses Buchs beigetragen und den Film produziert, der die Themen des Buchs stark geprägt hat.

Mein größter Dank geht jedoch an Jonnie Hughes, der das Buch mit mir geschrieben hat. Er befasst sich schon seit vielen Jahren mit Umweltschutzthemen und hat bei unserem Film auch Regie geführt. Seine Sprachgewandtheit, Fachkenntnis und gedankliche Klarheit waren von unschätzbarem Wert und haben sich ganz besonders im dritten Teil des Buchs, in dem viele Ideen, Auffassungen und Forschungsergebnisse von Wissenschaftlern aus den unterschiedlichsten Bereichen eingeflossen sind, bezahlt gemacht.

Ohne die außerordentliche Unterstützung des WWF-Wissenschaftsteams hätten wir niemals eine derartige Zukunftsvision entwerfen können. Wir möchten insbesondere Mike Barrett, dem *Executive Director of Conservation and Science* bei WWF-UK, für seine deutlichen Worte zur ökologischen Krise danken sowie für seinen Einsatz als Leiter des Teams, das alle zwei Jahre den *Living Planet Report* herausgibt, der sich als wahre Inspirationsquelle für alle an diesem Projekt Beteiligten erwiesen hat. Wir möchten auch Mark Wright danken, dem *Director of Science* bei WWF-UK, der viele Stunden damit verbracht hat, um zu gewährleisten, dass die in diesem Projekt vorgestellten Thesen anhand von Beispielen aus der echten Welt untermauert und wissenschaftlich fundiert sind.

Dank der Zusammenarbeit mit der WWF haben wir die Arbeiten vieler inspirierender Wissenschaftler und Wissenschaftlerinnen kennengelernt, die wir hier leider nicht alle aufzählen können. Dennoch möchten wir im Besonderen Johan Rockström und sein Team für ihre Entwicklung des Modells der Planetaren Grenzen würdigen sowie Kate Raworth, die Urheberin des Donut-Modells. Ihre Arbeit hat zu wichtigen Erkenntnissen beigetragen, wie es dazu kommen konnte, dass die Situation der Erde heute so kritisch ist. Gleiches gilt für die Forschungsarbeiten von Paul Hawken und Callum Roberts, die maßgeblich zum Verständnis der vorhandenen Probleme und möglichen Lösungen im Zusammenhang mit dem Ozean und dem Klimawandel beigetragen haben.

Wir sind beide sehr dankbar, dass Albert DePetrillo und Nell Warner von Random House uns bei diesem Projekt begleitet haben und dass Robert Kirby und Michal Ridley uns bei der Herstellung des Buchs unterstützt haben.

Ich danke auch meiner Tochter Susan, die mich und meinen Terminkalender managt und mit sagenhafter Geduld jedem Wort aus dem Buch gelauscht hat – und das nicht nur einmal.

Die Arbeit an diesem Projekt war eine sehr emotionale Angelegenheit. Die missliche Lage, in der sich unsere Erde befindet, ist Realität – und mehr als alarmierend. Das, was ich über den neuesten Stand unserer Krise herausgefunden habe, hat mich in hohem Maße beunruhigt. Auf der anderen Seit hat es mein Herz umso mehr erfreut, feststellen zu können, in welchem Ausmaß kluge Köpfe jetzt daran arbeiten, die Probleme, mit denen wir konfrontiert sind, zu verstehen und auch Lösungen dafür zu finden. Ich hege große Hoffnungen, dass sich diese klugen Köpfe bald zusammentun werden, um aus einer gemeinsamen Position heraus Einfluss auf unsere Zukunft nehmen zu können. Während des Arbeitsprozesses von *Ein Leben auf unserem Planeten* bin ich daran erinnert worden, dass wir viel mehr erreichen können, wenn wir zusammenarbeiten, als wenn wir es allein versuchen.

Richmond, England
8. Juli 2020

Anmerkungen

TEIL 1   Ein Zeugenbericht

1   Die zuverlässigsten Zahlen zur Weltbevölkerung gibt die Hauptabteilung Wirtschaftliche und Soziale Angelegenheiten der
Vereinten Nationen heraus, eine große Auswahl an Daten kann
auf https://population.un.org/wpp/ abgerufen werden. Die
»World Population Prospects 2019 – Highlights« unter https://
population.un.org/wpp/Publications/Files/WPP2019_Highlights.
pdf sind hierbei besonders hervorzuheben.

2   Der zunehmende Anteil von Kohlenstoffdioxid in der Atmosphäre
gehört zu den Phänomenen der jüngsten Entwicklung und ist
ein wesentlicher Auslöser der Erderwärmung. Die Zunahme
von CO_2 in der Atmosphäre steht in direktem Zusammenhang
mit dem Verbrennen von fossilen Energieträgern wie Kohle, Erdöl
und Gas. In diesem Buch beziehen wir uns auf Kohlenstoffdioxid-
Angaben der Messstation auf dem Mauna Loa (Hawai): https://
www.esrl.noaa.gov/gmd/ccgg/trends/data.html.

3   Schätzungen zur verbliebenen Wildnis beruhen auf Angaben
und Hochrechnungen von: Ellis E. u.a. (2010), »Anthropogenic
transformation of the biomes, 1700 to 2000 (supplementary info
Appendix 5)«, in: *Global Ecology and Biogeography* 19, S. 589–606.

4   Die Anzahl der Massenaussterben bemisst sich daran, ab welcher
Größenordnung ein breitflächiges Aussterben als »Massenaussterben«
bezeichnet wird. In der Regel sprechen Geologen von den fünf
großen Massenaussterben vor unserer heutigen Zeit. In chrono-
logischer Reihenfolge: das Ordovizische Massenaussterben vor
rund 450 Millionen Jahren (*mya, million years ago*) das Kellerwasser-
Ereignis im Overdevon (375 mya), das Ereignis an der Perm-Trias-
Grenze (252 mya); welches das größte der fünf Massenaussterben

war, dem bis zu 96 Prozent der marinen Arten und siebzig Prozent der Landtiere zum Opfer fielen, die Trias-Jura-Grenze (201 mya), und die Kreide-Paläogen-Grenze (66 mya), die den Dinosauriern zum Verhängnis wurde.

5 Es gibt eine Reihe unterschiedlicher Theorien zum Ende des Zeitalters der Dinosaurier. Die Idee, dass das Aussterben der Dinosaurier größtenteils auf einen Meteoriteneinschlag auf der Yucatan Halbinsel zurückzuführen sei, wurde zunächst als radikal angesehen, da sich aber immer mehr Beweise dafür fanden, auch in jüngster Zeit, als 2016 Tiefbohrungen im Chicxulub-Krater durchgeführt wurden, findet diese Theorie heute die größte Zustimmung. Eine gute Zusammenfassung zum jüngsten Beweis liefert: Hand, E. (2016),»Drilling of dinosaur-killing impact crater explains buried circular hills«, *Science*, 17. November 2016, https://www.sciencemag.org/news/2016/11/updated-drilling-dinosaur-killing-impact-crater-explains-buried-circular-hills.

6 Genetische Analysen unterstützen die Theorie, dass es vor ungefähr 70 000 Jahren einen Bevölkerungsengpass gab, durch den sich die Zahl der Menschen signifikant reduzierte. Es gibt hitzige Debatten über mögliche Gründe dieses sogenannten Flaschenhals-effekts – vom Vulkanausbruch bis hin zu soziokulturellen Gründen –, dennoch wird mehrheitlich davon ausgegangen, dass nicht die zu kleine Bevölkerungsanzahl das zugrunde liegende Problem war, um ein solches Ereignis zu überstehen, sondern dass es mit der Unvorhersehbarkeit des Klimas zusammenhing. Interessierten Leserinnen und Lesern empfehle ich die Lektüre folgender Artikel zum Flaschenhals: Tierney J.E. et al (2017) »A climatic context for the out-of-Africa migration« https://pubs.geoscienceworld.org/gsa/geology/article/45/11/1023/516677/A-climatic-context-for-the-out-of-Africa-migration«; Huff, C.D. et al (2010),»Mobile elements reveal small population size in the ancient ancestors of *Homo sapiens*«, https://www.pnas.org/content/107/5/2147;

Zeng, T.C. et al (2018), »Cultural hitchhiking and competition between patrilineal kin groups explain the post-Neolithic Y-chromosome bottleneck«, *Nature*, https://www.nature.com/articles/s41467-018-04375-6.

7 Wir können die Durchschnittstemperatur vergangener Umgebungen bestimmen, indem wir Eisbohrkerne, Baumringe und Tiefsee-Sedimente untersuchen. So wissen wir zum Beispiel, dass vor dem Holozän die Durchschnittstemperatur der Erde über mehrere Hunderttausend Jahre hinweg wesentlich mehr schwankte und dass es im Allgemeinen kälter war als im heutigen Durchschnitt. Von der NASA gibt es hierzu einen interessanten Artikel, der weitere Details bereithält: https://earthobservatory.nasa.gov/features/GlobalWarming/page3.php.

8 Die Transkripte aller Apollo-Missionen stehen auf der NASA-Webseite zur Verfügung und bieten eine faszinierende Lektüre: https://www.nasa.gov/mission_pages/apollo/missions/index.html.

9 Erst in jüngster Vergangenheit wurde die Erkenntnis gewonnen, welch bedeutende Rolle Walen bei der Verteilung von Nährstoffen zukommt. Wale transportieren Nährstoffe seitlich, indem sie sich zwischen Futterareal und Brutgebiet hin und her bewegen, und vertikal, indem sie Nährstoffe aus dem nährstoffreichen Tiefenwasser als Fäkalwolken und Urin im Oberflächenwasser wieder ausscheiden. Laut Schätzungen ist die Kapazität der Tiere, Nährstoffe von den Gebieten, wo diese in konzentrierter Form vorkommen, wegzuschaffen, im Vergleich zu den Zeiten vor dem industriellen Walfang um fünf Prozent zurückgegangen. Siehe: Doughty, C.E. (2016), »Global nutrient transport in a world of giants« https://www.ncbi.nlm.nih.gov/pmc/articles/PMC 4743783/. Siehe hierzu auch die lokale Studie am Golf von Maine: Roman, J. and McCarthy, J.J. (2010), »The Whale Pump: Marine Mammals Enhance Primary Productivity in a Coastal Basin«, *PLoS ONE* 5(10): e13255, https://doi.org/10.1371/journal.pone.0013255.

10   Die erste globale Auswertung der Auswirkungen des Walfangs
     wurde erst kürzlich abgeschlossen; sie offenbarte, dass nach
     Gewicht gemessen kein Tier in der Geschichte der Menschheit
     mehr abgeschlachtet wurde als Wale. Siehe: Cressey, D. (2015),
     »World's whaling slaughter tallied«, *Nature*, https://www.nature.
     com/news/world-s-whaling-slaughter-tallied-1.17080.

11   Die Webseite www.globalforestwatch.org ist eine nützliche
     Internetquelle, die sich zum Ziel gesetzt hat, alle Veränderungen
     der Waldflächenanteile weltweit zu dokumentieren. Aber das ist
     nicht ganz einfach. Plantagen können aus dem Weltall wie natür-
     liche Wälder wirken, sind aber im Vergleich zu natürlichen Wäl-
     dern Lebensräume mit nur sehr geringer Biodiversität. The Glo-
     bal Forest Biodiversity Initiative https://www.gfbinitiative.org/
     bemüht sich, die Biodiversität von Wäldern noch genauer zu
     erfassen. Eines der führenden Mitglieder dieser Initiative,
     Thomas Crowther, berechnete kürzlich den weltweiten Baum-
     bestand und den vom Menschen betriebenen Raubbau an ihm.
     Siehe hierzu:»Mapping tree density at a global scale«, *Nature* 525,
     201–205 (2015), https://doi.org/10.1038/nature14967.

12   Die Weltnaturschutzunion IUCN schätzte den Gesamtbestand
     der Borneo-Orang-Utans 2016 auf 104 700. Sie verzeichnete
     einen Rückgang im Vergleich zu 1973, als der Bestand bei
     288 500 lag. Die IUCN erwartet einen weiteren Rückgang
     um 47 000 Orang-Utans bis 2025. https://www.iucnredlist.org/
     species/17975/123809220#population.

13   Eukaryotische Zellen haben sich laut übereinstimmender Schät-
     zungen vor 2 bis 2,7 Milliarden Jahren entwickelt, also rund
     1,5 Milliarden Jahre nach der Entstehung des Lebens; https://
     www.scientificamerican.com/article/when-did-eukaryotic-
     cells/. Multizelluläre Organismen entwickelten sich vor etwas
     über 500 Millionen Jahren, also rund 1,5 Milliarden Jahre später;
     https://astrobiology.nasa.gov/news/how-did-multicellular-
     life-evolve/.

14 Wissenschaftler führten 2003 eine Studie zur Erhebung von
Fischfangdaten weltweit durch und fanden heraus, in welch
alarmierendem Maß der Rückgang des Bestands der größten
Meeresbewohner auf die Fischerei zurückzuführen war.
Siehe hierzu Rupert Murrays Film *Die unbequeme Wahrheit über
unsere Ozeane*, in dem ein Interview über diese Studie geführt
wird, oder auch folgenden Aufsatz: Myers, R. und Worm, B.
(2003), »Rapid Worldwide Depletion of Predatory Fish Communities«, *Nature* 423, 280–3, https://www.nature.com/articles/
nature01610.

15 Für eine aktuelle Einschätzung zu den Folgen der Fischereibei-
hilfen weltweit siehe: Sumaila et al (2019), »Updated estimates
and analysis of global fisheries subsidies«, https://doi.org/10.
1016/j.marpol.2019.103695; WWF (2019), »Five ways harmful
fisheries subsidies impact coastal communities«, https://www.
worldwildlife.org/stories/5-ways-harmful-fisheries-subsidies-
impact-coastal-communities.

16 Weitere historische Erzählungen dieser Art und eine detaillierte
Ausführung über die Auswirkungen des Shifting-Baseline-
Syndroms auf die Gesamtaussichten für unsere Ozeane siehe:
Callum Roberts (2013), *Der Mensch und das Meer*, München.

17 Eine umfassende Evaluierung zum Aussterben des Perm-Zeit-
alters findet sich hier: White, R.V. (2002), »Earth's biggest
›whodunit‹: unravelling the clues in the case of the end-Permian
mass extinction«, *Philosophical Transactions of the Royal Society of
London* 360 (1801): 2963–2985. Unter folgendem Link kann
der Artikel abgerufen werden: https://www.le.ac.uk/gl/ads/
SiberianTraps/Documents/White2002-P-Tr-whodunit.pdf.

18 Die Situation in der Arktis und Antarktis ändert sich von Jahr zu
Jahr rapide. Die besten Quellen mit den aktuellsten Daten hierzu
bieten diese zwei sehr interessanten und zuverlässigen Webseiten:
National Snow and Ice Data Center, https://nsidc.org/data/
seaice_index/ und National Oceanic and Atmospheric Adminis-

tration, https://www.arctic.noaa.gov/Report-Card. Das World Glacier Monitoring Service (WGMS) sammelt außerdem Daten zu allen weltweit unter Beobachtung stehenden Gletschern (https://wgms.ch/).

19 Einen umfassenden Bericht über den Zustand der Biodiversität weltweit liefert das *IPBES Global Assessment* (2019). Die zusammenfassende Übersicht findet sich auf https://ipbes.net/sites/default/files/2020-02/ipbes_global_assessment_report_summary_for_policymakers_en.pdf. Außerdem bietet der halbjährlich erscheinende *Living Planet Report* der Umweltschutzorganisation WWF eine zuverlässige und sehr gut zugängliche Bestandsaufnahme; die letzte Ausgabe ist auf der Webseite www.panda.org abrufbar.

20 Die Ernährungs- und Landwirtschaftsorganisation der Vereinten Nationen (Food and Agriculture Organisation – FAO) bringt alle zwei Jahre eine umfassende Übersicht mit dem Titel *The State of World Fisheries and Aquaculture* zur Lage der Meeres- und Süßwasserfische heraus. Die Ausgabe für das Jahr 2020 kann auf http://www.fao.org/state-of-fisheries-aquaculture eingesehen werden.

21 In *Riskier Business* (2020) lässt sich detailliert nachlesen, wie viel Landfläche außerhalb Großbritanniens gebraucht wird, ist, um Großbritannien mit nur sieben Grundnahrungsmitteln (inklusive Soja und Rindfleisch) zu versorgen. Eine Zusammenfassung sowie der ausführliche Bericht hierzu können von der Webseite https://www.wwf.org.uk/riskybusiness heruntergeladen werden.

22 Der Artikel zum weltweiten Insektensterben von Goulson, D. (2019), »Insect declines and why they matter« ist zugänglich auf https://www.somersetwildlife.org/sites/default/files/2019-11/FULL%20AFI%20REPORT%20WEB1_1.pdf. Und wer mehr darüber erfahren möchte, wie Insektenpopulationen wiederhergestellt werden können, findet einige gute Beispiele (aus Großbritannien) in: *Wildlife Trusts* (2020), »Reversing the decline

of insects«, https://www.wildlifetrusts.org/sites/default/files/
2020-07/Reversing%20the%20Decline%20of%20Insects%20
FINAL%2029.06.20.pdf. Siehe auch Kapitel 2, Teil 9.

23 Die hier genannten Zahlen zur Darstellung verschiedener Gruppen entstammen einem wegweisenden Gutachten über das Leben auf der Erde: Bar-On, Y.M., Phillips, R. and Milo, R. (2018), »The biomass distribution on Earth«, *Proceedings of the National Academy of Sciences* 115 (25) 6506–6511, https://www.pnas.org/content/pnas/early/2018/05/15/1711842115.full.pdf.

TEIL 2 Was vor uns liegt

24 Zwei führende Instanzen widmen sich der Berichterstattung über den Zustand des Planeten. Das Intergovernmental Panel on Climate Change (IPCC) – Zwischenstaatlicher Ausschuss für Klimaänderungen, auch Weltklimarat genannt – gilt als beste Informationsquelle für fundierte Zusammenfassungen aktueller und zukünftiger Klimaänderungen (www.ipcc.ch). Die Intergovernmental Platform on Biodiversity and Ecosystem Services (IPBES) stellt eine hervorragende Informationsquelle zum Zustand der Biodiversität dar (www.ipbes.net). Wer sich für das Konzept der Kipppunkte interessiert, dem empfehle ich diesen nützlichen Artikel: McSweeney, R. (2010), »Explainer: Nine ›tipping points‹ that could be triggered by climate change«, nachzulesen auf https://www.carbonbrief.org/explainer-nine-tipping-points-that-could-be-triggered-by-climate-change.

25 Mehr Details zu dieser Arbeit finden sich in folgendem sehr verständlichen und empfehlenswerten Werk: Rockström, J. and Klum, M. (2015), *Big World, Small Planet*, Yale University Press.

26 Die IPBES kam in ihrer letzten Studie (2019) zu dem Schluss, dass die aktuelle Aussterberate zehn- bis hundertmal so hoch ist wie die durchschnittliche Rate der letzten zehn Millionen Jahre, und auch die durchschnittliche Verlustrate von Wirbeltieren

im Laufe des letzten Jahrhunderts wird bis zu 114-mal so hoch beziffert als wie Hintergrundsterben. Siehe auch https://ipbes. net/global-assessment.

27 Der brasilianische Erdsystem-Wissenschaftler Carlos Nobre gehört zu denen, die auf kurze Sicht ein Waldsterben im Amazonas vorhersagen. Ein informatives Interview mit Nobre ist hier nachzulesen: https://e360.yale.edu/features/will-deforestation-and-warming-push-the-amazon-to-a-tipping-point. Den entsprechenden Artikel dazu gibt es hier: Nobre, C.A. et al (2016), »Land-use and climate change risks in the Amazon and the need of a novel sustainable development paradigm«, https://www. pnas.org/content/pnas/113/39/10759.full.pdf.

28 Die zuverlässigsten Quellen für aktuelle Zahlen zum Eisschwund finden sich in den Berichten des IPCC *Special Report on the Ocean and Cryosphere in a Changing Climate* (2019) auf https:// www.ipcc.ch/srocc/ und dem *Arctic Monitoring and Assessment Programme Climate Change Update 2019: An Update to Key Findings of Snow, Water, Ice and Permafrost in the Arctic (SWIPA) 2017*, https://www.amap.no/documents/doc/amap-climate-change-update-2019/1761.

29 Für weitere Informationen und aktuelle Zahlen zum Permafrostboden siehe: Global Terrestrial Network for Permafrost (https://gtnp.arcticportal.org/).

30 Das NOAA Coral Reef Watch, https://coralreefwatch.noaa.gov, erhebt mittels Auswertungen von Satellitenbildern und Geoinformationssystemen Angaben zu Korallenbleichen und zur Zerstörung von Korallenriffen weltweit. Wer tiefer in die Materie einsteigen möchte, dem empfehle ich, Berichte vom Global Coral Reef Monitoring Network einzusehen: https://gcrmn. net/products/reports/.

31 Die Ernährungs- und Landwirtschaftsorganisation der Vereinten Nationen erstellt regelmäßig Berichte über den Zustand der Landwirtschaft und Nahrungsmittelproduktion weltweit. Einer

ihrer maßgeblichen Berichte ist der *Status of the World's Soil Resources* von 2015, in dem die Hauptbedenken über die Nachhaltigkeit von moderner und industrieller Landwirtschaft erörtert werden: http://www.fao.org/3/a-i5199e.pdf.

32 Der weltweite Insektenschwund ist weithin belegt. Prognosen zum Rückgang der Artenzahl von Insekten sind schwieriger zu machen, aber Francisco Sanchez-Bayo und Kris Wyckhuys erstellten 2019 einen federführenden Aufsatz, siehe »Worldwide decline of the entomofauna: A review of its drivers«, https://www.sciencedirect.com/science/article/pii/S0006320718313636.

33 Während der COVID-19-Pandemie machte die IPBES (2020) in einem Gastartikel den Zusammenhang zwischen auftauchenden Viren und der Verschlechterung unserer Umwelt deutlich; siehe https://ipbes.net/covid19stimulus.

34 Das IPCC (Weltklimarat) ist eine führende internationale Organisation und fasst den Stand der wissenschaftlichen Forschung zum Klimawandel zusammen. Der Sonderbericht von 2019 über *Ozeane und die Kryosphäre in einem sich wandelnden Klima* beinhaltet die neuesten Prognosen zum Anstieg des Meeresspiegels: https://www.ipcc.ch/srocc/chapter/summary-for-policymakers/.

35 Die »C40 Cities«-Organisation ist ein Netzwerk von Millionenstädten weltweit, die sich für den gemeinsamen Kampf gegen den Klimawandel zusammengeschlossen haben. Auf ihrer Webseite https://www.c40.org finden sich viele gute Informationen darüber, wie städtische Gebiete von den Folgen der Erderwärmung betroffen sein könnten und wie verantwortungsvolle Städte mit der sich abzeichnenden Problematik umgehen.

36 Es gibt verschiedene Modelle, die Auswirkungen des Klimawandels auf die Zukunft skizzieren. Das Modell, nach sich dem unser Planet bis 2100 um 4 °C erwärmt haben könnte, kann in dem Szenario RCP8 des IPPC, 5. Sachstandbericht, nachvollzogen werden, https://www.ipcc.ch/assessment-report/ar5/. Die Prognose, dass ein Viertel der menschlichen Bevölkerung an

Orten mit einer Durchschnittstemperatur von über 29 °C leben könnte, beruht auf einem anderen Modell und positioniert sich zwar am extremeren Ende der Prognosen, wird dennoch für möglich gehalten. Siehe hierzu: Xu, C. et al (2020), »Future of the human climate niche«, *Proceedings of the National Academy of Sciences,* Mai 2020, 117 (21), 11350–11355, https://www.pnas.org/content/early/2020/04/28/1910114117.

TEIL 3 Eine Vision für die Zukunft

37 Diese Angaben sind dem *Dasgupta Review* entnommen: *Independent Review on the Economics of Biodiversity*, voraussichtliches Veröffentlichungsdatum Ende 2020. In diesem Fachmagazin wird es ein eindringliches Plädoyer dafür geben, Umweltdienstleistungen an der Natur im Rahmen einer zeitgemäßen Wirtschaft mehr Wert zuzumessen. Siehe hierzu: https://www.gov.uk/government/publications/interim-report-the-dasgupta-review-independent-review-on-the-economics-of-biodiversity.

38 Kate Raworth' Buch *Die Donut-Ökonomie* (2018) ist eine hervorragende Abrechnung mit der Inkompatibilität unseres gegenwärtigen Wirtschaftssystems hinsichtlich der tatsächlichen Gegebenheiten der Natur. Es beinhaltet eine detaillierte Beschreibung des Donut-Modells und bietet zahlreiche Anregungen, wie wir Wirtschaft nachhaltig organisieren könnten.

39 Tropische Regenwälder sind oft uralte Ökosysteme. Einen guten Überblick über ihre Geschichte und Funktionsweise bieten: Gahazoul, J. and Sheil, D. (2010), *Tropical Rain Forest Ecology, Diversity, and Conservation*, Oxford University Press.

40 Im *The Dasgupta Review: Independent Review on the Economics of Biodiversity – an interim report* wird die Idee nahegelegt, als Alternative zum BIP, an dem Erfolg bemessen wird, ein Nettoinlandsprodukt (NIP) einzuführen, das die wahren Kosten von Umweltschäden enthält; siehe hierzu https://www.gov.uk/government/

publications/interim-report-the-dasgupta-review-independent-review-on-the-economics-of-biodiversity. Für mehr Informationen über den Happy-Planet-Index siehe http://happyplanet index.org/.

41 Die primäre Quelle für diese Angaben und insgesamt eine gute Quelle, um sich über den Weltenergiebedarf zu informieren, ist die Internationale Energieagentur (www.iea.org).

42 Der Kohlendioxidbudget-Sektor ist ein sehr technisches Gebiet. Eine Übersicht bietet https://www.ipcc.ch/sr15/chapter/ chapter-2/. Mehr Informationen zum Thema zukünftige Emissionsprognosen siehe https://ourworldindata.org/co2-and-other-greenhouse-gas-emissions#future-emissions.

43 Project Drawdown ist eine gemeinnützige Organisation, die eine umfangreiche und höchst lesenswerte Analyse von Maßnahmen zur Abschwächung des Klimawandels zusammengestellt hat, welche nach ihrer jeweiligen Bedeutsamkeit betrachtet werden: siehe hierzu www.drawdown.org.

44 Eine radikale Prognose über Veränderungen, die auf das Transportwesen zukommen könnten, findet sich auf https://www. rethinkx.com/transportation.

45 Das Stockholm Resilience Centre ist eine führende Kraft in den Erdsystemwissenschaften und hat sich auf nachhaltige Entwicklung spezialisiert. Es entwickelte das Modell der planetaren Belastbarkeitsgrenzen und unterstützt Regierungen bei ihrer Umweltschutzpolitik. Siehe auch: https://www.stockholm resilience.org/.

46 In verschiedenen WWF-Berichten werden einige der besten Art und Weisen aufgezeigt, um die Energiewende umsetzen zu können; siehe hierzu: https://www.wwf.org.uk/updates/uk-investment-strategy-building-back-resilient-and-sustainable-economy..

47 Beispiele von Studien, die den Zusammenhang zwischen größerer Biodiversität und einer höheren Aufnahme- und Speicher-

fähigkeit in Ökosystemen herstellen, finden sich u.a. bei Danielle Atwood u.a.(2015), Comparative impact of diverse regulatory loci on *Staphylococcus aureus* biofilm formation; in Microbiologyopen. 2015 Juni; 4(3), s. 436–451, die eine Reduktion der CO_2-Abscheidung und -Speicherung nachweisen konnten, nachdem in den Salzsümpfen von Neuengland und in den Mangroven- und Seegras-Ökosystemen in Australien die Raubtiere an der Spitze der Nahrungskette eliminiert worden waren, was eine Zunahme der Herbivoren-Populationen zur Folge hatte, siehe https://www.nature.com/articles/nclimate2763; Liu et al. (2018) fanden heraus, dass ein großer Baumarten-Reichtum in den subtropischen Regenwäldern von China die Fähigkeit zur CO_2-Abscheidung und -Speicherung erhöhte, siehe https:// royalsocietypublishing.org/doi/full/10.1098/rspb.2018.1240; und Osuri et al. (2020) konnten nachweisen, dass in Indien natürliche Wälder besser zur CO_2-Abscheidung und -Speicherung fähig waren als Plantagen, siehe https://iopscience.iop.org/ article/10.1088/1748-9326/ab5f75.

48 Nützliche Informationen zum Status der Meeresschutzgebiete finden sich auf der Webseite von Protected Planet: https:// www.protectedplanet.net/marine. Es ist wichtig zu wissen, dass gegenwärtig nicht alle Schutzgebiete effizient gemanagt werden. Schätzungen zufolge sind nur etwa 50 Prozent davon tatsächlich und erfolgreich geführte Meeresschutzgebiete.

49 In einem detaillierten Bericht der Smithsonian Institution zur Erfolgsgeschichte des Meeresschutzgebiets von Cabo Pulmo ist unter anderem nachzulesen, wie wichtig es ist, die einheimische Bevölkerung in die Betreuung von Meeresschutzgebieten und Artenschutzprogrammen im Allgemeinen miteinzubeziehen; siehe hierzu https://ocean.si.edu/conservation/solutions-success-stories/cabo-pulmo-protected-area.

50 Mehr über die Wirksamkeit von Küstenökosystemen im Zusammenhang mit der Abscheidung und Speicherung von CO_2 und

über die Bemühungen, Mangrovensümpfe, Salzmarschen und Seegraswiesen zu diesem Zwecke wiederherzustellen, kann hier nachgelesen werden: https://www.thebluecarboninitiative.org/. Mehr über die Gestaltung von Meeresschutzgebieten in Australien erfährt man in diesem lesenswerten Artikel: https://ecology. uq.edu.au/filething/get/39100/Scientific_Principles_MPAs_ c6.pdf.

51 Die Meeresumwelt stellt eine ganz besondere Herausforderung dar, wenn es darum geht, Fischbestände zu bestimmen und Fischereifahrzeuge auf dem Meer zu überwachen, was jedoch beides erforderlich ist, um Nachhaltigkeit zu gewährleisten. Mit Zertifizierungsverfahren wird versucht, diese Probleme in den Griff zu bekommen, aber sie sind noch nicht vollständig gelöst.

52 Das Seerechtsübereinkommen der Vereinten Nationen ist ein völkerrechtlicher Vertrag, der die Nutzungsarten der Meere regelt. Es wird aktuell zum ersten Mal seit Jahrzehnten überarbeitet, und viele Menschen arbeiten hart daran, um sicherzustellen, dass bei den Neuerungen besonders auf Nachhaltigkeit geachtet wird. Sollten die Änderungen in die richtige Richtung gehen, könnte das die Beziehung der Menschheit zum Ozean grundlegend ändern. Für mehr Informationen hierzu siehe https://www.un.org/bbnj/.

53 Zahlen zu Fischfangmengen und Aquakulturproduktion werden regelmäßig von der Ernährungs- und Landwirtschaftsorganisation (FAO) der Vereinten Nationen in ihrem *State of World Fisheries and Aquaculture* herausgegeben. Die diesjährige Ausgabe (2020) kann hier abgerufen werden: http://www.fao.org/state-of-fisheries-aquaculture.

54 Das Aquaculture Stewardship Council (ASC) leitet ein Zertifizierungs- und Kennzeichnungsprogramm für nachhaltige Aquakultur. Ihr grünes Logo befindet sich auf Erzeugnissen wie Lachs und Krustentieren aus diesen Aquakulturen. Siehe https://www. asc-aqua.org/.

55 Die Technologie der Bioenergie mit CO_2-Abscheidung und -speicherung (engl. BECCS) wird gegenwärtig als Methode untersucht, mit der Kohlenstoff aus der Atmosphäre gebunden und gleichzeitig Wärme oder Elektrizität erzeugt werden kann. Sollte es sich bei BECCS um eine skalierbare Option handeln, könnte sie dabei helfen, den Druck beim Konkurrenzkampf um Platz für Bioenergiepflanzen, für die Nahrungsmittelproduktion oder für natürliche Lebensräume herauszunehmen. Der Vorteil von Kelp als Bioenergiepflanze besteht darin, dass ein wiederhergestellter Kelpwald ein Lebensraum mit hoher Artenvielfalt ist, der so schnell wächst, dass er nachhaltigem Abernten problemlos standhalten kann.

56 Über die verschiedenen Arten, wie Menschen Flächen nutzen, findet sich eine anschauliche Beschreibung in folgender Präsentation des Forschungs- und Datenprojekts *Our World in Data*: https://ourworldindata.org/land-use..

57 Der (2020 überarbeitete) *Sonderbericht über Klimawandel und Landsysteme* des Weltklimarats bietet einige faszinierende Einblicke in die Auswirkungen der Landnutzung auf das Klima: https://www.de-ipcc.de/media/content/SRCCL-SPM_de_barrierefrei.pdf.

58 Wir müssen immer noch so viel darüber lernen, wie Erdboden funktioniert. Die Mikroorganismen und Wirbellosen, die in gesunden Böden leben, interagieren auf vielfältige und komplexe Weise miteinander und mit den Pflanzenleben über ihnen. Es wird immer offensichtlicher, dass eine hohe Biodiversität im Boden elementar ist für die Festlegung von wichtigen Nährstoffen (fixing of key nutrients), den Zustand des Bodens, das Pflanzenwachstum und die CO_2-Abscheidung und -Speicherung auf dem Festland. Siehe hierzu: Hirsch, P. R. (2018), »Soil microorganisms: role in soil health«, in Reicosky, D. (Hrsg.), *Managing Soil Health for Sustainable Agriculture*, Volume 1: »Fundamentals«, Burleigh Dodds, Cambridge, UK, S. 169–96. Wer sich einen guten Überblick über das System der Nahrungs-

mittelproduktion verschaffen möchte und was sich daran ändern muss, dem möchte ich den folgenden Bericht der Food and Land Use Coalition nahelegen, der »verdeutlicht, wie Nahrungsmittel- und Landnutzungssysteme dazu beitragen können, den Klimawandel bis 2030 unter Kontrolle zu bringen, die biologische Vielfalt zu bewahren, gesünderes Essen für alle zu gewährleisten, auf drastische Weise die Ernährungssicherheit zu verbessern und inklusivere Agrarwirtschaft zu betreiben«: FOLU (2019), *Growing Better: Ten Critical Transitions to Transform Food and Land Use*, erhältlich auf: https://www.foodandlandusecoalition.org/wp-content/uploads/2019/09/FOLU-GrowingBetter-Global-Report.pdf.

59   Die Universität Wageningen in den Niederlanden gehört zu den führenden Forschungszentren für Hightech-Verfahren, die der Optimierung von Nachhaltigkeit in der Landwirtschaft dienen, und hat eine entscheidende Rolle bei vielen der Verfahren gespielt, die in einigen dieser niederländischen Landwirtschaftsbetriebe getestet wurden. Siehe auch https://weblog.wur.eu/spotlight/.

60   Für mehr Informationen zum Thema Regenerative Landwirtschaft siehe die zwei folgenden maßgeblichen Quellen: Regeneration International (https://regenerationinternational.org) und Burgess, P.J., Harris, J., Graves, A.R., Deeks. L.K. (2019), *Regenerative Agriculture: Identifying the Impact; Enabling the Potential*, Report for SYSTEMIQ, 17 May 2019, Cranfield University, Bedfordshire, UK, https://www.foodandlandusecoalition.org/wp-content/uploads/2019/09/Regenerative-Agriculture-final.pdf.

61   Wie viel Landfläche weltweit benötigt würde, um die Weltbevölkerung mit der durchschnittlichen Ernährungsweise eines jeweiligen Landes versorgen zu können, kann hier nachvollzogen werden: https://ourworldindata.org/agricultural-land-by-global-diets. Angaben zum Fleischverbrauch im weltweiten Vergleich

finden sich auf https://ourworldindata.org/meat-production#
which-countries-eat-the-most-meat.

62 Federführende Artikel aus jüngster Zeit sind *The Planetary Health
Diet and You* by the EAT-Lancet commission (2019), siehe
https://eatforum.org/eat-lancet-commission/the-planetary-
health-diet-and-you/, und die FAO's *Sustainable Diets and Biodiversity* review (2010), siehe http://www.fao.org/3/a-i3004e.pdf.

63 Diese Einschätzung stammt aus einem Aufsatz, der unlängst im
Rahmen des *The Oxford Martin Programme on the Future of Food* an
der University of Oxford erschienen ist; siehe Springmann, M.
u.a. (2016), *Analysis and valuation of the health and climate change
cobenefits of dietary change*, https://www.pnas.org/content/early/
2016/03/16/1523119113.

64 Die Originalquellen hierzu werden in folgenden Links zitiert:
https://www.theguardian.com/business/2018/nov/01/third-of-
britons-have-stopped-or-reduced-meat-eating-vegan-vegetarian-
report und https://www.foodnavigator-usa.com/Article/2018/
06/20/Innovative-plant-based-food-options-outperform-
traditional-staples-Nielsen-finds. Eine aktuelle Studie zeigt auf,
dass die Anzahl der Menschen im Vereinigten Königreich,
die weniger Fleisch essen, von 28 Prozent im Jahr 2017 auf
39 Prozent in 2019 gestiegen ist; siehe https://www.mintel.com/
press-centre/food-and-drink/plant-based-push-uk-sales-
of-meat-free-foods-shoot-up-40-between-2014-19.

65 Eine radikale Vorausschau darauf, wie schnell und umfassend der
landwirtschaftliche Sektor dank dieser Revolution in der Nahrungsmittelproduktion verändert werden könnte, findet sich auf
https://www.rethinkx.com/food-and-agriculture-executive-
summary. Die FAO-Studie (2012) *World Agriculture towards 2030/
2050* bietet eine sehr gute detaillierte Analyse; siehe http://www.
fao.org/3/a-ap106e.pdf.

66 Die Landfläche, die jeder Mensch benötigt, um sich pflanzlich zu
ernähren, nimmt gegenwärtig, dank immer höherer Ernteerträge

der modernen Landwirtschaft, schnell ab. Für weitere Informationen zu dieser Tendenz und eine Reihe von Prognosen über die zukünftig benötigte landwirtschaftliche Flächenmenge, mit Bezug zu Angaben der FAO, siehe https://ourworldindata.org/land-use#peak-farmland.

67 Für mehr Informationen zum *REDD+*-Programm der Vereinten Nationen siehe https://www.un-redd.org/.

68 Das Forest Stewardship Council (FSC) ist eine internationale gemeinnützige Organisation, die es sich zur Aufgabe gemacht, eine umweltgerechte, sozial verträgliche und wirtschaftlich tragbare Forstwirtschaft für Wälder auf der ganzen Welt zu fördern. Es betreibt ein System zur Zertifizierung nachhaltiger Forstwirtschaft weltweit. Das grüne Logo ist ein guter Hinweis darauf, dass Schnittholz oder andere Holzprodukte aus einem nachhaltig und fair bewirtschafteten Wald stammen. Für mehr Informationen siehe https://www.fsc.org.

69 Ein gutes Beispiel für nachhaltige tropische Forstwirtschaft ist das Deramakot Forest Reserve in Sabah, Borneo, ein Waldschutzgebiet, das seit 1997 vom Forest Stewardship Council als nachhaltig zertifiziert ist, länger als jeder andere Tropenwald. Bäume werden mit großer Sorgfalt gefällt, um die Biodiversität beizubehalten, und Untersuchungen haben tatsächlich gezeigt, dass die Biodiversität des Schutzgebiets dem Artenreichtum anderer unberührter Wälder in Sabah sehr ähnlich ist. Es gibt einen interessanten Kurzfilm über Deramakot unter folgendem Link: https://www.weforum.org/agenda/2019/09/jungle-gardener-borneo-logging-sustainably-wwf/.

70 Zum Beispiel zieht die Regierung des Vereinigten Königreichs Subventionen in Erwägung, die Landwirten auf der Grundlage »öffentlicher Güter« auf ihren Ländereien zukommen sollen, welche auch das Ausmaß von Biodiversität und Kohlenstoffspeicherung berücksichtigen und nicht nur, wie bisher üblich, das Bewirtschaften einer Nutzfläche. Es werden zum Teil zwar

auch Zweifel laut, dass diese Strategie weit genug geht, aber eine aktuelle Studie des Wildlife and Countryside Link hat aufgezeigt, dass die Bauernschaft in England diese Wende zumindest unterstützt. Siehe https://www.wcl.org.uk/assets/uploads/files/WCL_Farmer_Survey_Report_Jun19FINAL.pdf.

71 Die Geschichte von Charlie und Isabella und der Renaturierung ihrer Farm wird auf wunderbare Weise in dem Buch *Wilding* von Isabella Tree (2018) erzählt. Die Geschichte handelt einerseits von den Aspekten der modernen landwirtschaftlichen Methoden und andererseits davon, in welch verblüffendem Ausmaß die Natur sich erholen kann, wenn sie die Gelegenheit dazu bekommt. Das Buch zeigt auch auf, von welch ökologischem Nutzen ein artenreiches Ökosystem ist. Die Farm konnte ihre Kapazität, Kohlenstoff zu binden, um ein erhebliches Maß steigern, da sich die Qualität der Böden steigerte und dadurch Überflutungen vorgebeugt wurde.

72 Renaturierungsprojekte fassen überall auf der Welt Fuß und werden zunehmend als Konzept übernommen, das die Wiederherstellung von Biodiversität und natürlichen Prozessen auf Landschaftsebene ermöglicht. Einige Beispiele sind: das Projekt Wild Ennerdale mit einer Mischnutzung aus Landschaft und Fleischproduktion im Herzen einer der beliebtesten Gegenden Englands, dem Lake District; das American Prairie Reserve, eine Initiative in den USA, welche die natürlichen Grasebenen miteinander verbindet und sie renaturiert; und Projekte in ganz Europa, die von Rewilding Europe unterstützt werden, wie zum Beispiel die Renaturierung des Donaudeltas. Für mehr Informationen siehe http://www.wildennerdale.co.uk/, https://rewildingeurope.com/space-for-wild-nature/ und https://rewildingeurope.com/areas/danube-delta/.

73 Der Yellowstone National Park hat einen eigenen Bericht über die Rückkehr der Wölfe und deren Effekt auf die Biodiversität herausgegeben, siehe hierzu https://www.nps.gov/yell/learn/nature/wolf-restoration.htm.

74 Dieser wegweisende Bericht über das Potenzial der Aufforstung,
    den Klimawandel abzumildern, wurde von der Ernährungs- und
    Landwirtschaftsorganisation der Vereinten Nationen und dem
    Labor rund um Thomas Crowther vorgelegt. Auch wenn das
    Pflanzen von Bäumen keine Alternative zum Verzicht von fossilen
    Brennstoffen darstellt, zeigt die Studie auf, dass es auf der Erde
    1,7 Milliarden Hektar baumloser Landflächen gibt, auf denen
    im Idealfall 1,2 Billionen heimischer Bäume angepflanzt werden
    könnten. Siehe https://science.sciencemag.org/content/
    365/6448/76.

75 Die Hauptabteilung Wirtschaftliche und Soziale Angelegenheiten
    der Vereinten Nationen gibt die amtlichen Zahlen zur Weltbe-
    völkerung heraus. 2019 wurde der letzte *World Population Prospect*
    veröffentlicht, in dem verschiedene Prognosen zur Entwicklung
    der Weltbevölkerung unter Berücksichtigung unterschiedlicher
    Voraussetzungen bis 2100 aufgestellt wurden; siehe hierzu
    https://population.un.org/wpp/. Für eine lesbarere Übersicht
    dieser Daten siehe https://ourworldindata.org/future-population-
    growth.

76 Eine umfassendere Ausführung des Earth Overshoot Day und
    wie er berechnet wird findet sich auf https://www.overshoot
    day.org.

77 *Our World in Data* ist eine wunderbare Quelle für viele Dinge,
    einschließlich Bevölkerungsdaten. Dort finden sich Darstellungen
    zum Wachstum der Weltbevölkerung, Prognosen zur Bevölke-
    rungsentwicklung, Geburtenrate, Lebenserwartung und vielen
    anderen demografischen Bereichen. Siehe zum Beispiel
    https://ourworldindata.org/world-population-growth.

78 Hans Rosling war ein bemerkenswerter Vertreter der Sozial-
    wissenschaften. Seine Arbeit lebt in der Gapminder Foundation
    weiter; siehe https://www.gapminder.org/, einem Portal, auf
    dem sich jede Menge interaktiver Tools und Videos zur Bevöl-
    kerung und zur Realität der Armut finden.

79   Eine Präsentation, in der Chinas Ein-Kind-Politik mit Tai-
     wans Geburtenrückgang verglichen wird, findet sich hier:
     https://ourworldindata.org/fertility-rate#coercive-policy-
     interventions.

80   Sowohl auf dem Portal des UN Women Fund (https://www.
     unwomen.org/en) als auch auf dem Portal des UN Population
     Fund (https://www.unfpa.org/) finden sich zu vielen dieser
     Problematiken tiefgründige Erläuterungen.

81   Eine detaillierte Ausführung der Methodik, auf die sich das
     Wittgenstein Centre für die Durchführung dieser Untersuchung
     gestützt hat, findet sich online unter https://iiasa.ac.at/web/
     home/research/researchPrograms/WorldPopulation/Projections_
     2014.html.

82   Die Ellen MacArthur Foundation hat sich zum Ziel gesetzt,
     Debatten und Aktivitäten anzutreiben, um eine praktikable
     Kreislaufwirtschaft herbeizuführen. Auf ihrer Webseite finden
     sich umfangreiche Informationen und Ideen zu diesem Thema;
     siehe https://www.ellenmacarthurfoundation.org. Außerdem
     bietet Kate Raworths Buch *Die Donut-Ökonomie* scharfsinnige
     Beobachtungen dazu an, wie wir zu einer Kreislaufwirtschaft
     kommen könnten.

83   Der 2019 veröffentlichte Bericht der Ernährungs- und Landwirt-
     schaftsorganisation der Vereinten Nationen *The State of Food and
     Agriculture* beinhaltet eine umfassende Untersuchung zur Lebens-
     mittelverschwendung in der heutigen Zeit und eine Abhandlung
     darüber, wie Letztere vermieden werden kann; siehe http://
     www.fao.org/state-of-food-agriculture/2019. Ein neuer Bericht
     von WWF und WRAP (2020), *Halving Food Loss and Waste in
     the EU by 2030: The Major Steps Needed to Accelerate Progress*, gibt
     konkrete Anleitungen zur Vermeidung von Müll und ist unter
     folgendem Link zu finden: https://wwfeu.awsassets.panda.org/
     downloads/wwf_wrap_halvingfoodlossandwasteintheeu_june
     2020__2_.pdf.

84 Das Kigali-Abkommen des Montreal-Protokolls wurde 2016 von 170 Staaten unterzeichnet und verpflichtet Regierungen zur ordnungsgemäßen Handhabung der FKW-Kühlmittel am Ende ihrer Nutzungsdauer. Ein Punkt, der für Project Drawdown ganz oben auf der Liste der achtzig in ihrem Bericht gelisteten Klimalösungen steht. Schätzungen zufolge würde auf diese Weise verhindert werden, dass Substanzen, die fast neunzig Gigatonnen Kohlenstoff entsprächen, in die Atmosphäre gelangten.

Bildnachweise

S. 238 Solarbetriebene *Supertrees* in Singapur – © Zhu Difeng/
Shutterstock

S. 248 David hält ein frisch geschlüpftes Bankivahuhn-Küken,
das sich mit dem ungeschlüpften Küken »unterhält«,
Wonder of Eggs – © Mike Birkhead

S. 252 David mit Jonnie Hughes während des Filmdrehs für
A Life on Our Planet – © Laura Meacham

Glossar

Alt-proteins oder auch alternative Eiweißquellen, ein Überbegriff für pflanzliche Alternativen oder andere, durch Lebensmitteltechnologien hergestellte Alternativen zum üblichen Tierprotein. Zum Beispiel eignen sich Getreide, Gemüse, Nüsse, Samen, Algen, Insekten, Mikroorganismen oder In-vitro-Fleisch hierfür. Da diese Eiweißquellen ohne Vieh- oder Fischzucht auskommen, wird davon ausgegangen, dass ihre Herstellung einen wesentlich kleineren ökologischen Fußabdruck hinterlassen wird. Außerdem ist das Tierwohl bei Weitem nicht so gefährdet.

Anthropozän das aktuelle geologische Zeitalter oder, besser gesagt, die gegenwärtige erdgeschichtliche Epoche, die als der Zeitraum angesehen wird, in der sich überwiegend menschliche Aktivitäten auf Klima und Umwelt ausgewirkt haben. Es gibt anhaltende Debatten über den Beginn des Anthropozäns, mehrheitlich datieren Forscher und Forscherinnen ihn jedoch auf die 1950er-Jahre, da ab diesem Zeitpunkt im Gestein der Zukunft eine Fülle von Plastikteilen und radioaktiven Isotopen von Atomwaffentests nachweisbar sein wird.

Aquakultur oder Fischfarmen bezeichnen die Aufzucht von Fischen, Schalentieren, Algen und anderen Wasserorganismen. Es gibt zwei Hauptkategorien, Marine- und Süßwasser-Aquakulturen

Aquaponik ein Aquakultur-System, in dem die Abwässer von Fisch- und Meeresfrüchteaufzuchten als Nährstoffe für hydroponisch angebaute Pflanzen eingesetzt werden, die wiederum das Wasser filtern.

Aufforstung der Meere ist mit dem Anbau von Algenwäldern eine Option für einen naturbasierten Lösungsansatz, um dem Klimawandel entgegenzuwirken. Wenn die Algen einmal wachsen, können sie CO_2 aufnehmen und speichern, sie können außerdem für Bioenergie und als Nahrung abgeerntet werden oder dauerhaft dafür genutzt werden, Kohlenstoff aus der Atmosphäre zu binden.

Blockchain ist ein verteiltes Register, auch Hauptbuch genannt, das Transaktionen zwischen Teilnehmern erfasst und auf einer Datenbank ablegt, die sich auf mehreren Computern in einem Peer-to-Peer-Netzwerk verteilt, ein verlässliches System, das außerdem Fehlerpotenzial und Missbrauch reduziert. Es wurde ursprünglich als sichere Anwendung für Kryptowährungen wie Bitcoin entwickelt; aber mit der gleichen Technologie ist es möglich, auch Lieferketten lückenlos nachzuverfolgen und somit zu überprüfen, ob eine Ware wie Bauholz oder Thunfischfleisch aus nachhaltiger Produktion stammt.

Biodiversität oder biologische Vielfalt, eine Bezeichnung für die Gesamtheit der Artenvielfalt der Welt. Sie umreißt sowohl die Anzahl der Arten, also alle verschiedenen Lebensformen wie Tiere, Pflanzen, Pilze und sogar Mikroorganismen wie Bakterien, als auch die Anzahl oder das Vorkommen jeder einzelnen dieser Arten. Abstrakt gesagt umfasst die Biodiversität des Planeten nicht nur Millionen von Arten und Milliarden Individuen, sondern auch Trilliarden unterschiedlichster Eigenschaften, die diese Individuen haben. Je größer die Biodiversität, desto besser kann die Biosphäre mit Veränderungen umgehen, im Gleichgewicht bleiben und Leben ermöglichen.

Bioenergie oder Energie aus Biomasse ist erneuerbare Energie, die aus Stoffen der belebten Welt gewonnen wird, also Brennstoffe, die für Bioenergie verbrannt oder verarbeitet werden, zum Beispiel Holz und schnell wachsende Pflanzenarten wie Mais, Sonja, Chinaschilf oder Rohrzucker. Biomasse kann verbrannt werden, um Elektrizität zu gewinnen oder in Biokraftstoffe für Fahrzeuge umgewandelt zu werden.

Biosphäre ist die Gesamtheit der belebten Welt und umfasst alle Ökosysteme unseres Planeten; die Biosphäre ist Teil des größeren

Erdsystems, sie wird von der Sonneneinstrahlung und der Hitze aus dem Erdinneren gespeist und reguliert sich weitestgehend selbst.

Bruttoinlandsprodukt (BIP)   ist ein Produktivitätsmaß, das den Gesamtwert aller Güter und Dienstleistungen eines Landes über einen bestimmten Zeitraum hinweg wiedergibt. Das BIP kann zwar als Produktivitätsmaß einer Nation genutzt werden, wird allerdings massiv kritisiert, weil es Chancengleichheit, Wohlergehen und Umweltbelastung nicht miteinbezieht. Simon Kuznets, der das BIP entwickelt hat, warnte davor, das BIP als Maßeinheit für das Wohlergehen eines Landes zu nutzen.

CO_2-Steuer   wird auf das Verbrennen fossiler Brennstoffe (Kohle, Erdöl, Gas) erhoben, um Umweltverschmutzer dafür zahlen zu lassen, dass sie das Klima mit den Treibhausgasen schädigen, die durch ihre Aktivitäten entstehen. Die Steuer hilft nachweislich bei der wirkungsvollen Reduzierung von CO_2-Emissionen.

Demografischer Übergang   ist ein Phänomen, das in jedem Land den allmählichen Übergang von hohen Geburtenraten und hoher Kindersterblichkeit in Gesellschaften mit einem Minimum an Technologie, Bildung und wirtschaftlicher Entwicklung zu niedrigen Geburtenraten und niedriger Sterblichkeit im Allgemeinen in Gesellschaften mit moderner Technologie, einem guten Bildungswesen und einer florierenden Wirtschaft bezeichnet.

Domestizierung   bezeichnet den Prozess, in dem Menschen einen erheblichen Einfluss auf Fortpflanzung und Gedeihen anderer Spezies ausüben. Die Pflanzendomestizierung fand zum Beispiel bei Weizen, Kartoffeln und Bananen statt. Beispiele für die Tierdomestizierung sind Rinder, Schafe und Schweine. Die Domestizierung bildet die Grundlage für jegliche Form von Landwirtschaft.

Donut-Modell   ist eine Neu-Interpretation des Modells der Planetaren Grenzen, das von der Ökonomin Kate Raworth von der Oxford University entwickelt wurde und das zusätzlich zu dem bereits bestehenden ökologischen Dach die Erfüllung der Grundbedürfnisse von Menschen als soziales Fundament ansieht, womit sie einen sicheren und gerechten Ort für die Menschheit definiert. Dahinter steckt der Gedanke, dass wir zwar unter diesem Dach bleiben müssen, aber nicht auf Kosten des Wohlergehens der Menschen. Somit bildet das Modell einen Rahmen für nachhaltige Entwicklung.

Erdsystem   umfasst die Gesamtheit der geologischen, chemischen, physikalischen und biologischen Systeme der Erde. Während des gesamten Holozäns zeichnete sich dieses System dank seiner konstanten Warmzeit durch ein lebensbegünstigendes Umfeld aus und fußt auf Interaktionen zwischen Atmosphäre (Luft), Hydrosphäre (Wasser), Kryosphäre (Eis und Permafrost), Lithosphäre (Gestein) und Biosphäre (Leben). Das Erdsystem arbeitet so lange effektiv und schafft ein lebensbegünstigendes Umfeld, wie wir uns innerhalb der planetaren Grenzen aufhalten.

Erneuerbare Energien   bezeichnet Energie aus Quellen, die sich im menschlichen Zeithorizont auf natürliche Weise erneuern, wie Solarenergie, Windkraft, Bioenergie, Strom aus Gezeiten-, Wellen- und Wasserkraftwerken sowie aus Geothermieanlagen. Erneuerbare Energien sind ein üblicherweise kohlenstoffarmer oder -freier Ersatz für fossile Brennstoffe.

Geoengineering   oder auch Climate Engineering ist die Erforschung und Ausführung von vorsätzlichen, groß angelegten Eingriffen in das Erdsystem, um den Klimawandel zu mäßigen. Manche Methoden zielen darauf ab, die Kapazität der Erde zu fördern, Treibhausgase aus der Atmosphäre zu binden; die Eisendüngung des Ozeans sei genannt, wodurch die Produktivität der Algen gefördert und die Aufnahme von Kohlenstoffdioxid im Oberflächenwasser gesteigert werden soll. Andere Methoden zielen auf die Beeinflussung der Sonneneinstrahlung, indem zum Beispiel der Stratosphäre Aerosole zugefügt werden, in der Hoffnung, dass auf diese Weise mehr Sonnenlicht zurück ins Weltall reflektiert und dadurch die globale Erderwärmung gemildert wird. Geoengineering wird oft sehr kritisch angesehen, da diese Verfahren noch ungetestet sind und der Umwelt und uns möglicherweise sehr schaden könnten.

Große Beschleunigung/*Great Acceleration* der gleichzeitige drastische Anstieg der Wachstumsrate einer großen Bandbreite menschlicher Aktivitäten, die zum ersten Mal Mitte des 20. Jahrhunderts verzeichnet wurde und bis heute andauert. Die Nachfrage nach Ressourcen und der Produktion von Schadstoffen während der Zeit der Großen Beschleunigung ist die direkte Ursache für einen Großteil der heutigen Umweltzerstörung.

Großer Niedergang/*Great Decline* der dramatische Rückgang einer großen Bandbreite an ökologischen Faktoren weltweit, einschließlich der Biodiversität und Stabilität des Klimas, der seit Mitte des 20. Jahrhunderts verzeichnet wird und bis heute andauert. Schätzungen zufolge wird sich der Rückgang noch in diesem Jahrhundert mit dem Erreichen einer Reihe von Kipppunkten zuspitzen und in die Destabilisierung des Erdsystems münden.

Grünes Wachstum bezeichnet eine Form von ökonomischem Wachstum, in dem Ressourcen nachhaltig genutzt werden. Es bietet eine Alternative zum herkömmlichen Wirtschaftswachstum, das üblicherweise vom Menschen verursachte Umweltbelastungen nicht berücksichtigt.

Holozän ist die gegenwärtige geologische Epoche, die etwa 11 700 Jahre nach der letzten Eiszeit begann. Es handelt sich dabei um eine bemerkenswert stabile Phase unserer Geschichte und deckt sich mit dem schnellen Bevölkerungswachstum der Menschheit, das die Erfindung der Landwirtschaft mit sich brachte.

Hydroponik ist ein Verfahren zum Anbau von Pflanzen ohne Erde, indem eine Nährstofflösung in Wasser gegeben wird. Es bietet diverse Vorteile, vornehmlich jedoch benötigt die Hydroponik viel weniger Wasser für den Anbau von Pflanzen.

Hutewald ist eine von vielen Methoden der regenerativen Landwirtschaft und bezeichnet die Praxis, domestizierte Tiere auf Flächen mit Baumreihen oder in richtigen Wäldern zu halten. Die

Tiere haben die Möglichkeit, unter den Bäumen Schutz zu suchen und zu grasen, was sich ganz erheblich auf die Gesundheit der Tiere und deren Ertrag auswirken kann.

Jäger und Sammler eine Kultur, in der die Menschen ihre Nahrung in der Wildnis fanden. Die Kultur, die Menschen über einen Zeitraum von 90 Prozent unserer Geschichte gelebt haben, bis die Landwirtschaft erfunden wurde und das Holozän begann.

In-vitro-Fleisch auch Clean Meat oder kultiviertes Fleisch, ist Fleisch, das zum Essensverzehr gedacht ist und aus einer Zellkultur entsteht, wodurch auf das Schlachten von Tieren verzichtet werden kann. Es handelt sich um eine Art zellulärer Landwirtschaft. Studien zufolge hat In-vitro-Fleisch das Potenzial viel effizienter und umweltfreundlicher zu sein als die traditionelle Fleischproduktion, da es nur einen Bruchteil von Landfläche, Energieverbrauch und Wasser benötigt und so erheblich weniger Treibhausgase pro produziertem Kilogramm ausgestoßen werden. Zudem wird damit weniger Tierwohl gefährdet.

Klimakompensation Reduzierung von Treibhausgasen, die dazu dient, an anderer Stelle entstehende, unvermeidbare Treibhausgas-Emissionen auszugleichen. Der Ausgleich kann durch den Erwerb von Emissionsrechten oder -einheiten vollzogen werden und wird in Tonnen Kohlenstoffdioxid-Äquivalenten gerechnet. Um die jeweiligen Bestimmungen einhalten zu können, erwerben Regierungen und große Unternehmen zuweilen Emissionsrechte, weil es sich mehr für sie rechnet als interne Reduktionsmaßnahmen. Unternehmen und Einzelpersonen können Emissionsrechte auf freiwilliger Basis erwerben, um den ökologischen Fußabdruck ihrer Aktivitäten auszugleichen, zum Beispiel Flugreisen – mit dem in Kompensationen investierten Geld werden üblicherweise erneuerbare Energien, Bioenergie oder Aufforstung gefördert.

Kohlenstoffbilanz (global) ist die Gesamtsumme der Kohlenstoffdioxid-Emissionen, die, wenn sie nicht überschritten wird, dazu beitragen soll, dass eine bestimmte Lufttemperatur nicht überschritten wird. Wenn wir die weltweiten Emissionen zu spät senken, wird unsere Kohlenstoffbilanz schneller aufgebraucht sein, dadurch wird das Risiko einer noch stärkeren Erderwärmung erhöht.

Kohlenstoffabscheidung und -speicherung (*carbon capture and storage*, daher die geläufige Abkürzung CSS) ist das Verfahren, mit dem Kohlenstoffdioxid von einer zumeist großen Quelle wie einer Fabrik oder einem Kraftwerk direkt aus der Luft gefiltert und unter die Erde befördert wird, wo es dauerhaft und unterirdisch gespeichert wird, sodass es nicht in die Atmosphäre gelangt. Diese Methode kann an einem modernen Industriestandort bis zu neunzig Prozent der Kohlenstoffemissionen reduzieren, steigert jedoch den betrieblich bedingten Energieverbrauch und die Betriebskosten. Kombiniert mit Bioenergie aus der CO_2-Abscheidung (*bioenergy with carbon capture and storage*, geläufige Abkürzung BECCS) oder dem Verfahren zur Gewinnung von Kohlenstoffdioxid direkt aus der Umgebungsluft (*direct air capture*, geläufige Abkürzung DAC), dient CCS theoretisch der Rückholung von CO_2 aus der Atmosphäre und sorgt auf diese Weise für »negative Emissionen«. Diese Technologien werden jedoch noch erforscht und befinden sich im Entwicklungsstadium. Es gibt auch naturbasierte Lösungen für die Kohlenstoffdioxidentnahme (*carbon dioxide removal*, gängige Abkürzung CDR), die zudem die Zunahme von Biodiversität unterstützt.

Kreislaufwirtschaft ist ein Wirtschaftssystem, das darauf abzielt, Abfallprodukte und das stetige Ausbeuten von Ressourcen zu verringern: In der Kreislaufwirtschaft wird wiederverwertet, geteilt, repariert, erneuert, wiederaufbereitet und recycelt, um ein in sich geschlossenes System zu schaffen. Alle Abfallprodukte bilden die Grundlage für den nächsten Prozess, das heißt, dieses System bildet den Gegensatz zur herkömmlichen Linearwirtschaft, auch Wegwerfwirtschaft genannt, die durch die gegenwärtige Produktionsweise gefördert wird.

Kipppunkt ist die Bezeichnung für einen Schwellenwert, der, wenn er überschritten wird, zu einer abrupten, enormen, oft selbstverstärkenden und potenziell unwiederbringlichen Veränderung des Erdsystems führen kann.

Kultur der Begriff umfasst in der Biologie ein Zusammenspiel von Verhaltensweisen, Gewohnheiten und Fähigkeiten, die auf nicht-genetische Weise, überwiegend durch Nachahmung von einem Tier zum nächsten weitergegeben werden können. Kultur bildet also eine parallele Form von Vererbung zur biologischen (genetischen) Vererbung, und durchläuft im Laufe der Zeit eine eigene Form von Evolution. Nur wenige Spezies weisen Indizien einer Kultur auf, beispielsweise Schimpansen, Makaken und die Großen Tümmler. Bei den Menschen ist die kulturelle Evolution heutzutage das dominante Merkmal.

Lag-phase oder Anlaufphase bezeichnet den Beginn einer Wachstumskurve, die aufgrund einschränkender Faktoren nur wenig Netto-Wachstum vorweist.

Log-phase oder exponentielle Phase bezeichnet die Phase einer Wachstumskurve, die von logarithmischem oder exponentiellem Wachstum geprägt ist.

Massenaussterben bezeichnet einen weitflächigen und raschen Rückgang in der Biodiversität der Erde. In Fachkreisen ist man sich größtenteils darüber einig, dass es im Laufe der Erdgeschichte mindestens fünf Mal zu Massenaussterben gekommen ist, einschließlich des Ereignisses, das für das Massensterben der Dinosaurier verantwortlich ist.

Meeresschutzgebiete sind Gebiete im Meer oder Ozean, in denen menschliche Aktivitäten bis zu einem gewissen Grad eingeschränkt sind, wie Fischereirechte, Fangzeit oder Ertragsmenge. Fischfangverbotszonen können Fischfang aller Art komplett verbieten. Gegenwärtig gibt es über 17 000 Meeresschutzgebiete, die gerade mal etwas über sieben Prozent des Ozeans abbilden.

Microgrid ist ein kleinräumiges Leitungsnetz zur Versorgung mit Energie, die in Kombination mit dem öffentlichen Stromnetz oder unabhängig davon betrieben werden kann. Da mehrere miteinander verbundene Quellen gemeinsam Strom erzeugen, sind sie für plötzlich steigende Nachfragen besser gewappnet als einzelne Stromerzeuger. Sie werden immer beliebter, da die dezentrale Erzeugung von Strom mit erneuerbaren Energien immer günstiger wird.

Naturbasierte Lösungen machen sich die Natur zunutze, um soziale und ökologische Probleme, insbesondere den Klimawandel, die sichere Wasser- und Nahrungsmittelversorgung, Umweltverschmutzung und Risiken von Naturkatastrophen, anzugehen. Zum Beispiel werden Mangrovensümpfe angelegt, um der Küstenerosion vorzubeugen, Meeresschutzgebiete steigern den Fischfangertrag, Städte werden begrünt, um die Lufttemperatur zu senken, Feuchtgebieten werden angelegt, um Überflutungen entgegenzuwirken, und Wälder werden aufgeforstet, damit diese auf natürliche Weise CO_2 abscheiden und speichern können. Naturbasierte Lösungen sind oft relativ kostengünstig und erhöhen die Biodiversität.

Nachhaltig oder Nachhaltigkeit beschreibt im wahrsten Sinne des Wortes die Fähigkeit, sich unendlich zu erneuern. Im Kontext dieses Buchs verwenden wir den Begriff der Nachhaltigkeit als Fähigkeit von Menschheit und Biosphäre, dauerhaft zu koexistieren. Um ein nachhaltiges Leben zu führen, müssen wir Menschen unser Leben auf diesem Planeten derart gestalten, dass wir uns innerhalb der planetaren Grenzen bewegen.

Nachhaltigkeitsrevolution ist eine prophezeite aufkommende industrielle Revolution, die, mit dem Ziel der Nachhaltigkeit, von einer Welle von Innovationen angetrieben werden wird. Erneuerbare Energien, umweltfreundlicher Personen- und Güterverkehr, eine Kreislaufwirtschaft, in der die Zero-Waste-Philosophie gelebt wird, CO_2-Abscheidung und -Speicherung, Fleischersatzprodukte,

In-vitro-Fleisch, regenerative Landwirtschaft, vertikale Landwirtschaft etc. werden Teil dieser Nachhaltigkeitsrevolution sein. Sie hält Chancen auf grünes Wachstum und eine erstrebenswerte Zukunft bereit.

Ökologie ein Zweig der Biologie, der sich mit den Interaktionen und Beziehungen zwischen Organismen und zwischen Organismen und ihrer Umwelt befasst.

Ökologischer Fußabdruck misst im Wesentlichen, wie viel biologisch produktive Fläche notwendig ist, um Menschen oder eine Wirtschaft tragen und die dabei entstehenden Schadstoffe (insbesondere Treibhausgase) bewältigen zu können, und wird als Flächeneinheit »globaler Hektar« (gha) gemessen. Aktuell benötigen wir mehr globale Hektar, als es auf der Erde gibt, was den Großen Niedergang erklärt.

Ozeanversauerung entsteht aufgrund des anhaltenden Rückgangs des pH-Werts des Ozeans, der zu viel Kohlenstoffdioxid aus der Atmosphäre aufnimmt. Meerwasser ist leicht alkalisch, und die Übersäuerung war ursprünglich dafür gedacht, einen neutralen Zustand herbeizuführen. Die fortschreitende Übersäuerung schadet einem Großteil der Meereslebewesen. Die Fälle von Übersäuerungen, die in unserer früheren Erdgeschichte schon vorkamen, gingen immer mit einem Massensterben einher und hatten lang andauernde negative Auswirkungen auf das Erdsystem.

Peak catch ist der Zeitpunkt der höchstmöglichen Fangrate, nach dem der Fisch-Ertrag nicht mehr zunimmt. Wir erreichten *peak catch* Mitte der 1990er-Jahre. Nach diesem Punkt gab es einen leichten Rückgang der Fangrate weltweit.

Peak child ist der Punkt, ab dem die Anzahl der Kinder (gemeinhin ist damit das Alter bis einschließlich 14 Jahre gemeint) weltweit nicht mehr zunimmt. Prognosen der Vereinten Nationen zufolge werden wir Mitte dieses Jahrhunderts *peak child* erreichen.

Peak farm ist der Punkt, ab dem die Landfläche, die für die Landwirtschaft benötigt wird, nicht weiter zunimmt. Die Ernährungs-

und Landwirtschaftsorganisation der Vereinten Nationen geht davon aus, dass dieser Punkt um 2040 erreicht sein wird.

Peak human ist der Punkt, an dem die menschliche Bevölkerung aufhören wird zuzunehmen, der Höchststand der Weltbevölkerung. Laut Prognosen der Hauptabteilung Wirtschaftliche und Soziale Angelegenheiten der Vereinten Nationen wird der Höchststand im frühen 22. Jahrhundert mit rund 11 Milliarden Menschen erreicht sein. Sollte es uns jedoch gelingen, die Menschen von der Armut zu befreien und Frauen in der Gesellschaft zu stärken, könnten wir *peak human* schon 2060 mit nur 8,9 Milliarden Menschen erreichen.

Peak oil oder globales Ölfördermaximum ist der Höchststand der weltweiten Förderrate von Rohöl zu einem bestimmten Zeitpunkt; nach diesem Zeitpunkt wird die Förderrate wieder abnehmen.

Permafrost oder auch Dauerfrostboden. Diese Begriffe bezeichnen einen Boden, dessen Temperatur in mindestens zwei aufeinanderfolgenden Jahren unter null Grad Celsius liegt. Der Untergrund kann dabei aus Gestein, Sedimenten oder Erde bestehen und unterschiedlich große Eismengen enthalten. Permafrostboden befindet sich oft unter der Erdoberfläche und ist immer gefroren. Auf dem Festland kommt Permafrost zumeist in der Tundra und in den arktischen Gebieten von Russland, Kanada, Alaska und Grönland vor. Es ist davon auszugehen, dass der Permafrostboden im Zuge der Erderwärmung auftauen und Methan, eines der schädlichsten Treibhausgase, in die Atmosphäre freisetzen wird, was eine positive Rückkopplung auslösen wird, die dazu führt, dass noch mehr Permafrost auftaut; letztendlich wird dies zu einem Kipppunkt und einem sogenannten galoppierenden Treibhauseffekt führen. Mit den steigenden Temperaturen beginnt also ein verhängnisvoller Kreislauf: Die Treibhausgase erwärmen die Atmosphäre, die Erde heizt sich auf, das Eis schmilzt – und der Klimawandel verstärkt sich selbst.

293

Pflanzenkohle oder Biokohle ist ein holzkohleähnliches Material, das aus organischen Abfallstoffen in einer sauerstoffarmen oder -freien Umgebung gebacken wird. Zurzeit wird untersucht, ob Pflanzenkohle sich zur Kohlenstoffabscheidung und -speicherung eignet; sie kann als Baumaterial oder Treibstoff genutzt oder als Zusatz in den Boden eingebracht werden, um ihn nährstoffreicher zu machen und die Wasseraufnahmefähigkeit zu steigern.

Pflanzenbasierte Ernährung ist eine Ernährungsweise, die hauptsächlich oder ganz aus pflanzlichen Nahrungsmitteln besteht und mit nur wenigen oder gar keinen tierischen Produkten auskommt. Eine pflanzenbasierte Ernährung ist nachhaltiger als andere zeitgenössische Ernährungsformen, die viele tierische Produkte beinhalten, denn im Schnitt werden für die Produktion weniger Landfläche, Energie und Wasser benötigt. Sie führt somit auch zu einem verringerten Ausstoß von Treibhausgasen.

Phytoplankton Fotosynthese betreibende Organismen in der mikroskopisch kleinen, dennoch weitverbreiteten Planktongemeinschaft, die im Oberflächenwasser des Ozeans vorkommt. Phytoplankton bildet die Grundlage vieler mariner Nahrungsketten. Es besteht hauptsächlich aus vielen verschiedenen Algen, unter anderem Kieselalgen, Grünalgen, Goldalgen sowie aus Dinoflagellaten und Cyanobakterien. Phytoplankton ist entscheidend für die Sauerstoffproduktion in der Atmosphäre. Durch die ansteigenden Meerestemperaturen hat sich die Menge des marinen Phytoplanktons in den letzten siebzig Jahren um vierzig Prozent verringert.

Planetare Grenzen ein Konzept, das von den Erdsystem-Wissenschaftlern Johan Rockstrom und Will Steffen entwickelt wurde, um einen sicheren Handlungsraum für die Menschheit zu definieren. Das Team wertete Daten unzähliger Quellen aus und definierte neun Faktoren, auf denen die Stabilität des Erdsystems beruht. Sie rechneten aus, in welchem Ausmaß die heutigen menschlichen Aktivitäten Auswirkungen auf diese Faktoren haben, und legten Schwellenwerte fest, die, wenn sie einmal überschritten sind, zu katastrophalen Veränderungen führen könnten. Diese neun Faktoren sind: Unversehrtheit der Biosphäre (Artensterben und Funktion von Ökosystemen), Klimakrise, Einbringung neuartiger Substanzen und Organismen, stratosphärischer Ozonabbau, Partikelverschmutzung der Atmosphäre, Ozeanversauerung, biogeochemische Kreisläufe (Stickstoff und Phosphor), Süßwasserverbrauch sowie Abholzung und andere Landnutzungsänderungen. Als fundamental haben sich in ihren Studien die Faktoren Klimawandel und Biodiversitätsverlust herausgestellt, da sie mit allen anderen Faktoren verwoben sind, und wenn nur diese zwei überschritten werden, so reicht das schon aus, um zur Destabilisierung des Planeten zu führen. Dem Forscherteam zufolge hat die Menschheit bereits vier Schwellenwerte überschritten: den Klimawandel, den Artenverlust, die Landnutzungsänderungen und den Gebrauch von Stickstoff und Phosphor. Somit befände sich das Erdsystem bereits in einem instabilen Zustand.

REDD+   ist eine Initiative der Vereinten Nationen, die Abkürzung steht für »Reducing Emissions from Deforestation and Forest Degradation« (deutsch »Reduzierung von Emissionen, die auf Entwaldung und Schädigung von Wäldern zurückzuführen sind«) und befasst sich mit der Rolle der Arterhaltung und nachhaltigen Forstwirtschaft sowie der Wälder und ihrer Funktion als Kohlenstoffspeicher in Entwicklungsländern. REDD+ versucht, der Menge an gespeichertem Kohlenstoff in bestehenden Wäldern einen finanziellen Wert zuzuschreiben, und verfolgt damit das Ziel, mehr Anreize schaffen, den Wald zu erhalten, um die Abholzung und Zerstörung von Wäldern in Entwicklungsländern aufzuhalten.

Regenerative Landwirtschaft   ist ein Ansatz zur Wahrung und Wiederherstellung einer Landwirtschaft, die darauf abzielt, Boden auf natürliche Weise wiederzubeleben. Sie ist eine Gegenbewegung zur industriellen Landwirtschaft, die im Laufe der Zeit ausgelaugte Böden zur Folge hat und somit das Einbringen von Düngemitteln und Pestiziden erforderlich macht. Regenerative Landwirtschaftstechniken fördern die Humusbildung, die Speicherung von Kohlendioxid und die Biodiversität im Boden.

Renaturierung bezeichnet den Prozess der Wiederherstellung und Ausweitung artenreicher Lebensräume, Gemeinschaften und Systeme. Renaturierung findet oft großflächig statt und zielt darauf ab, natürliche Prozesse wiederherzustellen und, wo es angebracht ist, fehlende Arten wiedereinzuführen. In manchen Fällen wird auf Stellvertreterarten zurückgegriffen, die innerhalb des sich regenerierenden Lebensraums eine ähnliche Rolle wie die fehlenden Arten einnehmen. In diesem Buch wird der Ausdruck Renaturierung in seinem weitesten Sinne verwendet und bezeichnet das angestrebte Ziel, die Natur weltweit wiederherzustellen und den Biodiversitätsverlust wieder rückgängig zu machen, indem die Gesamtheit der Menschheit nachhaltiger wird. Die Eindämmung des Klimawandels ist unerlässlicher Teil der Renaturierung der Welt.

Shifting Baseline Syndrome bezeichnet die Verschiebung des Verständnisses von »normal« oder »natürlich«, die im Laufe der Zeit stattfindet und anhand der Erfahrung einer jeweiligen Generation bemessen wird. In diesem Buch benutzen wir den Ausdruck, um das Phänomen zu beschreiben, wie wir dazu in der Lage sind, über Generationen hinweg zu vergessen, wie artenreich ein natürlicher Lebensraum sein sollte.

Schutzzone eine Gegend, in der ein natürlicher Lebensraum geschützt werden soll. Im Kontext dieses Buchs sind geschützte Gebiete gemeint, die von den Gemeinden auf eine nachhaltige und wirtschaftlich rentable Weise verwaltet werden.

Spill-over-Effekt bezeichnet eine Zunahme von Biodiversität in einem Gebiet, das von der Biodiversität angrenzender Gebiete profitiert. Der Spill-over-Effekt wird insbesondere in Gewässern verzeichnet, die an Meeresschutzgebiete angrenzen, in denen sich Fischbestände erholen und in die angrenzenden Gewässer »überlaufen«, wodurch die Erträge beim Fischfang wieder zunehmen.

Tragfähigkeit die maximale Zahl einer biologischen Lebensform, welche in einer bestimmten Umgebung mit entsprechenden Grundressourcen wie Nahrung, Lebensraum, Wasser und anderen Ressourcen erhalten werden kann.

Treibhausgase (THGs) sind Gase, die sich auf die Sonneneinstrahlung auswirken und zum Treibhauseffekt führen, wodurch eine Art »Decke« entsteht, die für eine Erwärmung der Umgebungstemperatur der Erde sorgt. Die primären Treibhausgase in der Erdatmosphäre sind Wasserdampf, Kohlenstoffdioxid, Methan, Stickstoffoxid und Ozon. Menschliche Aktivitäten haben zu einer erhöhten Konzentration einiger Treibhausgase wie Kohlenstoffdioxid, Methan und Stickstoffoxid in der Atmosphäre geführt, wodurch sich noch mehr Wärme ansammelt, was zum Klimawandel beiträgt.

Trophische Kaskade in einem Ökosystem löst die Veränderung in einer Stufe einer Nahrungskette, die als »Trophieniveau« bezeichnet wird, einen Dominoeffekt bei anderen Gliedern der Nahrungskette aus. Da, wo wir im Laufe der Geschichte für die Ausrottung von Raubtieren verantwortlich waren, werden trophische Kaskaden dafür gesorgt haben, dass sich Ökosysteme und infolgedessen ganze Landschaften und Meeresgebiete drastisch veränderten. Durch die Ausrottung von Wölfen nahmen zum Beispiel Rotwildbestände zu, die die natürliche Wiederbewaldung verhindern. Wenn wir im Zuge unserer Renaturierungsmaßnahmen Raubtiere, die an der Spitze einer Nahrungskette stehen, auswildern, können wir trophische Kaskaden auslösen, die den Weg zurück zu einer natürlichen Biodiversität bereiten, wie wir am Beispiel der Einwilderung der Wölfe im Yellowstone Nationalpark sehen konnten.

Überfischung findet statt, wenn in einem Gewässer eine bestimmte Fischart in einem derartigen Ausmaß befischt wird, dass sich diese Spezies nicht schnell genug fortpflanzen kann, um den Verlust auszugleichen, was dazu führt, dass die Spezies in dieser Gegend unterbevölkert ist. Die Ernährungs- und Landwirtschaftsorganisation der Vereinten Nationen brachte 2020 einen Bericht heraus, wonach ein Drittel der Fischbestände weltweit überfischt ist.

Unbegrenztes Wachstum auch exponentielles oder freies Wachstum genannt, ist die These, die unserem gegenwärtigen Wirtschaftsmodell zugrunde liegt, nach der das Bruttoinlandsprodukt Jahr für Jahr unendlich weiterwachsen wird. Tatsächlich haben viele wirtschaftlich entwickelte Länder ein sehr niedriges Wachstum des BIPs zu verzeichnen, dennoch ist es immer noch Wachstum.

Urban Farming oder urbane Landwirtschaft steht für die Produktion von Nahrungsmitteln und anderen landwirtschaftlichen Produkten in und um städtische Gebiete herum. Urban Farming ist eine zumeist sehr nachhaltige Methode, denn sie macht sich Flächen zunutze, die bereits von Menschen besetzt sind, verringert dadurch Transportwege und bedient sich Techniken wie der Hydroponik und erneuerbarer Energien für die Nahrungsmittelproduktion.

Waldsterben beschreibt das Phänomen eines Baumbestands, der erkrankt und abstirbt. Zwei der für dieses Jahrhundert vorhergesagten großen Kipppunkte, die der anhaltenden Waldrodung und dem Klimawandel geschuldet sind, sind das Waldsterben im Amazonas und des borealen Nadelwalds in Kanada und Russland.

Waldtransformationstheorie *(Forest transition)* ist ein Modell, das den Verlauf der sich ändernden Landflächennutzung in einem Gebiet beschreibt, das im Laufe der Zeit von einer menschlichen Gesellschaft genutzt wird. Zu Beginn, wenn die Gesellschaft noch nicht so entwickelt ist, ist der Wald vorherrschend. Während die Gesellschaft wächst und somit ihre Nahrungsmittelproduktion erweitert, wird der Wald abgeholzt. Wenn die Landwirtschaft immer effektiver wird und die Bevölkerung in die Städte abwandert, kann es zu einer Aufforstung kommen. Viele Länder haben eine derartige Transformation durchlaufen, und in Fachkreisen wird nahegelegt, das Modell auch auf die gesamte Erde zu übertragen.

Wiederaufforstung beinhaltet die natürliche oder von Menschen herbeigeführte Rückkehr heimischer Wälder. Wiederaufforstung kann als Sammelbegriff oder im Speziellen für Gebiete benutzt werden, die in jüngster Vergangenheit kahl geschlagen wurden. Aufforstung wird es im Zusammenhang mit Gebieten genannt, die seit geraumer Zeit nicht mehr bewaldet waren und zum Beispiel zur herkömmlichen Landwirtschaft genutzt wurden oder die sich innerhalb von Städten befinden. Die Wiederaufforstung ist eine potenzielle naturbasierte Lösung, um dem Klimawandel entgegenzuwirken, da sie zu einem erheblichen Teil der CO_2-Abscheidung und -Speicherung beitragen kann.

Namensregister

Tanja Busse

Das Sterben der anderen

Wie wir die biologische Vielfalt noch retten können

ISBN: 978-3-89667-592-7

Es ist noch nicht zu spät!

Das Artensterben hat inzwischen schockierende Ausmaße angenommen, und es wird noch unheimlicher: Nachdem erst jene Arten starben, die besondere Lebensräume brauchen, etwa Störche oder Kiebitze, verschwinden jetzt sogar Allerweltsarten wie Schwalben oder Spatzen – und Insekten, die es früher massenhaft gab.

Tanja Busse, die renommierte Umweltexpertin, entwickelt aus dieser schonungslosen Analyse der Gründe dieser Zeitenwende überzeugende Ideen, wie wir unsere Zukunft noch retten können.

Blessing

»Dieses Buch ist unverzichtbar –
ehrlich, tiefgreifend und, trotz allem,
voller Hoffnung.« *Elizabeth Kolbert*

Bill McKibben
Die taumelnde
Welt   Wofür wir
im 21.Jahrhundert
kämpfen müssen

»Ein Liebesbrief,
ein Appell,
ein Nachruf und
ein Stoßgebet.
Klug und aufrüttelnd.
Nicht verpassen!«
NAOMI KLEIN

BLESSING

ISBN 978-3-89667-652-8

Der Klimawandel, schreibt der legendäre Umweltaktivist Bill McKibben in seinem aufrüttelnden Buch, ist ein Hebel, der unsere Welt von Grund auf verändert. Die konzentrierte wirtschaftliche Macht in den Händen einiger weniger Spieler ist ein weiterer. Genauso die radikalen Konsequenzen der modernen Genetik sowie das Streben der Tech-Mogule nach künstlicher Intelligenz, das nach dem Sinn menschlichen Daseins gar nicht mehr fragt.

Leseprobe unter blessing-verlag.de | **BLESSING VERLAG** |